商业银行
操作风险耦合与集成度量研究：
来自中国商业银行的经验

汪冬华　徐　驰　著

中国金融出版社

责任编辑：王雪珂

责任校对：张志文

责任印制：赵燕红

图书在版编目（CIP）数据

商业银行操作风险耦合与集成度量研究：来自中国商业银行的经验/汪冬华，徐驰著. —北京：中国金融出版社，2019.4

ISBN 978 - 7 - 5049 - 9934 - 4

Ⅰ.①商…　Ⅱ.①汪…②徐…　Ⅲ.①商业银行—风险管理—研究—中国　Ⅳ.①F832.33

中国版本图书馆 CIP 数据核字（2019）第 007599 号

商业银行操作风险耦合与集成度量研究：来自中国商业银行的经验
Shangye Yinhang Caozuo Fengxian Ouhe yü Jicheng Duliang Yanjiu：Laizi Zhongguo
Shangye Yinhang de Jingyan

出版
发行　**中国金融出版社**

社址　北京市丰台区益泽路 2 号
市场开发部　（010）63266347，63805472，63439533（传真）
网 上 书 店　http：//www.chinafph.com
　　　　　　　（010）63286832，63365686（传真）
读者服务部　（010）66070833，62568380
邮编　100071
经销　新华书店
印刷　北京市松源印刷有限公司
尺寸　169 毫米 ×239 毫米
印张　16.25
字数　220 千
版次　2019 年 4 月第 1 版
印次　2019 年 4 月第 1 次印刷
定价　52.00 元
ISBN 978 - 7 - 5049 - 9934 - 4
如出现印装错误本社负责调换　联系电话（010）63263947

前　　言

　　在近年来金融全球化竞争和宏观经济增长速度放缓的大背景下，中国"十三五"规划明确提出要改革并完善适应现代金融市场发展的金融监管框架，实现金融风险监管全覆盖。因此，如何实现对于风险的有效管理，防范和避免金融系统性风险已经成为业界和学术界备受瞩目的核心问题。目前，以商业银行为代表的金融机构面临的风险主要有信用风险、市场风险以及操作风险三大类，其中作为最基础性风险的操作风险存在于金融机构运营的各个流程和业务环节，可能会诱发其他风险进而导致系统性风险的发生。随着金融科技（FinTech）的快速发展，金融经营转型和服务创新层出不穷，操作风险损失不断发生，因此国际银行业和银行业监管机构在关注银行的信用风险和市场风险的同时，越来越重视防范操作风险。

　　2004 年，《巴塞尔资本协议 Ⅱ》首次明确给出了操作风险的定义："由于不完善或失败的内部操作过程、人员和系统或外部事件而造成金融损失的风险，该定义包括法律风险，但不包括策略性风险和声誉风险"，同时将其纳入风险管理度量框架内，并提出了三种操作风险监管资本计量方法。2012 年 6 月 7 日，中国银监会颁布了《商业银行资本管理办法（试行）》，对商业银行的操作风险管理提出了更高的要求，重新制定了《操作风险资本计量监管要求》。相比于市场风险和信用风险度量研究已经较为成熟，操作风险度量研究受限于数据质量和建模

1

技术的不成熟，仍处于起步阶段。鉴于近几年国际商业银行业操作风险计量方法的实施效果并不佳，最新的《巴塞尔资本协议Ⅲ》对操作风险监管资本计量方法进行了大规模修订，以标准计量法（SMA）取代原有计量方法。然而，新的标准计量法实质上给出的是较为刻板和保守的操作风险监管资本估计，而不是真正实现了对实际操作风险的精准度量。因此，为了实现在金融风险全覆盖的同时兼顾商业银行效率，对于管理和防范操作风险以及合理配置与之相应的经济资本以满足监管需求，开展银行操作风险度量的研究具有重要的理论和实际应用价值。

根据操作风险损失特征以及面临的不同风险单元之间的复杂相关性，本书将研究的重点放在操作风险量化建模、多重操作风险耦合以及风险集成度量上。基于笔者课题组构建的中国商业银行操作风险外部数据库，本书分别就操作风险经典模型、基于厚尾特征的非参数方法、基于动力学模型的非预期操作风险度量模型、基于双重相关性的操作风险度量模型以及基于 Lévy 测度的操作风险度量模型等内容展开实证研究。本书共分为 9 章，具体安排如下。

第 1 章介绍商业银行操作风险研究背景以及回顾国内外操作风险经典案例。第 2 章给出商业银行操作风险基本定义和基于多个维度的分类，介绍巴塞尔银行监管委员会和《巴塞尔资本协议》以及操作风险管理内容的演变历史和最新进展，同时也重点对比分析了《巴塞尔资本协议》推荐的四种操作风险监管资本的测定方法，包括基本指标法、标准法、高级计量法以及标准计量法。第 3 章为国内外操作风险度量的研究综述，从《巴塞尔资本协议》资本测定方法、单重操作风险度量、多重操作风险间相依关系及集成度量和操作风险度量方式四个视角了解国外最新研究前沿和国内研究现状。

本书从第 4 章开始展开实证分析。基于商业银行操作风险内部损失数据收集存在的问题与挑战，结合公开媒体所披露和整理的我国商业银行操作风险案例，获取了时间跨度从 1994—2014 年发生的操作风险损失事件共 1518 起，并对损失事件相关信息进行记录，构建形成中国商业银行操作风险外部数据库。在商业银行操作风险外部数据库构建的基础上，进一步对收集到的操作风险损失数据从时间尺度分布、空间地域分布、损失事件类型分布和涉案银行层级四个维度进行特征分析，最大限度地还原中国商业银行操作风险发展现状。此外，本章引入操作风险经典模型介绍（包括极值理论和损失分布法），并就 POT – LDA 模型展开实证分析。

第 5 章基于商业银行操作风险数据右偏厚尾的统计特征，引入了基于厚尾分布的非参数方法度量银行操作风险，以此减少模型设定上的偏差而导致的最终结果的不准确性。本章利用 Hill 指数建立线性模型确定阈值，提出了能更好反映厚尾分布特征的总体均值求法，在此基础上构造了基于非参数的 VaR 点估计方法和三种置信区间估计的方法，分别是正态近似法（NA）、经验似然法（EL）和数据倾斜法（DT）。

第 6 章至第 8 章从不同的视角分析多重操作风险度量中的相关性结构构建问题。第 6 章提出考虑不同时点风险单元间相关性的动力学模型，描述具有低频高损特征的非预期操作风险损失产生、传导及演化的机制，通过仿真计算获得非预期操作风险损失情景模拟，得到银行业年度总体累计非预期损失的经验分布和 VaR 度量。同时为了验证 VaR 简单线性叠加是否高估风险，第 6 章还对不同置信水平下的风险分散系数进行了计算。第 7 章在经典损失分布法框架下实现相关性结构的细化，分别对损失频率相关性和损失强度相关性进行建模，其中为了解决损失强度相关性建模中的"损失强度时间错配"问题，引入损失强度均值概念代替损失强度，构建双重相关性风险度量模型，并给出配套的数值实验技术从而实现操作风险集成度量。第 8 章给出了解决"损失强度时间错配"问题的另一种思路：基于操作风险非连续的跳跃特征，引入 Lévy 测度代替传统概率测度，基于共同冲击事件采用同时考虑损

3

失频率相关性和损失强度相关性的二元静态 Lévy Copula 操作风险度量模型以及相应的数值实验技术，并在此基础上对 Lévy Copula 操作风险度量模型的动态情形拓展和多元情形拓展。

第 9 章对全书内容和结论进行总结，并给出相应的政策建议。

在此，笔者对本书准备阶段所得到的来自各方的支持表示感谢：本书主要内容来源于笔者主持的国家自然科学基金面上项目《动态非线性相依下的银行多重操作风险集成度量方法与实证研究》（项目批准号：71171083）；部分研究成果也得到国家自然科学基金面上项目《基于 Hawkes 过程与计算实验的股票市场极值风险传播的研究》（项目批准号：71771087）、上海市教育委员会科研创新重点项目《基于高频数据的我国股指期货量价及期现市场的交叉相关性研究》（项目批准号：14ZS058）和上海市浦江人才计划资助项目《基于高频数据的沪深 300 股指期货和现货市场的交叉相关性及其风险的研究》（项目批准号：15PJC021）的资助。在研究开展的初期，作为量化研究的基础，中国商业银行操作风险外部数据库的构建十分关键。除本书作者外，笔者课题组成员季敬儒、李剑波、褚国庆、苏星泽、王暖、姚钰雯、房天惠、辛旸等在公开媒体数据爬取、收集和整理过程中承担了部分重要工作，后期也参与了本书参考文献格式的校对工作，就此表示衷心的感谢。在操作风险模型构建和实证过程中，滑铁卢大学徐定海教授、德勤风险咨询副总监黄荣兵博士、国信证券资产证券化研究负责人索园园、招商证券策略研究员涂婧清、上海山楂树甄琢资产管理中心研究员岳路路、海通证券新三板与结构融资部业务总监张裕恒、财通基金产品经理庆楠、台湾元大证券上海研究部大消费研究员贾瑞林、中国农业银行信用卡中心风险管理部风险经理孙临、北大方正人寿资产管理中心权益投资部研究员刘祥等给予笔者很多技术支持和风险管理实操方面的建议及修改意见，在此一并向他们表示感谢。本书中的错误和不足之处都归于笔者本人，竭诚希望读者的批评与指正！

　　最后，希望本书研究成果不仅能够为我国商业银行的操作风险防范与监管以及经济资本配置优化决策提供理论依据和适用方法，而且能为我国商业银行消化和实施《巴塞尔资本协议》提供技术支持。

汪冬华

2018 年 11 月

目　　录

第1章　操作风险研究背景 ……………………………………………… 1

1.1　研究背景 ……………………………………………………… 1

1.2　操作风险经典案例 …………………………………………… 4

1.2.1　国外案例 ………………………………………………… 5

1.2.2　国内案例 ………………………………………………… 7

1.3　本章小结 ……………………………………………………… 10

第2章　操作风险与《巴塞尔资本协议》 …………………………… 12

2.1　操作风险预备知识 …………………………………………… 12

2.1.1　操作风险定义 …………………………………………… 12

2.1.2　操作风险分类 …………………………………………… 13

2.2　巴塞尔银行监管委员会、《巴塞尔资本协议》与操作风险…… 22

2.3　操作风险监管资本测定方法 ………………………………… 25

2.3.1　基本指标法（BIA） …………………………………… 26

2.3.2　标准法（TSA） ………………………………………… 27

2.3.3　高级计量法（AMA） …………………………………… 28

2.3.4　标准计量法（SMA） …………………………………… 32

2.4　本章小结 ……………………………………………………… 39

第3章　操作风险度量的研究综述 ·············· 42

　3.1　《巴塞尔资本协议》资本测定方法研究 ·········· 42

　3.2　银行单重操作风险度量研究 ·············· 45

　3.3　银行多重操作风险间相依关系及集成度量研究 ···· 53

　3.4　操作风险度量方式研究 ················ 62

　3.5　本章小结 ······················ 63

第4章　操作风险数据库与经典风险度量模型 ·········· 66

　4.1　操作风险数据库 ··················· 66

　　4.1.1　操作风险数据收集存在的问题与挑战 ······· 66

　　4.1.2　中国商业银行操作风险外部数据库构建 ······ 67

　　4.1.3　中国商业银行操作风险统计特征分析 ······· 70

　　4.1.4　中国商业银行操作风险成因分析 ········· 77

　4.2　操作风险经典模型 ················· 80

　　4.2.1　损失分布法 ·················· 80

　　4.2.2　极值理论 ··················· 83

　4.3　实证结果与分析 ·················· 88

　4.4　本章小结 ····················· 93

第5章　基于非参数方法的操作风险度量 ············ 96

　5.1　引言 ······················· 96

　5.2　研究方法 ····················· 97

　　5.2.1　基于 Hill 指数的阈值确定方法 ·········· 97

　　5.2.2　厚尾分布总体均值的估计方法 ·········· 99

　　5.2.3　厚尾分布 VaR 的点估计方法 ·········· 100

　　5.2.4　厚尾分布 VaR 的区间估计方法 ········· 100

　5.3　实证结果与分析 ················· 104

5.3.1　阈值确定 ……………………………………………… 105

5.3.2　VaR 点估计 …………………………………………… 105

5.3.3　VaR 区间估计 ………………………………………… 107

5.3.4　参数方法与非参数方法比较 ………………………… 108

5.4　本章小结 …………………………………………………… 111

第6章　基于动力学模型视角的操作风险度量 ………………… 113

6.1　引言 ………………………………………………………… 113

6.2　研究方法 …………………………………………………… 114

6.2.1　动力学模型 …………………………………………… 114

6.2.2　参数估计方法 ………………………………………… 117

6.2.3　稳健性检验 …………………………………………… 120

6.3　实证结果与分析 …………………………………………… 121

6.3.1　参数设定 ……………………………………………… 122

6.3.2　参数估计与风险度量 ………………………………… 125

6.4　本章小结 …………………………………………………… 132

第7章　基于双重相关性的操作风险度量 …………………… 134

7.1　引言 ………………………………………………………… 134

7.2　研究方法 …………………………………………………… 135

7.2.1　经典 LDA 模型与相关性结构分析 ………………… 135

7.2.2　基于双重相关性的操作风险度量模型 ……………… 140

7.2.3　数值实验技术 ………………………………………… 144

7.3　实证结果与分析 …………………………………………… 145

7.3.1　模型参数估计 ………………………………………… 146

7.3.2　风险资本计算 ………………………………………… 159

7.3.3　讨论：与其他相关性模型比较 ……………………… 160

7.4　本章小结 ···································· 166

第8章　基于 Lévy 测度的操作风险度量 ·············· 168

8.1　引言 ······································· 168

8.2　研究方法 ···································· 169

　　8.2.1　Lévy 测度与 Lévy Copula ················ 169

　　8.2.2　基本模型：二维 Lévy Copula 操作风险度量模型 ······· 171

　　8.2.3　模型拓展Ⅰ：动态 Lévy Copula 操作风险度量模型 ······ 177

　　8.2.4　模型拓展Ⅱ：多维 Lévy Copula 操作风险度量模型 ····· 180

8.3　实证结果与分析 ······························· 190

　　8.3.1　二维 Lévy Copula 操作风险度量模型 ··········· 191

　　8.3.2　动态 Lévy Copula 操作风险度量模型 ··········· 196

　　8.3.3　多维 Lévy Copula 操作风险度量模型 ··········· 198

8.4　本章小结 ···································· 205

第9章　主要工作、结论与政策建议 ················ 208

9.1　主要工作 ···································· 208

9.2　主要结论 ···································· 210

9.3　政策与建议 ·································· 213

参考文献 ·· 215

图目录

图 2.1　操作风险按损失频率和损失强度分类 ……………………… 22

图 4.1　操作风险损失发生次数（时间分布） …………………… 71

图 4.2　操作风险损失总金额（时间分布） …………………… 71

图 4.3　操作风险单次损失金额均值（时间分布） ………… 71

图 4.4　操作风险损失发生次数（空间分布） …………… 72

图 4.5　操作风险损失总金额（空间分布） …………… 73

图 4.6　操作风险单次损失金额均值（空间分布） ……… 73

图 4.7　不同银行的操作风险损失 …………………… 76

图 4.8　BMM 模型中的极值数据 …………………… 84

图 4.9　POT 模型中的极值数据 …………………… 84

图 4.10　不同形状参数下的 GPD 累积分布函数 …… 86

图 4.11　不同形状参数下的 GPD 概率密度函数 …… 87

图 4.12　损失强度经验分布 ……………………… 89

图 4.13　超额均值函数 ……………………… 90

图 4.14　W 统计量的 Q – Q 图 ……………………… 91

图 4.15　POT – LDA 模型的 VaR …………………… 92

图 4.16　关于形状参数的鲁棒性检验 …………… 93

图 5.1　超额均值函数 ……………………… 106

图 5.2　不同置信水平下的 VaR ……………………………………… 107

图 5.3　$VaR_{99.9\%}$ 的 95% 置信区间（EL 和 DT）……………… 108

图 5.4　不同置信水平下的 VaR（非参数方法和参数方法）……… 110

图 6.1　超额均值函数（内部欺诈）………………………………… 122

图 6.2　超额均值函数（外部欺诈）………………………………… 123

图 6.3　超额均值函数（执行、交割与流程管理）………………… 123

图 6.4　相关性结构 …………………………………………………… 125

图 6.5　年度累计非预期损失的概率密度函数（内部欺诈）……… 127

图 6.6　年度累计非预期损失的概率密度函数（外部欺诈）……… 127

图 6.7　年度累计非预期损失的概率密度函数

　　　　（执行、交割与流程管理）……………………………… 128

图 6.8　不同置信水平下的 VaR（内部欺诈）……………………… 128

图 6.9　不同置信水平下的 VaR（外部欺诈）……………………… 129

图 6.10　不同置信水平下的 VaR

　　　　　（执行、交割与流程管理）……………………………… 129

图 6.11　总体累计非预期损失的概率密度函数 …………………… 130

图 6.12　总体累计非预期损失 VaR ………………………………… 131

图 6.13　风险分散系数 ……………………………………………… 132

图 7.1　超额均值函数（内部欺诈）………………………………… 146

图 7.2　超额均值函数（外部欺诈）………………………………… 147

图 7.3　超额均值函数（执行、交割与流程管理）………………… 147

图 7.4　W 统计量的 Q – Q 图（内部欺诈）………………………… 150

图 7.5　W 统计量的 Q – Q 图（外部欺诈）………………………… 150

图 7.6　W 统计量的 Q – Q 图（执行、交割与流程管理）………… 151

图 7.7　不同损失频率条件下的风险损失均值概率分布函数

　　　　（内部欺诈；Ordinary Losses）……………………… 152

图 7.8 不同损失频率条件下的风险损失均值概率分布函数
（外部欺诈；Ordinary Losses） ················· 152

图 7.9 不同损失频率条件下的风险损失均值概率分布函数
（执行、交割与流程管理；Ordinary Losses） ········· 153

图 7.10 不同损失频率条件下的风险损失均值概率分布函数
（内部欺诈；Catastrophic Losses） ············· 153

图 7.11 不同损失频率条件下的风险损失均值概率分布函数
（外部欺诈；Catastrophic Losses） ············· 154

图 7.12 不同损失频率条件下的风险损失均值概率分布函数
（执行、交割与流程管理；Catastrophic Losses） ······ 154

图 7.13 不同损失频率条件下的风险损失均值分布的多阶矩
（内部欺诈；Ordinary Losses） ··············· 155

图 7.14 不同损失频率条件下的风险损失均值分布的多阶矩
（外部欺诈；Ordinary Losses） ··············· 155

图 7.15 不同损失频率条件下的风险损失均值分布的多阶矩
（执行、交割与流程管理；Ordinary Losses） ········· 156

图 7.16 不同损失频率条件下的风险损失均值分布的多阶矩
（内部欺诈；Catastrophic Losses） ············· 156

图 7.17 不同损失频率条件下的风险损失均值分布的多阶矩
（外部欺诈；Catastrophic Losses） ············· 157

图 7.18 不同损失频率条件下的风险损失均值分布的多阶矩
（执行、交割与流程管理；Catastrophic Losses） ······ 157

图 7.19 双重相关性模型的 VaR 和 CVaR ·············· 160

图 7.20 不同相关性模型的 VaR ·················· 165

图 8.1 二维泊松过程分解 ····················· 173

图 8.2 不同 θ 取值下的共同冲击事件频率 ··············· 174

图 8.3　不同 θ 取值下的 $S_{\theta}(u,v)$ 模拟 ················ 175

图 8.4　三维 FNAC 模型相关性结构 ················ 188

图 8.5　四维 FNAC 模型相关性结构 ················ 188

图 8.6　四维 PNAC 模型相关性结构 ················ 189

图 8.7　不同置信水平下的 VaR（二维模型） ················ 195

图 8.8　不同置信水平下的 CVaR（二维模型） ················ 195

图 8.9　θ 的稳健性检验 ················ 196

图 8.10　非齐次泊松过程拟合（内部欺诈） ················ 197

图 8.11　非齐次泊松过程拟合（外部欺诈） ················ 197

图 8.12　动态 VaR（置信水平：99.9%） ················ 198

图 8.13　动态 CVaR（置信水平：99.9%） ················ 199

图 8.14　操作风险年度损失历史数据 ················ 199

图 8.15　不同置信水平下的 VaR（三维模型） ················ 204

图 8.16　不同置信水平下的 CVaR（三维模型） ················ 204

表目录

表 2.1　操作风险业务条线　······················ 14

表 2.2　操作风险事件类型　······················ 17

表 2.3　操作风险损失形态　······················ 20

表 2.4　不同业务条线对应的权重因子 β_i ················ 28

表 2.5　SMA 中的变量缩写和含义列表　··············· 34

表 2.6　《巴塞尔资本协议》提出的操作风险计量方法汇总　······· 41

表 4.1　中国商业银行操作风险外部数据库样张　············ 69

表 4.2　操作风险损失地域特征（前五名和后五名）　········· 74

表 4.3　不同事件类型的操作风险损失　··············· 75

表 4.4　中国商业银行操作风险损失描述性统计　··········· 89

表 4.5　POT – LDA 模型参数估计结果　··············· 90

表 4.6　不同置信水平下的 VaR　·················· 91

表 5.1　不同置信水平下的 VaR　·················· 106

表 5.2　$VaR_{99.9\%}$ 的 95% 置信区间　················ 108

表 5.3　GPD 分布的参数估计　··················· 109

表 5.4　不同置信水平下的 VaR（非参数方法和参数方法）　······· 110

表 6.1　操作风险描述性统计　··················· 122

表 6.2　不同置信水平下的 VaR　·················· 130

表7.1　损失频率边缘分布参数估计 ………………………… 148

表7.2　损失强度边缘分布参数估计 ………………………… 148

表7.3　相关性结构 …………………………………………… 158

表7.4　不同置信水平下的 VaR …………………………… 159

表7.5　不同相关性模型的 VaR …………………………… 164

表8.1　操作风险损失描述性统计

（内部欺诈与外部欺诈）………………………… 191

表8.2　损失频率和强度边缘分布参数估计（二维模型）………… 192

表8.3　VaR 与 CVaR（二维模型）………………………… 193

表8.4　Kupiec 检验（二维模型；LR 统计量）…………… 194

表8.5　损失频率和强度边缘分布参数估计（三维模型）………… 200

表8.6　相关性结构参数估计 ………………………………… 201

表8.7　VaR 与 CVaR（三维模型）………………………… 202

表8.8　Kupiec 检验（三维模型；LR 统计量）…………… 203

第1章　操作风险研究背景

1.1　研究背景

作为银行各种业务经营活动伴生的一类风险，操作风险与市场风险、信用风险一起并称为商业银行面临的三大风险。根据《巴塞尔资本协议Ⅱ》，操作风险被认为是"由于不完善或失败的内部操作过程、人员和系统或外部事件而造成金融损失的风险，该定义包括法律风险，但不包括策略性风险和声誉风险"。直至20世纪中期，商业银行面临的最主要风险依旧被认为是市场风险和信用风险，作为"其他风险"的操作风险还不为人们所熟知，并且由于银行业务规模并不巨大，业务操作也存在诸多限制，偶发性的操作风险损失造成的后果有限，基本能被银行资本金覆盖。因此，相比其他两类风险，操作风险在当时并不十分重要，也不单独参与和影响风险资本金的分配。

20世纪70年代以来，全球金融业进入了一个动荡的时期，银行业危机频发，金融风险不断发生，严重威胁着金融业的安全。随着金融管制的放松、业务全球化一体化、信息技术高速发展以及各类金融创新层出不穷，20世纪90年代以来一系列操作风险事件频繁发生：1995年2月，英国巴林银行新加坡交易员在外汇交易中诈骗，损失8.6亿英镑，导致拥有233年辉煌历史的巴林银行宣布破产倒闭；1995年7月，日本大和银行纽约分行由于在资金交易的前台、后台没有很好地隔离等原因，造成约 11 亿美元的损失；2002 年 2 月，联合爱尔兰银行因外汇交易员诈骗，损失约 7.5 亿美元；2008 年，法国兴业银行交易员在未经许可的情况下擅自减仓投资股指期货，并利用虚拟交易掩盖其违规行为，导致直接损失高达 49 亿欧元。这些案件的发生，不仅给涉案的商业银行造成了巨额的经济损失，严重的甚至会导致破产或合并，而且极大地影响了该银行的声誉，造成股价大幅下跌。de Fontnouvelle 等对美国银行业损失数据进行研究后发现，操作风险已经成为商业银行的一个重大风险来源，某些银行对其风险资本金的要求甚至超过了传统两大风险（市场风险和信用风险）[1]。由此可见，随着全球化和金融业务复杂化，操作风险已经逐渐成为商业银行风险管理不容忽视的重要组成部分，加强操作风险管理和度量工作对于提升商业银行风险管理能力是十分必要并且迫在眉睫的。

在国内，最近几年操作风险案件也频繁发生，涉案金额动辄上亿元人民币。例如，2003 年中国银行广东"10·12 开平案"造成了 4.83 亿美元的巨额亏损；2004 年交通银行锦州分行巨额不良贷款作假案涉案金额高达 2.21 亿元；2004 年披露的中国工商银行成都某支行由于系统漏洞导致 0.2 亿元人民币错误转账；2005 年 3 月 24 日，农业银行包头市分行汇通支行、东河支行在办理个人质押贷款和贴现业务中，内外勾结，骗取银行贷款，查明涉案资金累计 98 笔、金额 1.15 亿元，涉案人员 43 名；2016 年初，中国农业银行北京分行 2 名员工已被立案调查，原因是涉嫌非法套取 39 亿元票据，同时利用非法套取的票据进行回购资金，且未建立台账，回购款中相当部分资金违规流入股市，而由于股价下跌，出现巨额资金缺口无法兑付。根据中国银行业协会发布的《中国银行家调查报告》显示，在经济增速换挡期、结构调整阵痛期和前期政策刺激消化期"三期叠加"的背景下，中国银行业面临着更为严峻的风险形势，不仅银行外部欺诈案件数量有所上升，内部员工违纪违规或内外勾结所导致的案件数量也有抬头态势。2016 年，中国"十三五"规划明确提出要改革并完善适应现代金融市场发展的金融监管框架，实现金融风险监管全覆盖。而作为最基础性风险之一的操作风险，存在于金融机构运营的各个流程和业务环节，可能会诱发其他风险进而导致系统性风险的发生。由此可见，操作风险已成为银行业所面临的主要风险之一，并成为商业银行风险管理的核心内容之一。

随着金融科技（FinTech）的快速发展，金融经营转型和服务创新层出不穷，国际银行业和银行监管机构在关注银行的信用风险和市场风险的同时，越来越重视防范操作风险。2004 年 6 月，巴塞尔银行监管委员会（Basel Committee on Banking Supervision，BCBS）经过国际银行业多轮讨论和修改的《统一资本计量和资本标准的国际协议：修订框架》正式定稿发布，正式稿中保留了操作风险资本金的内容[2]。《巴塞尔资本协议 Ⅱ》的第一支柱中明确要求银行为操作风险计提风险资本以抵御操作风险造成的损失。2007 年 5 月 14 日，中国银监会为加强商业银行的操作风险管理制定了《商业银行操作风险管理指引》，并于 2008 年 9 月 18 日颁布了《商业银行操作风险监管资本计量指引》。2012 年，中国银监会颁布的《商业银行资本管理办法（试行）》规定：商业银行采用高级计量法，可根据业务性质、规模和产品复杂程度以及风险管理水平选择操作风险计量模型，这赋予了商业银行在开发操作风险计量和管理方法上很大的灵活性。2014 年 10 月，巴塞尔银行监管委员会发布咨询文件《操作风险较简单方法的修订》（*Operational Risk—Revisions to the Simpler Approaches*），目的是逐步开展对操作风险计量方法的修正和简化工作[3]。2016 年 3 月，巴塞尔银行监管委员会给出了咨询文件《操作风险标准计量法》（*Standardized Measurement Approach for Operational Risk*），给出了标准计量法作为操作风险计量模型修正的最终方案，并写入了《巴塞尔资本协议 Ⅲ》[4]。因此，对于管理和防范操作风险以及合理配置与之相应的经济资本，开展银行操作风险度量的研究具有重要的理论和实际应用价值。

根据《巴塞尔资本协议Ⅱ》，按照损失事件发生的业务部门对损失事件进行分类，将商业银行的业务部门分为 8 大类：公司金融、交易与销售、零售银行、商业银行、支付与清算、代理服务、资产管理和零售经纪；同时，中国银监会发布的《商业银行操作风险监管资本计量指引》把不能归为这八类的操作风险归为第九类，即其他业务。从风险事件类型的角度，巴塞尔银行监管委员会将操作风险分为 7 种类型：内部欺诈，外部欺诈，就业制度和工作场所安全事件，客户、产品和业务活动事件，实物资产的损坏，信息科技系统事件，执行、交割和流程管理事件。按照业务条线和操作风险事件损失类型进行组合，理论上可以形成 56 个单元（56 重）的操作风险。因此，商业银行所面临的操作风险将不会是单一的，而是具有多重来源的。因此，在测算商业银行操作风险资本金时，如何准确刻画不同风险单元之间的相依性结构以及解决多重操作风险耦合集成度量问题成为操作风险度量和管理问题的重中之重。在银行实操过程中，不同风险单元之间的相依性结构往往不是线性的，也不是一成不变的。这种动态非线性的相依性结构成为银行多重操作风险集成度量工作中急需解决的难点。基于银行操作风险特征以及多重操作风险存在动态非线性相依关系，本书第 5 章至第 8 章提出多种银行操作风险度量方法，并且开发出配套的数值模拟方法，为我国商业银行提供准确度量操作风险的理论和方法，也为银行消化和实施《巴塞尔资本协议》提供技术支持。

1.2　操作风险经典案例

近三十年，随着全球化趋势和金融管制的放松，金融服务范围持续扩大，出现各种复杂的金融产品，越来越多的银行操作风险事件发生并被公开媒体披露出来。本节将重点介绍和分析近年来国内外发生的几宗著名的商业银行操作风险案例，分别是巴林银行事件、大和银行纽约分行事件、中国银行"10·12 开平案"事件以及中国农业银行北京分行"票据案"事件四起案件。

1.2.1　国外案例

（一）巴林银行事件

1995 年 2 月 27 日，英国中央银行宣布，英国商业投资银行——巴林银行因经营失误而倒闭破产。巴林银行创立于 1762 年，这家已有 233 年历史的商业银行是伦敦金融中心位居前列的集团化证券商，连英国女皇的资产都委托其管理，素有"女皇的银行"的美称。消息一经传出，立即轰动了整个世界金融市场，直接导致当天伦敦股市出现暴跌。10 天之后，经英格兰银行从中斡旋，巴林银行以 1 英镑的象征性价格被荷兰国际集团收购，总损失高达 13 亿美元，资本损失率达 100%。巴林银行事件是内部欺诈、未授权交易以及银行缺乏内控机制而导致巨额经济后果的知名案例，违规人员为新加坡附属机构交易员 Nick Leeson。

1992 年，Nick Leeson 被巴林银行总部任命为新加坡巴林期货有限公司的总经理兼首席交易员，负责并实际从事该行在新加坡的期货交易。需要特别指出的是，巴林银行并没有将交易业务与清算业务分开，允许 Leeson 既作为首席交易员控制着交易，又负责其交易的清算工作，加上缺乏上级的监管，这令 Leeson 隐瞒交易损失或风险变得异常容易。1992 年，根据巴林银行伦敦总部的要求，Leeson 特别开设纠错账户"88888"记录小额差错并自行处理，省却伦敦总部汇总处理的麻烦。后因巴林银行内部系统升级，"88888"账户被搁置不用，却未被及时注销，而这个被人忽略的纠错账户后来成为 Leeson 造假的重要工具，Leeson 频频利用该账户掩盖其交易损失。值得注意的是，到 1994 年 7 月，"88888"账户损失曾一度高达 5000 万英镑，为了掩盖损失和应付总部查账，Leeson 编造了一笔 5000 万英镑的存款。巴林银行松散的内部审计制度并未对这笔编造的存款进行核实。

1994 年，由于坚持看多日本经济，Leeson 开始在日本东京市场操作风险极大的日经指数期货。1995 年 1 月以来，日经指数一路大幅跳水，加上 1 月 18 日日本神户大地震影响，Leeson 所持的日经指数期货多头头寸遭遇重创。为了反败为胜，Leeson 继续利用"88888"账户从巴林银行伦敦总部调入巨资，增加持仓（大量买入日经指数期货，沽空日本政府债券）。2 月 23 日，面对日本政府债券的一路上扬，由此造成的交易损失激增至 8.6 亿英镑，Leeson 意识到巨额损失已无法弥补，被迫仓皇出逃，至此这一内部欺诈事件才得以曝光。巴林银行也因无力承担该损失而宣布破产，后被荷兰国际集团以 1 英镑的象征性价格完全收购，主要涉案人员 Leeson 因欺诈罪被判 6 年半监禁。从"88888"账户违规操作到巴林银行案情爆发，直至巴林银行被收购，辉煌了两个世纪的老牌银行走向绝境仅用了短短 3 年时间。

分析巴林银行事件的原因和教训，可以发现：①巴林银行事件的直接导火索是 Leeson 的"流氓交易"行为，其个人违规越权行为直接导致了银行出现巨额损失；②巴林银行事件突出了银行内控机制中的一项重要原则——利益冲突业务的有效隔离，巴林银行混淆了并行发生的交易业务与清算业务，认为以后者为代表的后台业务仅仅是交易业务的附属品，这种以营利为目标的看法必然导致风险稽查工作的缺失，使得原本两者互相制约的关系形同虚设；③巴林银行事件也反映了完善的风险管理和内部审计制度的必要性，若巴林银行当时存在专门的风险管理机构和内部审计部门，就不会忽略巴林银行伦敦总部向 Leeson 提供的巨额资金的去向和用途，能够及时发现潜在的危机隐患并做出相应的反应。

（二）大和银行纽约分行事件

1995 年 7 月，日本大和银行纽约分行执行副主席 Toshihide Iguchi（井口俊英）在写给大和银行董事长的信中公开承认，他持续长达 11 年的非法交易行为使得该行遭受了合计约 11 亿美元的损失。大和银行创立于 1918 年，是日本第五大银行集团，也是日本国内最大的金融机构之一。

与巴林银行事件案情类似，Iguchi 同样既负责证券交易又负责资金清算。当 Iguchi 在美国国债市场上出现亏损时，私下卖出大和银行信托次级保管账户上的债券弥补亏损，并且伪造了美国信孚银行的对账单。当需要对客户交付已被出售的债券利息时，Iguchi 会出售更多的债券填补利息亏空，并进一步篡改更多的记录。在截至 1995 年的过去 11 年内，Iguchi 伪造了 3 万多份交易记录和文件，先后违规出售了大和银行价值 3.77 亿美元的客户债券和自己拥有的 7.33 亿美元的债券，导致银行亏损总额高达 11 亿美元。

丑闻被披露后，Iguchi 本人和大和银行都付出了惨痛的代价：Iguchi 因伪造证据和欺诈罪被判 4 年监禁和 260 万美元罚款；美国联邦储备局勒令大和银行在 3 个月内结束在美的全部业务，并指控其非法隐瞒巨额交易损失；1995 年 11 月，美国联邦委员会及纽约州等 6 个州的银行监管机构决定将大和银行在美国的 18 个分支机构全部驱除出境，并处以 3.4 亿美元的罚款；该丑闻也使标准普尔公司将大和公司的信用评级从 A 级降至 BBB 级。

大和银行纽约分行事件案情与巴林银行事件十分相似，导火索同样是银行内部人员的"流氓交易"行为，同样存在前台交易业务与后台清算业务未实现相互隔离的现象。同时，大和银行纽约分行事件也暴露了金融监管不到位的问题。在丑闻曝光之前，日本大和银行和美国联邦储备局曾先后对该行纽约分行的工作进行稽查和监测，均未发现问题。此外，日本大和银行由于国内业务受限，积极开拓国际证券市场，一味地追求海外市场的快速扩张导致其睁一只眼闭一只眼的态度：既没有对潜在问题进行稽核，也没有及时出台相关风控制度和政策进行预防和规范。

1.2.2　国内案例

（一）中国银行"10·12 开平案"事件

2001 年 10 月 12 日，作为全行加强管理的重大技术举措之一，中国银行将全国 1040 处电脑中心统一成一套系统，集中设置在 33 个中心。全国中国银行电脑一经联网，经各分支机构数据汇总的电脑中心反映出的账目出现了 8000 万美元的亏空，很快亏空数额又飙升至 4.83 亿美元。由于数额过于巨大，工作人员起初以为是电脑系统出现了技术故障，几经排查和复算过后，巨额亏损的结论依然保持不变。至此大家才意识到，中国银行发生了新中国成立以来规模最大的银行资金盗用案。

随后经各方排查，案发范围逐渐缩小至广东省开平市。10 月 15 日，时任广东省分行财会处处长的许超凡突然失踪，同时失踪的还有广东中国银行的两名支行行长余振东和许国俊。许超凡、余振东、许国俊恰恰自 20 世纪 90 年代以来先后担任过中国银行开平支行行长。据时任中国银行行长的刘明康透露，经公安机关紧急调查后发现，涉案的 3 人已潜逃至加拿大和美国，其家属也早已移居海外。在过去若干年内盗窃的上亿元人民币非法资金，主要通过澳门和拉斯维加斯等地的赌场洗成现金，赃款被进一步转移到了海外。2009 年，美国拉斯维加斯地方法院以诈骗、洗钱、跨国转运盗窃钱款等罪名分别判处许超凡和许国俊有期徒刑 25 年和 22 年。此案另一主角余振东已于 2004 年 4 月被移交给中国警方，并于 2006 年被判处有期徒刑 12 年。2018 年 7 月 11 日，外逃美国 17 年之久的许超凡被强制遣返回国。

分析“10·12 开平案”案情可以发现，涉案三人在 1991—2001 年先后任职中国银行开平支行期间，利用联行清算系统盗窃了中国银行总行的巨额资金。所谓联行清算系统，指的是银行内部各分支机构之间汇划的内部清算机制，若客户实施同行异地汇款，在银行内部并不发生实际汇款行为，只是在不同支行的资产负债表上各自记录汇入和汇出的金额，然后通过总行进行确认并对两者之间的汇差进行结算。由于当时商业银行各分支机构的电脑系统是自发建立的，并没有统一的规划，存在数据网络的连接隔断，不同地方主机的软件系统手工操作环节无法逾越，因此长期以来商业银行采用的清算办法是每天由各个分支机构自下而上地汇报其联行业务的发生金额。由于技术手段落后，效率非常低下，当时银行系统内部的汇划和结算无法同步完成，总行最终确认也很容易受制于各种故障和失误，最终结算时间和周期难以保证。正是由于分支机构资金汇划和总行确认之间的不同步，给了嫌疑人实施经济舞弊的操作空间。据了解，许超凡等将其盗用的各科目资金打入联行资金项，将资金亏空反映成对总行联行系统的欠款，再利用总行最终确认的时间差以新账填补旧账，最终造成了高达数亿元人民币的巨额资金亏空。

与本节提到的国外两个操作风险经典案例相似，中国银行"10·12开平案"事件反映了银行内部控制和稽核制度等方面存在很多不足与薄弱环节："10·12开平案"案发前，由于中国银行业"四级管理，四级经营"的分布式管理架构，支行行长权力几近无边界，其工作范围既包括财务管理、核算管理和授权管理，也包括人事管理和行政管理，使得各种业务之间的权力制约失去了意义；在丑闻曝光前，中国银行的稽核体系附属于各级分支机构，仅由上一级机构对下一级机构进行检查，即开平支行只需对上一级的江门分行负责，检查内容也仅限于核查业务环节是否符合手续。案发后，江门分行本身也同样受到了牵连。此外，案发前全行电脑系统长期未能集中，严重削弱了稽核应发挥的作用。

（二）中国农业银行北京分行"票据案"事件

2016 年 1 月 22 日晚，中国农业银行发布公告称："近日，中国农业银行北京分行票据买入返售业务发生重大风险事件，涉及风险金额为 39.15 亿元。"据报道，中国农业银行北京分行两名员工被立案调查，调查原因是涉嫌非法套取票据，同时利用非法套取的票据进行回购资金。据悉，回购资金中有相当一部分已流入股市，并由于当时股价持续下跌，导致出现巨额资金缺口无法兑付。由于涉案金额巨大，公安机关和中国银监会将该案上报国务院。这起影响恶劣的中国农业银行"票据案"事件不仅涉及中国农业银行内控问题，还牵扯到众多其他银行。

综合多家媒体报道，可以大概勾勒出中国农业银行北京分行"票据案"事件的案情描述：中国农业银行北京分行与某银行进行银行承兑汇票转贴现业务，在回购到期前，银票本应存放在北京分行的保险柜里，不得转出。实际情况却是，银票在回购到期前，就被票据中介提前取出，与另外一家银行进行了回购贴现交易，而资金并未回到中国农业银行北京分行的账上，却进入了股市，而另一边保险柜中的票据，则被换成了报纸。正是 2016 年股市持续走低，导致票据风险集中爆发。

2017 年 11 月，北京银监局公布对中国农业银行北京分行"票据案"事件的处罚结果[①]：中国农业银行北京市分行因同业票据业务严重违反审慎经营规则，被罚款 1950 万元；主要负责人被终身禁止从事银行业工作；其他责任人或被禁止 10 年内从事银行业工作、取消终身的董事和高级管理人员任职资格，或分别受到警告并罚款 10 万元，或被取消 10 年或 1 年的董事和高级管理人员任职资格。

作为一种被广泛使用的贸易融资工具，票据业务一直存在欺诈隐患，而票据违规行为已成为 2016—2017 年监管部门屡次处罚的重点。面对这类票据欺诈风险，银行应当提高对虚构贸易背景而骗取银行承兑汇票的警惕度，并通过提升内控管理、规范操作流程实现在业务环节对虚构贸易背景而骗取承兑汇票的行为的甄别。

1.3　本章小结

直至 20 世纪中期，商业银行面临的最主要风险依旧被认为是市场风险和信用风险，作为"其他风险"的操作风险还不为人们所熟知。但是，在以银行为代表的金融机构日常经营中，常常会伴随着诸如由人

---

① 资料来源：京银监罚决字〔2017〕1 号和京银监罚决字〔2017〕19 号。

员失误、内部欺诈与外部欺诈、设备故障与系统中断或者天灾人祸导致的各类损失。20 世纪 70 年代以来，全球金融业进入了一个动荡的时期，随着金融管制的放松、业务全球化一体化、信息技术高速发展以及各类金融创新层出不穷，20 世纪 90 年代以来一系列操作风险事件频繁发生，例如，1995 年英国巴林银行事件（损失金额 8.6 亿英镑）、1995 年日本大和银行纽约分行事件（损失金额 11 亿美元）、2002 年联合爱尔兰银行事件（损失金额 7.5 亿美元）、2008 年法国兴业银行事件（损失金额 49 亿欧元）、2003 年中国银行"10·12 开平案"事件（损失金额 4.83 亿美元）、2004 年交通银行锦州分行事件（损失金额 2.21 亿元）、2016 年中国农业银行北京分行"票据案"事件（损失金额 39 亿元）等。

可见，操作风险已经逐渐成为商业银行风险管理不容忽视的重要组成部分，在总风险度量中的权重已经大大增加，并被《巴塞尔资本协议Ⅱ》正式纳入银行风险资本计量框架，因此加强操作风险管理和度量工作对于提升商业银行风险管理能力是十分必要并且迫在眉睫的。

第 2 章　操作风险与
《巴塞尔资本协议》

2.1　操作风险预备知识

2.1.1　操作风险定义

在传统的商业银行风险管理内容中，人们认为银行面临的最主要的两种风险是市场风险和信用风险，前者主要针对由于资产价格、利率、汇率等市场指标变化导致的损失，后者主要针对合同违约损失。对于操作风险的最初定义和认识，停留在"除了信用风险和市场风险以外的其他风险"。这种风险的间接定义方法，尽管简单且便于理解，但是显然并不能满足操作风险识别和度量工作的要求。在风险管理内容中操作风险是一个较新的词汇，但对于商业银行来说，操作风险并不是一种近年来才出现的新兴风险，操作风险损失常常出现和反映在商业银行资产负债表里。不同于市场风险和信用风险，操作风险往往与商业银行所有经营活动和业务部门息息相关。为了更好地识别、度量和管理操作风险，给其赋予完整具体的直接定义是十分必要的。

对于操作风险的直接定义，国际上一开始并没有达成统一。各种操作风险定义是各机构站在不同的认识角度上，在对操作风险的管理和认识过程中不断发展而来的。对于操作风险的定义经历了以下阶段。

1997 年，英国银行家协会（BBA）将操作风险定义为"与人为失误、不完备的程序控制、欺诈和犯罪活动相联系，是由技术缺陷和系统崩溃引起的风险"。这是业界最早出现的关于操作风险的直接定义，后通过不断的调查和研究，将其修改为"由于不恰当或由失败的银行内部程序、工作人员失误、系统漏洞或外部事件所导致的直接或间接损失的风险，"其中主要包含了内部操作流程、人员、系统和外部事件四个方面的风险来源和成因。

1998 年，巴塞尔银行监管委员会（BCBS）基本遵循了英国银行家协会对于操作风险的定义，并正式将操作风险纳入《巴塞尔资本协议》三大风险。但在该种定义中并没有明确地界定和划分"直接损失"和"间接损失"。为了进一步满足操作风险度量和管理工作的需要，在 2004 年《巴塞尔资本协议Ⅱ》公布的对操作风险的定义中，省略了"直接"和"间接"两个概念，将其稍作修改并定义为："由于不完善或失败的内部操作过程、人员和系统或外部事件而造成金融损失的风险，该定义包括法律风险，但不包括策略性风险和声誉风险"[2]。

2007 年，中国银监会发布的《商业银行操作风险管理指引》，充分借鉴了巴塞尔银行监管委员会的定义，对操作风险做了如下定义："由不完善或有问题的内部程序、员工和信息科技系统，以及外部事件所造成损失的风险，包括法律风险，但不包括战略风险和声誉风险。"其中，该指引指出法律风险包括"商业银行签订的合同因违反法律或行政法规可能被依法撤销或者确认无效的；商业银行因违约、侵权或者其他事由被提起诉讼或者申请仲裁，依法可能承担赔偿责任的；商业银行的业务活动违反法律或行政法规，依法可能承担行政责任或者刑事责任的"。

2.1.2　操作风险分类

由于操作风险自身具有复杂性，并且涉及商业银行自身经营活动的各个方面，为了进一步剖析操作风险的特征，对其进行多视角、多维度的分类是十分必要的。本节将从损失的性质、所属业务条线、损失事件类型、损失形态、损失频率和强度五个方面进行分类。

按照损失的性质划分，操作风险损失可以分为由内部原因造成的损失和由外部原因造成的损失两种。其中，内部原因包括人员、操作过程或者技术失败等，如人工操作失误、内部人员舞弊欺诈、未授权行为、操作流程不合理、系统失灵和漏洞、数据信息安全、计算机故障或者长途通信问题造成的业务延误等。外部原因包括外部欺诈、盗窃、计算机黑客攻击、恐怖袭击以及由于自然灾害（如地震、台风、洪水和火灾等）造成的实体资产损失等。

在商业银行操作风险识别和管理过程中，银行记录其操作风险损失时，通常会根据操作风险所属具体的业务条线和操作风险事件类型进行区分。依据《巴塞尔资本协议Ⅱ》，巴塞尔银行监管委员会（BCBS）将商业银行的业务部门分为 8 类业务条线：公司金融、交易与销售、零售银行、商业银行、支付与清算、代理服务、资产管理和零售经纪。特别地，中国银监会 2008 年发布的《商业银行操作风险监管资本计量指引》将无法归入以上 8 类业务条线的操作风险归入"其他业务"。根据中国银行业监督管理委员会令 2012 年第 1 号《商业银行资本管理办法（试行）》附件 12（操作风险资本计量监管要求），表 2.1 展示了以上 9 类操作风险业务条线分类的 2 级目录，并给出了所属各业务条线的业务种类示例。

表 2.1　　　　　　　　　　　　操作风险业务条线

1 级目录	2 级目录	业务种类示例
公司金融	公司和机构融资	并购重组服务、包销、承销、上市服务、退市服务、证券化，研究和信息服务，债务融资，股权融资，银团贷款安排服务，公开发行新股服务、配股及定向增发服务、咨询见证、债务重组服务、财务顾问与咨询，其他公司金融服务等
	政府融资	
	投资银行	
	咨询服务	

续表

1 级目录	2 级目录	业务种类示例
交易与销售	销售	交易账户人民币理财产品、外币理财产品、在银行间债券市场做市、自营贵金属买卖业务、自营衍生金融工具买卖业务、外汇买卖业务、存放同业、证券回购、资金拆借、外资金融机构客户融资、贵金属租赁业务、资产支持证券、远期利率合约、货币利率掉期、利率期权、远期汇率合约、利率掉期、掉期期权、外汇期权、远期结售汇、债券投资、现金及银行存款、中央银行往来、系统内往来、其他资金管理等
	做市商交易	
	自营业务	
	资金管理	
零售银行	零售业务	零售贷款、零售存款、个人收入证明、个人结售汇、旅行支票、其他零售服务
	私人银行业务	高端贷款、高端客户存款收费、高端客户理财、投资咨询、其他私人银行服务
	银行卡业务	信用卡、借记卡、准贷记卡、收单、其他银行卡服务
商业银行	商业银行业务	单位贷款、单位存款、项目融资、贴现、信贷资产买断卖断、担保、保函、承兑、委托贷款、进出口贸易融资、不动产服务、保理、租赁、单位存款证明、转贷款服务、担保/承诺类、信用证、银行信贷证明、债券投资（银行账户）、其他商业银行业务
支付与清算	客户	债券结算代理、代理外资金融机构外汇清算、代理政策性银行贷款资金结算、银证转账、代理其他商业银行办理银行汇票、代理外资金融机构人民币清算、支票、企业电子银行、商业汇票、结售汇、证券资金清算、彩票资金结算、黄金交易资金清算、期货交易资金清算、个人电子汇款，银行汇票、本票、汇兑、托收承付、托收交易、其他支付结算业务
代理服务	托管	证券投资基金托管、QFII 托管、QDII 托管、企业年金托管、其他各项资产托管、交易资金第三方账户托管、代保管、保管箱业务、其他相关业务

续表

1 级目录	2 级目录	业务种类示例
代理服务	公司代理服务	代收代扣业务、代理政策性银行贷款、代理财政授权支付、对公理财业务、代客外汇买卖、代客衍生金融工具业务、代理证券业务、代理买卖贵金属业务、代理保险业务、代收税款、代发工资、代理企业年金业务、其他对公代理业务
	公司受托业务	企业年金受托人业务、其他受托代理业务
资产管理	全权委托的资金管理	投资基金管理、委托资产管理、私募股权基金、其他全权委托的资金管理
	非全权委托的资金管理	投资基金管理、委托资产管理、企业年金管理、其他全权委托的资金管理
零售经纪	零售经纪业务	执行指令服务、代销基金、代理保险、个人理财、代理投资、代理储蓄国债、代理个人黄金业务、代理外汇买卖、其他零售经纪业务
其他业务	其他业务	无法归入以上八个业务条线的业务种类

资料来源：《商业银行资本管理办法（试行）》附件 12（操作风险资本计量监管要求）。

依据《巴塞尔资本协议 II》，巴塞尔银行监管委员会（BCBS）按照事件类型将操作风险分为以下 7 类：内部欺诈；外部欺诈；就业制度和工作场所安全；客户、产品和业务活动；实物资产的损坏；信息科技系统；执行、交割与流程管理。根据中国银行业监督管理委员会令 2012 年第 1 号《商业银行资本管理办法（试行）》附件 12（操作风险资本计量监管要求），事件类型简要解释如下：

（1）内部欺诈事件。指故意骗取、盗用财产或违反监管规章、法律或公司政策导致的损失事件，此类事件至少涉及内部一方，但不包括歧视及差别待遇事件。

（2）外部欺诈事件。指第三方故意骗取、盗用、抢劫财产、伪造要件、攻击商业银行信息科技系统或逃避法律监管导致的损失事件。

（3）就业制度和工作场所安全事件。指违反就业、健康或安全方面的法律或协议，个人工伤赔付或者因歧视及差别待遇导致的损失事件。

（4）客户、产品和业务活动事件。指因未按有关规定造成未对特定客户履行分内义务（如诚信责任和适当性要求）或产品性质或设计缺陷导致的损失事件。

（5）实物资产的损坏事件。指因自然灾害或其他事件（如恐怖袭击）导致实物资产丢失或毁坏的损失事件。

（6）信息科技系统事件。指因信息科技系统生产运行、应用开发、安全管理以及由于软件产品、硬件设备、服务提供商等第三方因素，造成系统无法正常办理业务或系统速度异常所导致的损失事件。

（7）执行、交割与流程管理事件。指因交易处理或流程管理失败，以及与交易对手方、外部供应商及销售商发生纠纷导致的损失事件。

同时，中国银行业监督管理委员会令 2012 年第 1 号《商业银行资本管理办法（试行）》附件 12（操作风险资本计量监管要求）展示了以上 7 类操作风险事件类型分类的 3 级目录和归类明细，如表 2.2 所示。由于不同业务条线和不同事件类型对应的操作风险来源、成因、演化以及传导机制大相径庭，因此按照业务条线和事件类型来准确描述操作风险是至关重要的。按照《巴塞尔资本协议 II》的分类标准（8 类业务条线和 7 类事件类型），理论上可以最多组合成 56 种操作风险。

表 2.2   操作风险事件类型

1 级目录	2 级目录	3 级目录
内部欺诈事件	行为未经授权	故意隐瞒交易
		未经授权交易导致资金损失
		故意错误估价
		其他
	盗窃和欺诈	欺诈/信用欺诈/不实存款
		盗窃/勒索/挪用公款/抢劫
		盗用资产

续表

1级目录	2级目录	3级目录
内部欺诈事件	盗窃和欺诈	恶意损毁资产
		伪造
		支票欺诈
		走私
		窃取账户资金/假账/假冒开户人/等等
		违规纳税/故意逃税
		贿赂/回扣
		内幕交易（不用本行的账户）
		其他
外部欺诈事件	盗窃和欺诈	盗窃/抢劫
		伪造
		支票欺诈
		其他
	系统安全性	黑客攻击损失
		窃取信息造成资金损失
		其他
就业制度和工作场所安全事件	劳资关系	薪酬，福利，劳动合同终止后的安排
		有组织的工会行动
		其他
	环境安全性	一般性责任（滑倒和坠落等）
		违反员工健康及安全规定
		劳方索偿
		其他
	歧视及差别待遇事件	所有涉及歧视的事件
客户、产品和业务活动事件	适当性，披露和诚信责任	违背诚信责任/违反规章制度
		适当性/披露问题（了解你的客户等）
		未尽向零售客户的信息披露义务
		泄露隐私
		强制推销
		为多收手续费反复操作客户账户
		保密信息使用不当
		贷款人责任

续表

1 级目录	2 级目录	3 级目录
客户、产品和业务活动事件	适当性，披露和诚信责任	其他
	不良的业务或市场行为	垄断
		不良交易/市场行为
		操纵市场
		内幕交易（用本行的账户）
		未经有效批准的业务活动
		洗钱
		其他
	产品瑕疵	产品缺陷（未经许可等）
		模型错误
		其他
	客户选择，业务推介和风险暴露	未按规定审查客户信用
		对客户超风险限额
		其他
	咨询业务	咨询业务产生的纠纷
实物资产的损坏事件	灾害和其他事件	自然灾害损失
		外力（恐怖袭击、故意破坏）造成的人员伤亡和损失
信息科技系统事件	信息系统	硬件
		软件
		网络与通信线路
		动力输送损耗/中断
		其他
执行、交割与流程管理事件	交易认定，执行和维护	错误传达信息
		数据录入、维护或登载错误
		超过最后期限或未履行义务
		模型/系统误操作
		账务处理错误/交易归属错误
		其他任务履行失误
		交割失误
		担保品管理失效

1 级目录	2 级目录	3 级目录
执行、交割与流程管理事件	交易认定，执行和维护	交易相关数据维护
		其他
	监控和报告	未履行强制报告职责
		外部报告不准确导致损失
		其他
	招揽客户和文件记录	客户许可/免责声明缺失
		法律文件缺失/不完备
		其他
	个人/企业客户账户管理	未经批准登录账户
		客户信息记录错误导致损失
		因疏忽导致客户资产损坏
		其他
	交易对手方	与同业交易处理不当
		与同业交易对手方的争议
		其他
	外部销售商和供应商	外包
		与外部销售商的纠纷
		其他

资料来源：《商业银行资本管理办法（试行）》附件 12（操作风险资本计量监管要求）。

　　由于操作风险涉及商业银行各种经营活动，操作风险损失具有不同的损失形态。中国银行业监督管理委员会令 2012 年第 1 号《商业银行资本管理办法（试行）》附件 12（操作风险资本计量监管要求）也归纳整理了操作风险损失具有的 7 种损失形态，其归类明细如表 2.3 所示。

表 2.3　　　　　　　　　　操作风险损失形态

损失形态	简要解释
法律成本	因商业银行发生操作风险事件引发法律诉讼或仲裁，在诉讼或仲裁过程中依法支出的诉讼费用、仲裁费用及其他法律成本。如违反知识产权保护规定等导致的诉讼费、外聘律师代理费、评估费、鉴定费等

续表

损失形态	简要解释
监管罚没	因操作风险事件所遭受的监管部门或有权机关罚款及其他处罚。如违反产业政策、监管法规等所遭受的罚款、吊销执照等
资产损失	由于疏忽、事故或自然灾害等事件造成实物资产的直接毁坏和价值的减少。如火灾、洪水、地震等自然灾害所导致的账面价值减少等
对外赔偿	由于内部操作风险事件，导致商业银行未能履行应承担的责任造成对外的赔偿。如因银行自身业务中断、交割延误、内部案件造成客户资金或资产等损失的赔偿金额
追索失败	由于工作失误、失职或内部事件，使原本能够追偿但最终无法追偿所导致的损失，或因有关方不履行相应义务导致追索失败所造成的损失。如资金划转错误、相关文件要素缺失、跟踪监测不及时所带来的损失等
账面减值	由于偷盗、欺诈、未经授权活动等操作风险事件所导致的资产账面价值直接减少。如内部欺诈导致的销账、外部欺诈和偷盗导致的账面资产或收入损失，以及未经授权或超授权交易导致的账面损失等
其他损失	由于操作风险事件引起的其他损失

资料来源：《商业银行资本管理办法（试行）》附件 12（操作风险资本计量监管要求）。

不同于信用风险和市场风险，操作风险损失发生服从离散随机点过程，因此在一定的时间区间内是可计数的。鉴于操作风险自身的特征，除了假设损失强度服从某一连续随机分布，还需要考虑损失发生的频率（服从某一离散随机分布）。根据操作风险具有包含损失频率/损失强度的二维分布特征，因此可将操作风险损失分为以下 4 类，分类方法如图 2.1 所示。

（1）低频低损类型：低损失频率/低损失强度（Low Frequency Low Severity，LFLS）

（2）低频高损类型：低损失频率/高损失强度（Low Frequency High Severity，LFHS）

（3）高频低损类型：高损失频率/低损失强度（High Frequency Low Severity，HFLS）

（4）高频高损类型：高损失频率/高损失强度（High Frequency

High Severity，HFHS）

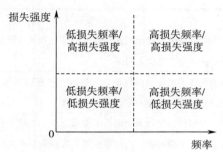

图 2.1　操作风险按损失频率和损失强度分类

上述 4 种类型损失中，HFHS 类型损失基本不存在也不现实，LFLS 类型损失对于银行日常经营几乎不造成影响，可以忽略不计。在操作风险管理中，真正需要关注的是 HFLS 类型损失和 LFHS 类型损失。对于商业银行而言，HFLS 类型损失主要带来的是预期损失，通常能够预防，对银行造成的影响有限；LFHS 类型损失主要指的是以"黑天鹅"事件为代表的非预期损失，该类事件发生的概率很低，但是一旦发生会给商业银行造成严重甚至致命的破坏性经济后果。相比而言，商业银行需要重点防控和管理的应该是 LFHS 类型非预期损失，所以如何准确捕捉和刻画 LFHS 类型非预期损失成为操作风险度量和管理的关键内容之一。

2.2　巴塞尔银行监管委员会、《巴塞尔资本协议》与操作风险

巴塞尔银行监管委员会（BCBS）原称银行法规与监管事务委员会，是由美国、英国、法国、德国、意大利、日本、荷兰、加拿大、比利时、瑞典 10 大工业国的中央银行于 1974 年底共同成立的，作为国际清算银行的常设监督机构，以各国中央银行官员和银行监管当局为代表，其总部在瑞士的巴塞尔。巴塞尔银行监管委员会每年定期于常设秘书处集会 4 次，并拥有近 30 个技术机构，执行每年集会所订的目标或计划。

　　为了消除世界各国银行监管范围差异，巴塞尔银行监管委员会制定一系列协议、监管标准与指导原则，譬如《关于统一国际银行资本衡量和资本标准的协议》《有效银行监管核心原则》等，统称为《巴塞尔资本协议》。《巴塞尔资本协议》的核心目标是完善与补充单个国家对商业银行监管体制的不足，降低银行倒闭的风险与代价，是对国际商业银行联合监管的最主要形式。《巴塞尔资本协议》的制定与推广，对稳定国际金融秩序起到了积极作用。需要特别指出的是，巴塞尔银行监管委员会其本身并不具有法定跨国监管的权力，委员会所作结论、提出的监管标准以及指导原则在法律上也没有强制效力，仅供参考。但因巴塞尔银行监管委员会成员均来自世界主要发达国家，其影响大，因此仍预期各国将会依据委员会所订的监管标准和指导原则，结合各国自身实际情况，采取立法规定或其他措施，逐步实施监管标准与指导原则，实务处理相关建议事项。下面就《巴塞尔资本协议》中操作风险监管内容演变过程以及实施进展做了梳理：

　　《巴塞尔资本协议Ⅰ》与操作风险。巴塞尔银行监管委员会最早提出操作风险监管概念，是在 1997 年出台的《有效银行监管核心原则》文件中[5]。值得注意的是，《有效银行监管核心原则》并未给出操作风险的直接定义，而是采取间接定义将"除了市场风险和信用风险以外的其他风险"视为操作风险，并且着重强调操作风险监管的全程化和合规化。2003 年 2 月，巴塞尔银行监管委员会发布文件《操作风险管理和监管的稳健做法》，文件列出涉及有效管理与监管操作风险总体框架的一套原则（共 10 条），商业银行及监管当局可依据这些原则评估操作风险管理政策及做法[6]。

　　《巴塞尔资本协议Ⅱ》与操作风险。2004 年 6 月，巴塞尔银行监管委员会正式发布《巴塞尔资本协议Ⅱ》，首次明确提出操作风险概念，并将操作风险纳入资本监管框架，与市场风险、信用风险组成商业银行三大风险[2]。《巴塞尔资本协议Ⅱ》总结了各国商业风险监管经验，建立了有效资本监管的三大支柱，包括资本充足率（第一支柱）、外部监管（第二支柱）和市场约束（第三支柱）。第一支柱中明确提出需要为市场风险、信用风险以及操作风险分别计提风险监管资本金，这是相比《巴塞尔资本协议Ⅰ》的一大创新。同时，《巴塞尔资本协议Ⅱ》还给出了三种操作风险计量方法：基本指标法、标准法和高级计量法，可根据银行自身情况和定位，确定应采用哪种计量方法，方法相关内容详见本章2.3节。第二支柱要求监管机构对银行采用的操作风险计量方法的适当性进行全面评估。第三支柱采用市场原则中的公开披露机制来完善第一支柱和第二支柱。操作风险的披露要求包括定性披露和定量披露两个部分：定性披露要求银行提供资本结构描述、风险管理策略、风险缓释和对冲策略以及对银行所采用的操作风险资本计量方法的相关描述等；定量披露要求银行披露高层部门及主要子公司主要业务的资本开支数量等信息。

《巴塞尔资本协议Ⅲ》与操作风险。在金融危机爆发后，业界对操作风险监管体系完善度、监管职责明确性、损失数据完备性以及操作风险暴露计量方法适当性和前瞻性等均提出了质疑和挑战。针对上述薄弱环节，巴塞尔银行监管委员会出台了一系列指引和监管文件，以更新和完善商业银行操作风险监管框架。2010年12月，巴塞尔银行监管委员会相继发布《操作风险管理和监管的稳健做法》和《操作风险高级计量法监管指引（征求意见稿）》，并于次年6月正式发布两份文件的最终稿《操作风险健全管理原则》和《操作风险高级计量法监管指引》[7,8]，其中前者明确了操作风险监管机构的监管责任。2014年，由于金融危机爆发后操作风险损失频发，巴塞尔银行监管委员会对60家系统重要性银行开展了《操作风险健全管理原则》实施状况的审查，并于10月发布了对各国商业银行的审查结果。审查结果表明，大多数系统重要性银行基本都已实施《操作风险健全管理原则》，并根据自身情况运用操作风险管理工具，但是对于《操作风险健全管理原则》提出的 11 条监管原则和 3 条防线尚未全面实行，尤其是操作风险识别与评估等原则。

根据近年来操作风险频发的背景和《操作风险健全管理原则》实施状况调查报告结果，巴塞尔银行监管委员会开展对操作风险计量方法的修正和简化工作：2014 年 10 月，巴塞尔银行监管委员会发布咨询文件《操作风险较简单方法的修订》（*Operational Risk—Revisions to the Simpler Approaches*）[3]，咨询文件发现"近年来操作风险损失频率和强度都有显著提升的同时，基本指标法和标准法计算所得的操作风险资本却不升反降"，指出这是由于上述两种方法将总收入作为风险暴露指标所导致的，并提出简化版计量模型——OpCaR 模型（OpRisk Capital-at-Risk）；2016 年 3 月，巴塞尔银行监管委员会给出了新的咨询文件《操作风险标准计量法》（*Standardized Measurement Approach for Operational Risk*）[4]，给出了标准计量法作为操作风险计量模型修正的最终方案。通过对操作风险管理实操效果的分析，巴塞尔银行监管委员认为高级计量法赋予银行操作风险建模的灵活性可能成为新的风险来源，并且高级计量法下不同银行的风险度量结果不具有可比性，因此提出了兼具单一化和风险敏感性的标准计量法取代《巴塞尔资本协议 Ⅱ》中三种操作风险计量方法，并将其写入了《巴塞尔资本协议 Ⅲ》。经巴塞尔银行监管委员会（BCBS）决定，《巴塞尔资本协议 Ⅲ》于 2017 年 12 月 7 日被正式批准，并将从 2022 年 1 月 1 日生效。标准计量法相关内容详见本章 2.3.4 节。

2.3　操作风险监管资本测定方法

为了实现商业银行操作风险有效监管，巴塞尔银行监管委员会提出了两类估计操作风险监管资本的基本建模思想：自上而下建模（Top-down approaches）和自下而上建模（Bottom-up approaches）。

自上而下建模的核心是考察银行经营的总体指标（收入或者资产）

作为风险暴露，从宏观的视角进行风险度量，不必从微观角度考虑风险损失的发生以及成因。自上而下建模优点是显而易见的：操作简单方便，甚至不需要花费更多精力收集和记录操作风险损失事件。这种"黑箱式"度量方式风险敏感性较低，度量结果可靠性较低并且通常会较为保守，导致资本配置效率低下；没有结合具体的损失情况，对商业银行提升对操作风险的管理水平缺乏激励效应。

自下而上建模思想主要基于对银行内部损失事件的识别并从微观角度来度量操作风险。相比自上而下建模，自下而上建模能够从微观视角清楚阐释操作风险损失是如何形成的，有利于银行完善其内部控制相关建设，并且计算结果风险敏感性较高。通常，自下而上建模涉及业务条线和事件类型的分类，因此通过自下而上建模除获得银行整体层面上的风险度量结果外，还能应用于各个业务部门层面。该种建模思想对于数据要求较高，需要有完善、强大的操作风险内部损失数据库作为支持，并且所记录的损失数据需要细化至损失事件类型和所属业务条线层面。此外，自下而上建模的开展还需要银行提供部分其他经营数据作为辅助支持。

在两种不同的基本建模思想的指导下，《巴塞尔资本协议Ⅱ》认为商业银行可采用下列 3 种方法计量操作风险资本要求，来应对操作风险的发生：基本指标法（Basic Indicator Approach，BIA）、标准法（The Standardized Approach，TSA）和高级计量法（Advanced Measurement Approaches，AMA）。上述三种方法的计算复杂度和风险敏感度依次增加。自从金融危机爆发以来，巴塞尔银行监管委员会为了解决在操作风险管理中存在的问题和缺陷，对现行风险度量方法的适当性问题进行审查，并在上述三种度量方法的基础上提出了单一化的、具有风险敏感性的标准计量法（Standardized Measurement Approach，SMA）。

2.3.1　基本指标法（BIA）

在基本指标法中，商业银行总收入（Gross Income，GI）将作为银行操作风险的风险暴露程度，操作风险资本金等于前三年银行正的年度总收入的均值乘以一个固定比例 α，具体可以表述为

$$K_{BIA} = \alpha \frac{1}{n} \sum_{j=1}^{3} \max\{GI(j), 0\} \qquad (2-1)$$

$$n = \sum_{j=1}^{3} 1_{\{GI(j)>0\}} \qquad (2-2)$$

其中，K_{BIA} 表示基本指标法对应的操作风险资本金，$GI(j)$ 表示银行第 j 年的年度总收入，n 表示银行三年内年度总收入为正的年数，$1_{\{\cdot\}}$ 表示标准示性函数。巴塞尔银行监管委员会决定，基本指标法中的固定比例取 $\alpha = 0.15$。

基本指标法对商业银行的数据要求比较低，尤其是对于那些内部损失数据比较匮乏的中小规模银行来说，不需要额外开发损失模型便可以简便地计算出资本金。该方法没有将与银行操作风险相关的如银行业务结构、贷款利率、信用评级等相关指标考虑在内，对每项商业银行业务提取相同风险资本比例的做法也缺乏风险敏感性，只适用于粗略的商业银行操作风险资本估计。

2.3.2 标准法（TSA）

作为基本指标法的方法拓展，标准法进一步细分了银行的 8 类业务条线（分类明细见表 2.1）。在标准法中，同样将各个业务条线对应的业务部门总收入作为相应业务条线的风险暴露程度，操作风险资本金等于前三年银行各个业务条线总收入按相应权重 β_i 加总后求算术平均值。若当年所有业务条线的监管资本加总小于 0，此时操作风险监管资本取 0。标准法下的操作风险资本金可以表述为

$$K_{TSA} = \frac{1}{3} \sum_{j=1}^{3} \max\left\{ \sum_{i=1}^{8} \beta_i GI_i(j), 0 \right\} \qquad (2-3)$$

其中，K_{TSA} 表示标准法对应的操作风险资本金，$GI_i(j)$ 表示银行第 j 年业务条线 i 的年度总收入，β_i 表示业务条线 i 对应的权重因子，其取值范围为 $0.12 \leq \beta_i \leq 0.18$。具体地，由巴塞尔银行监管委员会决定各业务条

线对应的 β_i 取值，取值结果如表 2.4 所示。特别需要注意的是，借鉴中国银监会出台的《商业银行资本管理办法（试行）》，表 2.4 补充了不能被归类为 8 类业务条线的"其他业务"以及相应的 β 取值。

表 2.4   不同业务条线对应的权重因子 β_i

业务条线	权重因子 β_i
公司金融	0.18
交易与销售	0.18
零售银行	0.12
商业银行	0.15
支付与清算	0.18
代理服务	0.15
资产管理	0.12
零售经纪	0.12
其他业务	0.18

资料来源：《商业银行资本管理办法（试行）》。

相比基本指标法，标准法在没有提升计算复杂度的同时，考虑了银行业务部门（业务条线）之间的区别，因此计算得到的资本金结果也要更加精确。但是，从核心建模思想的角度看，标准法与基本指标法并没有实质上的区别，均属于简单的自上而下建模，其度量方式依旧缺乏风险敏感性，并且权重因子 β_i 的取值具有较强的主观性。此外，标准法暗含假设不同业务条线之间服从完美正相关性结构，其监管资本金等于各个业务条线的监管资本金加总，这种不考虑业务条线之间相关性的做法常常会导致过于保守的风险估计结果，即风险高估。

2.3.3 高级计量法（AMA）

在高级计量法下，商业银行被赋予极大的灵活性开发操作风险度量模型和技术。巴塞尔银行监管委员会允许商业银行可以根据自身的情况自行开发适合的操作风险度量工具，设立定性和定量标准用于计算监管资本。实施高级计量法的商业银行开发的操作风险度量模型必须满足展望期为 1 年和高置信水平（99.9%）两大前提。操作风险数据要求方面，根据《巴塞尔资本协议 II》，使用高级计量法必须具备至少 5 年的操作风险内部损失数据，初次使用的银行也必须具备至少 3 年的操作风险内部损失数据。本节将简要介绍《巴塞尔资本协议 II》提到的三种常见的高级计量法：内部度量法（Internal Measurement Approach，IMA）、计分卡法（Score Card Approach，SCA）和损失分布法（Loss Distribution Approach，LDA）。

（1）内部度量法（IMA）。

在内部度量法下，操作风险监管资本金将由预期损失与非预期损失之间的关系来确定，即操作风险资本金等于预期损失与某一固定比率的乘积。在标准法对于商业银行业务条线分类的基础上，内部度量法进一步区分了操作风险事件类型，形成了由 7 类事件类型（Event Type，ET）和 8 类业务条线（Business Line，BL）组成的共 56 个风险单元组合。

对于每个业务条线/事件类型的风险单元组合，操作风险资本金是由三个成分所决定：①风险暴露指标；②操作风险损失事件发生的概率；③该事件带来的损失大小比例。上述三个成分的乘积可以表示每个风险单元的预期损失。在此基础上，引入将预期损失转换为非预期损失的转换因子 γ，从而计算操作风险监管资本金。内部度量法下的操作风险监管资本金可以表述为

$$K_{IMA} = \sum_{i=1}^{8} \sum_{j=1}^{7} \gamma_{ij} \times EL_{ij} = \sum_{i=1}^{8} \sum_{j=1}^{7} \gamma_{ij} \times EI_{ij} \times PE_{ij} \times LGE_{ij} \quad (2-4)$$

其中，K_{IMA} 表示内部度量法对应的操作风险资本金，i 表示业务条线种类，j 表示操作风险事件类型；对于风险单元（业务条线 i/事件类型 j），EL_{ij} 表示预期损失，等于风险暴露指标 EI_{ij}、损失事件发生的概率 PE_{ij} 和该事件损失比例 LGE_{ij} 的乘积，γ_{ij} 表示转换因子，其取值大小通常由巴塞尔银行监管委员会按照行业数据决定。

与自上而下建模思想不同，内部度量法利用银行自身的操作风险内部损失数据，用来计算操作风险预期损失，并且将其作为操作风险资本金计算的重要依据。但是，内部度量法的缺陷也很明显：和标准法一样，内部度量法假设风险单元之间满足完美正相关性结构，通常会造成保守的操作风险资本金估计；内部度量法假设预期损失和非预期损失之间是稳定的线性关系，这一假设在操作风险实操过程中较难实现。

（2）计分卡法（SCA）

计分卡法是一种具有前瞻性的定性方法，其核心思想与后验贝叶斯概率十分类似。在计分卡下，商业银行需首先利用其他方法（基本指标法、标准法或其他高级计量法）计算业务条线层面的操作风险初始资本金水平，并且根据各个业务部门的风险控制和管理能力变化对当前操作风险资本金做动态的调整。在计分卡法下，操作风险监管资本金可以表述为

$$K_{SCA} = \sum_{i=1}^{8} K_i^0 \times R_i \qquad (2-5)$$

其中，K_{SCA} 表示计分卡法对应的操作风险资本金，K_i^0 表示业务条线 i 的操作风险资本金初始水平，R_i 表示相应业务条线的风险调整系数，用于调节银行分配给各个业务部门的操作风险初始资本金。不同于内部度量法，计分卡法并不唯一依赖银行操作风险历史数据，可以根据风险控制和管理水平的提高及改善调整并降低分配给操作风险的资本金储备。不过，风险调整系数的确定主观性依然较强，并且由于操作风险的暴露一般都有时滞性，风险调整幅度的精度存在欠缺。

（3）损失分布法（LDA）

鉴于操作风险损失二维分布特征，损失分布法分别对操作风险损失频率（Frequency）和损失强度（Severity）进行建模，利用蒙特卡洛模拟法或者近似概率分布法将两者整合成为在一定展望期内总损失的累积概率分布。在此基础上，计算高置信水平下（99.9%）的风险价

值 VaR。常见的损失频率分布有泊松分布、二项分布以及负二项分布等，常见的损失强度分布有指数分布、Weibull 分布、Gamma 分布、对数正态分布和广义帕累托分布（Generalized Pareto Distribution，GPD）等。关于损失分布法的相关具体技术细节详见本书第 4 章内容。

同样地，将操作风险按照业务条线/事件类型分类，L_{ij} 表示风险单元（业务条线 i/事件类型 j）的年度总损失，则损失分布法下的操作风险资本金可以表述为

$$K_{LDA} = \mathrm{VaR}_q \left(\sum_{i=1}^{8} \sum_{j=1}^{7} L_{ij} \right):$$

$$= \inf\left\{ l \in \mathbf{R} : \Pr\left[\sum_{i=1}^{8} \sum_{j=1}^{7} L_{ij} > l \right] \le 1 - q \right\}, q = 0.999$$

$$(2-6)$$

由于风险单元之间的复杂相关性结构难以捕捉，为了计算简便，通常假设风险单元之间满足完美正相关性结构，此时式（2-6）计算的资本金可以转化为

$$K_{LDA} = \sum_{i=1}^{8} \sum_{j=1}^{7} \mathrm{VaR}_q(L_{ij})$$

$$= \sum_{i=1}^{8} \sum_{j=1}^{7} \inf\left\{ l \in \mathbf{R} : \Pr[L_{ij} > l] \le 1 - q \right\}, q = 0.999$$

$$(2-7)$$

作为精算模型，损失分布法直接利用银行业务部门层面的内部损失数据，充分考虑了真实操作风险损失的统计特征，其计算结果具有风险敏感性，适用于具有可靠操作风险数据库的商业银行。相比内部度量法，损失分布法实现了对银行操作风险非预期损失的直接度量，无须假设预期损失与非预期损失的线性相关关系，也不需要监管部门确定转换因子大小。特别地，由于损失分布法涉及损失频率和损失强度的分布拟合，需要特别考虑模型设定风险。最后，由于高级计量法赋予商业银行模型选择的充分自由，不同商业银行采用不同计量模型度量风险，因此

得到的操作风险度量结果不具有可比性。

2.3.4　标准计量法（SMA）

2014 年 10 月，巴塞尔银行监管委员会着手实施操作风险模型的统一化和简化，给出相关咨询文件《操作风险较简单方法的修订》（*Operational Risk—Revisions to the Simpler Approaches*），对现行操作风险资本金度量方法进行审查。综观上述三种操作风险度量方法在业界的实操效果，前两种方法（基本指标法和标准法）精确度不高，在操作风险事件的频率和强度均有提升的情况下，基本指标法和标准法计算所得的操作风险资本金却保持稳定甚至有所下降。此外，银行总收入并不是一个理想的操作风险暴露指标，例如，银行操作风险发生必然导致总收入的下降，根据上述两种方法随之带来的却是风险暴露的降低和操作风险资本金的减少，因此证明操作风险暴露随着总收入呈线性增长的假设无效。高级计量法尽管具有很高的风险敏感度，对于操作风险内部数据以及其他配套经营数据有较高的要求，自行开发风险度量模型在实操过程中难度较大。此外，由于高级计量法赋予银行模型选择自由，导致不同类型模型的风险度量效果不可比。

秉持降低模型计算复杂度和不同银行结果可比的两大原则，巴塞尔银行监管委员会于 2016 年 3 月出台了咨询文件《操作风险标准计量法》（*Standardized Measurement Approach for Operational Risk*），给出了操作风险简化模型的最终方案，意图将操作风险度量原有的三种方法进行统一化和标准化，增强不同商业银行风险度量结果的可比性，提出一种单一化的（One Size Fits all）、具有风险敏感性的标准计量法（SMA）。

在标准计量法框架下，操作风险资本金计算由两部分组成：业务指标（Business Indicator，BI）和内部损失成分（Loss Component，LC）。由于总收入（GI）并不是一个理想的风险暴露指标，巴塞尔银行监管委员会决定采用更具有风险敏感性和稳定性的业务指标（BI）代替总收入（GI）作为操作风险暴露指标，并通过 OpCaR 模型测试指标的解释力和有效性。此外，标准计量法还将银行操作风险内部损失数据考虑在内。具体地，标准计量法下的操作风险资本金可以表述为

$$K_{SMA}(BI, LC) =$$

$$\begin{cases} BIC, & \text{if Bucket 1} \\ 110 + (BIC - 110)\ln\left(\exp(1) - 1 + \dfrac{LC}{BIC}\right), & \text{if Bucket 2 - 5} \end{cases} \quad (2-8)$$

其中，BI 和 BIC 分别表示业务指标以及业务指标成分（Business Indicator Component），LC 表示内部损失成分，标准计量法中单位统一为百万（欧元）。

业务指标 BI 由商业银行损益表的三个宏观成分构成：①利息、租赁以及股息成分（Interest, Lease and Dividend Component, ILDC）；②服务成分（Services Component, SC）；③财务成分（Financial Component, FC），分别对应银行损益表中的"利息净收入"科目、"营业收入"和"营业支出"科目、"净利润"科目。因此业务指标 BI 可以表述为

$$BI = ILDC_{Avg} + SC_{Avg} + FC_{Avg} \quad (2-9)$$

其中，下标 Avg 表示该变量前三年的均值（包括当年）。利息、租赁以及股息成分（ILDC）、服务成分（SC）和财务成分（FC）可分别通过式（2-10）、式（2-11）和式（2-13）计算获得

$$ILDC_{Avg} = \min\left[\,|II_{Avg} - IE_{Avg}|, 0.035 \times IEA_{Avg}\right] + |LI_{Avg} - LE_{Avg}| + DI_{Avg} \quad (2-10)$$

$$SC_{Avg} = \max(OOI_{Avg}, OOE_{Avg})$$
$$+ \max\left\{ \begin{array}{l} |FI_{Avg} - FE_{Avg}|, \\ \min\left[\begin{array}{l} \max(FI_{Avg}, FE_{Avg}), \\ 0.5 \times uBI + 0.1 \times [\max(FI_{Avg}, FE_{Avg}) - 0.5 \times uBI] \end{array} \right] \end{array} \right\} \quad (2-11)$$

$$uBI = ILDC_{Avg} + \max(OOI_{Avg}, OOE_{Avg}) + \max(FI_{Avg}, FE_{Avg}) + FC_{Avg} \quad (2-12)$$

$$FC_{Avg} = \left| Net\ P\&L\ TB_{Avg} \right| + \left| Net\ P\&L\ BB_{Avg} \right| \qquad (2-13)$$

上述式子中相关变量的缩写含义见表2.5。

表2.5　　　　　　　　　　**SMA 中的变量缩写和含义列表**

变量	变量全称	含义
ILDC	Interest, Lease and Dividend Component	利息、租赁以及股息成分
IL	Interest Income（except financial and operating leases）	利息收入（除金融和经营租赁）
IE	Interest Expenses（except financial and operating leases）	利息支出（除金融和经营租赁）
IEA	Interest Earning Assets	利息收益资产
LI	Lease Income	租赁收入
LE	Lease Expenses	租赁支出
DI	Dividend Income	股息收入
SC	Services Component	服务成分
OOI	Other Operating Income	其他营业收入
OOE	Other Operating Expenses	其他营业支出
FI	Fee Income	费用收入
FE	Fee Expense	费用支出
uBI	Unadjusted Business Indicator	未经调整业务指标
FC	Financial Component	财务成分
P&L	Profit & Loss	损益
TB	Trading Book	交易账户
BB	Banking Book	银行账户

值得注意的是，业务指标成分 BIC 和业务指标 BI 并不等价，而是等于业务指标 BI 的分段定义的光滑函数，其数学表达为

$$BIC = \begin{cases} 0.11 \times BI, & \text{if } BI \leqslant 1000, \text{Bucket 1} \\ 110 + 0.15 \times (BI - 1000), & \text{if } 1000 < BI \leqslant 3000, \text{Bucket 2} \\ 410 + 0.19 \times (BI - 3000), & \text{if } 3000 < BI \leqslant 10000, \text{Bucket 3} \\ 1740 + 0.23 \times (BI - 10000), & \text{if } 10000 < BI \leqslant 30000, \text{Bucket 4} \\ 6340 + 0.29 \times (BI - 30000), & \text{if } BI > 30000, \text{Bucket 5} \end{cases}$$

$$(2-14)$$

其中，标准计量法可依据业务指标 BI 将商业银行分成5类（Bucket）。

式（2－14）表明，随着业务指标 BI 增长，用于计算业务指标成分 BIC 的 BI 系数呈阶梯式增长，由此计算得到的操作风险资本金与风险暴露之间不再是线性变化的关系。

根据式（2－8），若银行按照业务指标 BI 归属于第 1 类（Bucket 1），此时操作风险资本金等于业务指标成分 BIC，不需要计算内部损失部分 LC；若银行归属于第 2－5 类（Bucket 2－5），需要将操作风险内部损失乘子（Internal Loss Multiplier，ILM）嵌入资本金计算，其中内部损失部分 LC 和内部损失乘子 ILM 可根据式（2－15）和式（2－16）计算：

$$LC = 7\frac{1}{T}\sum_{t=1}^{T}\sum_{i=1}^{N(t)}X_i(t) + 7\frac{1}{T}\sum_{t=1}^{T}\sum_{i=1}^{N(t)}X_i(t)\times 1_{\{X_i>10\}} \\ + 5\frac{1}{T}\sum_{t=1}^{T}\sum_{i=1}^{N(t)}X_i(t)\times 1_{\{X_i>100\}} \tag{2－15}$$

$$ILM = \begin{cases} 1, & \text{if Bucket 1} \\ \ln\left(\exp(1)-1+\dfrac{LC}{BIC}\right), & \text{if Bucket 2－5} \end{cases} \tag{2－16}$$

其中，T 取 10 年（若执行标准计量法的商业银行无法取得至少 10 年高质量的操作风险内部损失数据，可使用至少 5 年以上数据代替），$N(t)$ 表示银行第 t 年的操作风险事件发生的次数，$X_i(t)$ 表示银行第 t 年发生的第 i 次操作风险损失强度。在内部损失成分 LC 计算过程中，与高级计量法不同，不再利用统计模型和概率分布去刻画操作风险损失的发生，只是单纯地求出 10 年操作风险损失均值。

标准计量法（SMA）充分贯彻了"去复杂化"和"去模型化"的理念，在单一化的风险度量框架下，利用业务指标 BI 代替了传统操作风险暴露指标总收入 GI，在保留原有高级计量法（AMA）的风险敏感性的同时，实现了操作风险计量的简单化要求以及不同银行间的可比性要求。此外，标准计量法对银行操作风险计算相关信息的披露要求做了修订，不仅要求披露银行业务经营各类项目数据，还要求部分银行对外披露操作风险内部损失数据，并将两者以标准化方式呈现出来，这对于银行操作风险相关数据的记录、分类以及管理提出了更高的要求。从高级计量法（AMA）到标准计量法（SMA），巴塞尔银行监管委员会牺牲了更高的风险敏感性、更大的模型灵活性以及更精确的风险资本度量估计，提出了一种计算更简单的标准化和单一化的操作风险监管框架。对于监管者来说，标准计量法的优势是显而易见的，去模型化的度量方法计算简单易行，无须再开发和测试复杂的高级计量模型，给监管部门节省了大量的时间和人力。

针对标准计量法的风险度量效果，Peters 等从下列 6 个维度对标准计量法做出综合评价[9]：①资本不稳定性（Capital Instability）；②资本敏感性（Capital Sensitivity）；③风险响应性和可解释性降低（Reduction of Risk Responsivity and Interpretability）；④风险承担激励（Incentivized Risk Taking）；⑤操作风险关键数据丢弃（Discarding Key Sources of Operational Risk Data）；⑥SMA 存在超可加性的可能性（Possibility of Super Additive Capital Under SMA）。Peters 等将其具体分析如下：

资本不稳定性。Peters 等假设某第 2 类银行（Bucket 2）的业务指标 BI 等于 20 亿欧元，并且操作风险 HFLS 类型和 LFHS 类型损失的频率/强度分别服从 Poisson（泊松）– Gamma（伽马）分布和 Poisson – Lognormal（对数正态）分布，并利用蒙特卡洛模拟法还原该银行 1000 年操作风险损失情景。在此基础上，Peters 等利用操作风险内部损失情景数据和业务指标 BI，对模拟时间区间内每年的 SMA 操作风险资本金进行度量。度量结果表明，尽管银行业务规模保持不变，两类操作风险损失统计性质（损失频率和强度分布特征）也保持一致，但是每年计算所得的 SMA 操作风险资本金有较大幅度波动，甚至出现相邻两个年份的 SMA 操作风险资本金相差超过 2 倍的情况。此外，Peters 等进一步放弃对于业务指标 BI 的直接假设，而是假设损失分布法（LDA）与标准计量法（SMA）计算结果等价，从而计算获得隐含 BI，并在此基础上进行操作风险损失情景的蒙特卡洛模拟和 SMA 操作风险资本金计算，结果表明 SMA 操作风险资本金不稳定性仍然存在。

资本敏感性。Peters 等检验了操作风险损失强度变化对于 SMA 操作风险资本金的敏感性分析。往往操作风险非预期损失的大小是由 LFHS 类型损失事件所主导的，因此需要检验 LFHS 类型损失（极值损失）强度的变化对 SMA 操作风险资本金的影响。假设 LFHS 类型损失强度服从对数正态分布，其损失强度厚尾程度由方差参数 σ 决定，σ 越大，损失分布的厚尾就越明显，出现极值损失可能性就越大。实证结果表明，随着 σ 的增加，SMA 操作风险资本金估计不稳定性就越明显，出现极值损失可能性大的银行采用标准计量法得到的 SMA 操作风险资本金估计就越不稳定。因此，标准计量法并不能获得操作风险资本金的稳健估计。

风险响应性和可解释性降低。根据《巴塞尔资本协议Ⅱ》，操作风险损失可以分成 8 类业务条线和 7 类事件类型，理论上可组合成 56 个风险单元。Peters 等认为，根据计量方法定义，标准计量法（SMA）研究和刻画机构层面的操作风险变化规律（Variability at the Institution Level），而无法对更进一步的机构内部变化规律（Intra‐Variability Within the Institution Level）作出反应，尤其是风险单元层面。标准计量法只关注机构层面而不是对更为细致的风险单元层面进行区分的做法，导致其对来源于风险单元层面的操作风险响应不灵敏，同时也降低了该计量方法的可解释性。根据商业银行操作风险定义和特征，其风险来源是多种多样的，并且涉及了银行日常经营和业务的各个环节，机构层面的标准计量法更倾向于将所有操作风险归于同一种风险产生演化机制。在标准计量法研究框架下，自然灾害、网络攻击以及人员欺诈导致的操作风险均被视为同质的，这种彻底的模型简化将会直接导致刻画异质风险时失去风险敏感性。

风险承担激励。Peters 等认为，与高级计量法（AMA）相比，标准计量法（SMA）将操作风险纳入单一化、标准化的研究框架，彻底丧失了操作风险模型设定的灵活性，因此标准计量法失去了由于风险管理能力提高或者风险度量模型改良而带来的风险资本金节约的可能性。标准计量法的实施落地伴随而来的将是相比高级计量法更保守的操作风险度量结果以及更高的风险资本成本，可以预见商业银行将会被激励采取某些高风险的行为或者增强风险承受意愿，以图应对如此高的操作风险资本成本，即出现道德风险。标准计量法带来的这种银行风险偏好提振的影响，显然违背了巴塞尔银行监管委员会维护金融机构安全与稳定的初衷。

操作风险关键数据和信息丢弃。根据《巴塞尔资本协议 II》，操作风险数据来源有以下四种：内部损失数据（Internal Loss Data，ILD）、外部损失数据（External Loss Data，ELD）、情景分析数据（Scenario Analysis，SA）以及业务环境和内部控制因子（Business Environment and Internal Control Factors，BEICF）。

内部损失数据指的是银行自身实际发生的操作风险损失，是最为基础的操作风险损失数据。外部损失数据指的是银行自身没有实际经历，但未来仍可能出现的大额损失，是对内部损失数据的必要补充。内部损失数据和外部损失数据均属于后视性数据。情景分析数据是银行根据自身情况设定各种状态发生的概率，结合相关专家的分析和判断，从而对可能发生的重大损失事件进行推测和模拟并测算操作风险损失的大小，属于前视性定量数据。业务环境和内部控制因子指的是一系列操作风险指标，能够对业务环境和银行内控状况提供评价，属于前视性定性数据。

Peters 等认为，根据 SMA 定义，标准计量法仅仅利用了内部损失数据，其他三种类型损失并未包含在内，丢弃了 75% 的操作风险数据来源将会导致标准计量法的风险敏感性和前瞻性有一定程度的下降。

SMA 存在超可加性的可能性。Peters 等假设两个条件相同的银行 1 和银行 2（拥有相同的业务指标 BI 和相同的内部损失成分 LC），设定银行 1 只有一个经营实体而银行 2 有两个经营实体，其中每个经营实体都拥有银行 2 一半的 BI 和 LC，并确保 $BI_{joint} = \sum_i BI_i$ 和 $LC_{joint} = \sum_i LC_i$ 成立，这里 BI_i 和 LC_i 代表第 i 个经营实体的业务指标和内部损失成分。在上述设定的基础上，Peters 等分别计算两家银行的 SMA 操作风险资本金大小并进行对比，计算结果表明拥有多个经营实体的银行 2 的 SMA 操作风险资本金要大于只有一个经营实体的银行 1，即

$$K_{SMA}(BI_{joint}, LC_{joint}) = K_{SMA}\left(\sum_i BI_i, \sum_i LC_i\right) > \sum_i K_{SMA}(BI_i, LC_i)$$

$$(2-17)$$

式（2-17）的成立代表了标准计量法下的风险资本存在超可加性。若式（2-17）不等号方向发生逆转，此时称为次可加性（Subadditivity），也就是人们常说的风险分散效应。风险资本超可加性的存在意味着此时银行更有意愿将其整体拆分成若干个经营实体再计算 SMA 操作风险资本金大小以降低总体的操作风险资本成本。

2.4　本章小结

在传统银行风险管理内容中，市场风险和信用风险是学术界和业界的研究重点和核心，操作风险则被认为是"除了市场风险和信用风险外的其他风险"。随着近年来操作风险事件的频繁发生，造成的影响力也越来越大，操作风险逐渐被人们所重视，成为银行风险管理的重要内容之一，并被纳入《巴塞尔资本协议Ⅱ》风险监管框架中。根据《巴塞尔资本协议Ⅱ》，操作风险被定义为"由于不完善或失败的内部操作过程、人员和系统或外部事件而造成金融损失的风险，该定义包括法律风险，但不包括策略性风险和声誉风险"。

不同于市场风险和信用风险，操作风险来源复杂（既可以是来自银行内部，也可以来自银行外部），并且几乎涉及银行所有的业务流程和经营活动。因此，《巴塞尔资本协议Ⅱ》将操作风险按照业务条线和

事件类型进行细分。具体地，按照业务条线分可分为以下 8 类：公司金融、交易与销售、零售银行、商业银行、支付与清算、代理服务、资产管理和零售经纪。按照事件类型分可分为 7 类：内部欺诈；外部欺诈；就业制度和工作场所安全；客户、产品和业务活动；实物资产的损坏；信息科技系统；执行、交割与流程管理。根据操作风险损失发生的高度离散性特征，通常会分别对操作风险损失发生的频率和具体损失强度进行考察。按照损失频率和损失强度划分，操作风险损失存在高频低损类型（HFLS）和低频高损类型（LFHS）两种，后者（以"黑天鹅"事件为代表的极值损失）是操作风险度量和管理的重点。

根据《巴塞尔资本协议Ⅱ》，测算银行操作风险监管资本的方法有三种：基本指标法（BIA）、标准法（TSA）和高级计量法（AMA），其中前两者属于自上而下建模方法，计算简便易行但缺少风险敏感性，并且总收入也不是一个理想的风险暴露指标。高级计量法充分赋予商业银行操作风险建模的自由，可根据银行自身情况自行选择建模方法，常见的高级计量法有内部度量法、计分卡法和损失分布法三种。相比基本指标法和标准法，高级计量法属于自下而上建模方法，考虑到操作风险损失发生的特征，该方法具有风险敏感性。高级计量法的实施，对于操作风险数据要求较为苛刻，需要有完善的操作风险内部数据库作为支持，此外不同银行运用高级计量法所得出的风险度量结果不具有可比性。针对《巴塞尔资本协议Ⅱ》提到的三种计量方法薄弱环节，结合各国商业银行操作风险实操效果，巴塞尔银行监管委员会提出了一种单一化的、具有风险敏感性的标准计量法（SMA），取代上述三种计量方法。根据 Peters 等研究，发现标准计量法具有资本不稳定性、资本敏感性、风险响应性和可解释性降低、风险承担激励、操作风险关键数据丢弃以及 SMA 存在超可加性的可能性等不足。针对《巴塞尔资本协议》提出的各种操作风险计量框架，本书做了简要的概括汇总，说明各种方法的异同点和相互之间的联系，如表 2.6 所示。

表 2.6　《巴塞尔资本协议》提出的操作风险计量方法汇总

计量方法	方法特征与要点	优点	缺点	适用范围	核心计算公式	主要参考文献
基本指标法 (BIA)	单一业务类别，总收入指标与风险资本存在线性关系	操作简便	风险敏感度低，未区分业务类别	单一业务类别的小银行	$K_{BIA} = \alpha \dfrac{1}{n} \sum_{j=1}^{3} \max\{GI(j), 0\}$	BCBS[2]；Cruz 等[10]；Pezier[11]
标准法 (TSA)	多业务类别，针对不同业务赋予相应的风险权重	对业务类别进行区分，反映不同业务条线的风险特征	风险敏感度低，未区分事件类型	业务较简单的小银行	$K_{TSA} = \dfrac{1}{3} \sum_{j=1}^{3} \max\{\sum_{i=1}^{8} \beta_i GI_i(j), 0\}$	BCBS[2]；Cruz 等[10]；Pezier[11]；Cornalba 和 Giudici[12]
高级计量法 (AMA) — 内部度量法 (IMA)	采用内部数据，假设预期损失和非预期损失间稳定关系，依赖历史数据	区分事件类型，具有一定敏感性	换算因子假设不符合现实特征	业务复杂、管理水平先进的大银行	$K_{IMA} = \sum_{i=1}^{8} \sum_{j=1}^{7} \gamma_{ij} \times EI_{ij} \times PE_{ij} \times LGE_{ij}$	BCBS[2]；Cruz 等[10]；Kühn 和 Neu[13]；陈珏宇 等[14]；Mori 和 Harada[15]
高级计量法 (AMA) — 计分卡法 (SCA)	偏重定性分析，较少对历史数据	风险资本体现银行风险管理能力	受主观因素影响较大，精度低	对专家意见要求较高	$K_{SCA} = \sum_{i=1}^{8} K_i^0 \times R_i$	BCBS[2]；Cruz 等[10]；刘睿和詹原端[16]；刘家鹏等[17]
高级计量法 (AMA) — 损失分布法 (LDA)	引入精算模型，对损失频率和强度分别建模，得出年度损失的整体分布和内部 VaR 测算，计算精度高，区分业务条线和事件类型	具有很强的风险敏感性，无须假设换算因子，直接对非预期损失进行测算	不同银行间结果缺乏可比性，存在模型设定风险，方法具有较高的复杂度，银行实践中对内部数据完整性和风险管理能力要求高	业务复杂、数据库备、管理水平先进的大银行	$K_{LDA} = \inf\{l \in \mathbf{R}: \Pr[\sum_{i=1}^{8}\sum_{j=1}^{7} L_{ij} > l] \leq 1 - q\}$	BCBS[2]；Frachot 等[18]；Aue 和 Kalkbrener[19]；Zhou 等[20]；Shevchenko[21]；Chavez–Demoulin 等[22]；张宏毅 和 陆静[23]；Nešlehová 等[24]
标准计量法 (SMA)	单一化框架，用业务指标代替总收入作为风险暴露，同时包含内部和外部损失数据	主观复杂度，去模型化，兼具风险敏感性和低比性	资本不稳定性，资本敏感性和低感性，风险相应和解释性降低，风险承担激励，关键数据丢弃以及可加性等，SMA 超可加性等	业务复杂、数据库备、管理水平先进的银行	$K_{SMA} = \begin{cases} BIC \\ 110 + (BIC - 110)\ln\left(\exp(1) - 1 + \dfrac{LC}{BIC}\right) \end{cases}$	BCBS[3]；BCBS[4]；Peters 等[9]

第3章 操作风险度量的研究综述

3.1 《巴塞尔资本协议》资本测定方法研究

尽管操作风险是一种与银行各种经营活动和业务环节伴生的古老风险，由于商业银行早期对于操作风险定义和概念模糊、缺乏操作风险数据收集意识以及操作风险案例并未集中爆发，当时操作风险管理停留于对于风险的定性评估，甚至仅仅作为信用风险和市场风险的补充以及商业银行风险管理框架的完善，也并未将其单独纳入风险资本金的拨备。近年来，商业银行逐渐开始意识到操作风险管理的必要性和重要性，并且随着人们对操作风险特征认识的加深以及商业银行自身风险管理水平的提升，操作风险管理内容开始由早期的以风险定性评估为主逐步转型为以风险定量衡量为主，因此大型国际银行正在积极开发操作风险高级计量模型，关于操作风险量化模型开发和应用研究发展迅速。

由第2章可知，从银行监管的角度出发，巴塞尔银行监管委员会（BCBS）提出了两种不同的操作风险度量建模思想：自上而下建模（Top-down Approaches）和自下而上建模（Bottom-up Approaches），并同时按照度量模型繁简程度、度量精度和对数据量的要求，在《巴塞尔资本协议Ⅱ》中分别给出初级计量法和高级计量法来度量操作风险[2]。其中，自上而下建模思想下的初级计量法主要包括基本指标法[10,11]和标准法[10,11]，相关技术细节详见本书 2.3 节。初级计量法的资本计算过程较简单，适合缺乏操作风险内部数据的小银行，方法缺乏风险敏感性，其风险度量精度不高，估计结果过于保守，并且为简便起见将总收入作为风险暴露指标也受到业界与学术界的广泛诟病[9]。

对于具备一定数据收集水平或者拥有完善的操作风险数据库的银行来说，为了追求更高的风险度量精度并节约监管资本成本，银行往往会采用自下而上建模思想下的高级计量法（AMA），包括内部度量法[10,12-15]、损失分布法[10,18-24]和计分卡法[10,16,17]等，相关技术细节详见本书 2.3 节。相比基本指标法和标准法，高级计量法具有更强的风险敏感性和更高的模型精度。根据《巴塞尔资本协议》总的原则，内部风险管理水平高的银行可以根据自身情况使用相对高级的风险资本计算方法，使其更加精确地应对风险，从而节约总的监管资本。这种安排在客观上产生了一种竞争和激励效应，促使商业银行不断改进操作风险管理、建立健全有效的风险管理体系。Cruz 等在其专著 *Fundamental Aspects of Operational Risk and Insurance Analytics：A Handbook of Operational Risk* 中对《巴塞尔资本协议 II》提到的上述监管资本测定的方法做了系统的整理和归纳[10]。类似地，Cummins 和 Embrechts 对操作风险管理的若干发展方向做了总结和点评，如外部数据应用、有偏数据处理、统计模型构建、相关性问题处理、保险缓释等[25]。Chernobai 等在其专著 *Operational Risk：a Guide to Basel II Capital Requirements，Models and Analysis* 中对操作风险建模主流方法进行梳理，包括频率分布、损失分布、极值理论、截尾分布、拟合优度检验、在险价值、稳健性建模和模型相关性等内容[26]。

国内关于操作风险的研究相对滞后，早期研究主要是集中于商业银行操作风险概念特征描述、《巴塞尔资本协议》提出的几种资本测定方法的介绍总结以及国内商业银行操作风险现状分析等内容。巴曙松主要介绍了操作风险主要特点、《巴塞尔资本协议》下的操作风险概念界定、操作风险度量主流方法以及《巴塞尔资本协议》关于操作风险的演变历史等内容，并就我国操作风险管理的引入和管理框架的建立提出了几点意见和建议[27]。田玲和蔡秋杰将具有代表性的基本指标法、标准法、内部度量法、损失分布法以及极值理论进行比较分析，讨论现阶段我国商业银行风险度量方法的适用性问题[28]。周效东和汤书昆就操作风险度量方法、度量工具（POT 模型）和操作风险预警与内控体系构建等内容进行着重介绍，认为操作风险管理应转变为以定量分析为基础的定性分析与定量分析相结合的现代风险管理模式，并与市场风险、信用风险管理有机地结合起来[29]。高丽君等根据《巴塞尔资本协议》介绍了操作风险的含义、类别及其特点，从监管的角度和度量的角度梳理了现有操作风险模型及其特点，整理分析了近几年操作风险量化模型的新进展、新领域和可能的发展方向，为我国商业银行进行操作风险建模提供了参考和借鉴[30]。阎庆民和蔡红艳重点讨论国际银行业操作风险的计量模型以及风险管理框架的最新发展趋势，并结合我国银行业操作风险发展现状，从内控机制和市场约束的角度对我国操作风险管理框架进行初步设计[31]。

国内早期研究中，也有学者通过对国内操作风险案例的分析来对国内商业银行操作风险现状进行定量的概括和评估，并对其风险特点和内在成因进行分析。樊欣和杨晓光通过从公开媒体报道中收集到的国内商业银行操作风险损失事件，从损失事件类型、业务部门、四大专业银行、区域分布等维度对操作风险两个重要指标（损失频度和幅度）开展统计分析，实证结果发现我国商业银行内操作风险广泛存在，并且最常见的类型是内部欺诈、外部欺诈以及内外部相勾结的欺诈行为[32]。同样地，万杰和苗文龙通过分析比较国内外商业银行操作风险现状也得出了相似的结论，他们认为与国外商业银行不同，我国商业银行操作风险主要集中在内部欺诈，并对内部欺诈事件特点和成因进行进一步探究，认为其产生的最主要原因是产权结构单一、公司治理结构不完善、内部控制不力以及对经营管理层的监督与激励不足等[33]。卢安文和任玉珑从行为经济学视角对商业银行操作风险的形成机理进行分析，研究发现银行内部人员面临不确定条件下的非理性行为容易导致内部欺诈和操作失误，表明了银行内部控制的必要性[34]。顾京圃就我国银行操作风险进行了大量的案例分析，实证研究了我国银行业操作风险的特征，提供了"一揽子"操作风险管理思路[35]。

在最新的《巴塞尔资本协议Ⅲ》中，考虑到基本指标法、标准法以及高级计量法在最近几年商业银行操作风险管理的实操效果，巴塞尔银行监管委员会提出了一种单一化、标准化的计量方法，即标准计量法（SMA），相关技术细节详见本书 2.3 节。Mignola 等对巴塞尔银行监管委员会关于操作风险度量的最新咨询文件和相关模型方法做了点评[36]。Peters 等利用数值模拟方法就标准计量法具有的资本不稳定性、资本敏感性、风险响应性和可解释性降低、风险承担激励、操作风险关键数据丢弃以及 SMA 存在超可加性的可能性等不足做了详细的说明和阐述，并提出了未来操作风险度量模型和技术发展的几个潜在方向[9]。国内学者方面也有类似的研究，例如巴曙松等介绍《巴塞尔资本协议Ⅲ》下操作风险最新计量框架，归纳总结《巴塞尔资本协议》下操作风险管理内容的演变过程和改革方向[37]。

3.2 银行单重操作风险度量研究

由于以基本指标法和标准法为代表的初级计量法缺乏风险敏感性和模型精度，近年来国内外学者将研究的重点放在操作风险量化建模上，尤其是利用统计度量模型和精算模型对操作风险资本金进行测算。最早提出和支持操作风险量化工作的是 Wilson[38]，他提出可以采用 VaR 模型对操作风险进行度量。自此以后，国内外学者对操作风险量化模型展开了大量研究。需要特别指出的是，与传统的信用风险和市场风险不同，操作风险事件在时间尺度上并不是连续发生的，即具有高度离散的特征，因此操作风险发生的过程不能简单地照搬平移市场风险或者信用风险度量传统做法（例如，假设资产价格服从一个连续的随机过程然后对其在险价值 VaR 进行计算）。基于操作风险数据的特征，操作风险事件的发生更近似于一种具有离散特征的随机标值点过程。作为操作风险研究考察的重点，在一定持续期内累积的操作风险总损失大小显然是由两部分决定的：损失发生的频率（Frequency）和单次损失产生的损失金额（强度，Severity），即累积总损失的分布其实是独立离散变量的连续卷积形式。为了获取这个分布的特征信息，需要从损失发生的频率和单次损失强度的分布信息进行着手。

为了应对操作风险的这一特征，多数学者采用的是保险精算模型中的损失分布法（Loss Distribution Approach，LDA）以及相关拓展方法，损失分布法也是高级计量法中最具有代表性、应用范围最广的核心方法。巴塞尔银行监管委员会（BCBS）将损失分布法定义为：一种在损失事件频率和损失强度的有关假设基础上，对每一业务条线/损失事件类型的操作风险损失分布进行估计，从而计算出某一时期一定置信度下的风险价值 VaR 的方法[2]，相关技术细节详见本书 4.2.1 节。Frachot 等首先将损失分布法和 VaR 模型相结合实现对操作风险监管资本的测算，并且探讨损失分布法与内部度量法的关系[18]。Cruz 采用损失分布法对操作风险进行度量，分别选取了不同的损失强度分布和损失频率分布对历史数据进行拟合，并对比分析不同分布条件下的资本结构[39]。Aue 和 Kalkbrener 将损失分布法运用于德意志银行操作风险管理并作分析与验证，同时还介绍损失数据与情景分析运用、频率与强度建模、相关性构建、风险缓释以及资本金计算与分配等内容[19]。Chapelle 等以损失分布法为基本框架，区分了"常规"损失和"极值"损失，并且利用 RAROC 测度验证操作风险管理对银行收益的影响[40]。Bee 讨论了基于截尾数据的损失分布法极大似然估计，当损失强度服从对数正态分布时，可以利用 EM 算法（Expectation Maximum Algorithm）实现

LDA 模型的参数估计，并且相比 BFGS 算法（Broyden – Fletcher – Gold-farb – Shanno Algorithm）和 NM 算法（Nelder – Mead Algorithm）具有更好的表现[41]。若读者想要系统学习损失分布法在商业银行操作风险管理应用的详细内容，可以参考下列专著：Frachot 等[18]，Chernobai 等[26]，Cruz[39,42]，Panjer[43] 和 McNeil 等[44]。

国内关于损失分布法的研究中，樊欣和杨晓光基于损失分布法框架，分别对损失频率和损失强度进行拟合，继而通过蒙特卡洛模拟度量操作风险经济资本[45]。张宏毅和陆静将损失分布法和蒙特卡洛模拟仿真方法相结合，对我国商业银行操作风险进行度量测算[23]。Lu 也采用类似做法（损失分布法 + 蒙特卡洛模拟），实现对 1999 年至 2006 年操作风险的量化分析[46]。由于基于参数方法的损失分布法涉及多个分布的形态假设和参数估计，包括损失频率和损失强度，有学者提出若干操作风险度量的非参数方法：Feng 等[47] 和 Zhu 等[48] 将市场风险度量中常用的 Cornish – Fisher 展开应用于操作风险度量，开发出一套基于 Cornish – Fisher 展开的损失分布法蒙特卡洛模拟技术；施武江和丰吉闯将最大熵原理纳入损失分布法研究框架，提出基于最大熵原理的非参数估计方法来实现损失强度分布的参数估计，研究结果发现该方法所得分布拟合程度更高，测算风险度量结果具有稳定性和鲁棒性[49]；汪冬华和徐驰采用基于厚尾分布特征的非参数方法对单重操作风险进行度量，提出点估计和三种区间估计的方法[50]。Zhou 等讨论了损失分布法估计的稳健性，对截尾分布进行拟合并计算极值分位数[20]。

由本书第 2 章可知，操作风险若按照损失频率和损失强度特征进行分类，可具体分为高频低损类型（HFLS）和低频高损类型（LFHS）两种，以"黑天鹅"事件为代表的后者显然是操作风险管理部门关注的重点与核心。就具体某一银行来说，作为重点研究对象的低频高损类型内部损失数据实在过于缺乏[51-54]（这是由它本身性质决定的），给操作风险量化建模工作带来很大麻烦，因为常见统计和计量方法的实施需要至少一定量的数据作为支撑。此外，利用常见的概率分布并不能准确反映和捕捉低频高损类型（LFHS）损失的右偏厚尾特征[55,56]。为了解决上述问题，尤其是 LFHS 损失数据严重不足的问题，学术界对应的处理思路一般有两种。

①利用其他来源数据对内部数据进行扩充。对内部数据的补充方法，最常见的有引入外部数据、进行情景分析、利用专家意见等[57-65]。情景分析引入极端数据，类似于压力测试，利用专家意见法需要对银行业务环境和内部机制非常熟悉，对相关专家的要求十分苛刻，也在一定程度上限制了实践的推广。因此，将外部数据与内部数据进行整合成为较为可行的一种解决内部数据不够的方案。Baud 等认为商业银行可以利用与内部损失数据分布相同的外部数据来度量操作风险，选取外部数据时需要预先设定阈值并选择大于阈值的尾部外部损失数据，与内部损失数据进行混合后运用损失分布法对操作风险进行度量[57]。Frachot 和 Roncalli 运用了非寿险精算信度理论中的部分信度理论对外部数据进行处理从而实现与内部损失数据的混合，同时研究指出数据预处理时需要消除各种偏差[58]。Shih 等[66]和 Wei[67]考察了影响损失强度的因素，如银行规模等，建立影响因素模型。Na 等研究了不同规模银行损失的转换比例问题，并将损失强度区分为公共部分和独特部分[68]。高丽君和高翔借鉴 Na 等的做法引入外部数据，在数据合并过程中建立幂律模型将外部数据独特部分进行调整，借助两阶段未知参数混合模型确定损失强度分布，结果表明混合数据混合模型风险度量更具有稳定性[69]。Valle 和 Giudici 采用贝叶斯推断方法整合内部数据和外部数据，结合专家先验信息的贝叶斯推断方法和基于马尔科夫链的蒙特卡洛模拟方法对操作风险进行度量[70]。

借鉴 Alexander[71]、高丽君和高翔[69]研究成果，进一步对操作风险内外数据整合建模的思路进行了归纳，发现主要解决思路和研究方向有以下三种：第一，对内外部损失数据分别建模，在此基础上利用贝叶斯方法对损失分布进行整合，主要研究有 Bolancé 等[62]，Lambrigger 等[72]，Valle 和 Giudici[70]，Valle[73]，Ergashev 等[74]，Zhou 等[75]，卢安文等[76]，周艳菊等[77]，高丽君和丰吉闯[78]以及高丽君和杨丰睿[79]等；第二，通过尺度变换研究，将内部数据和外部数据转化为同一量纲，在此基础上利用例如损失分布法对操作风险进行估计，主要研究有 Baud 等[57]，Frachot 和 Roncalli[58]，Na 等[68]以及 Cope 和 Labbi[80]等；第三，利用外部损失数据构建损失尾部分布，利用信度理论将内外部损失数据的尾部进行整合，主要研究有 Bühlmann 等[81]，Bühlmann 和 Gisler[82]，Degen 等[83]，田华和童中文[84]，张宏毅和陆静[85]，陆静和郭蕾[86]以及陆静和张佳[87]等。此外，高丽君和宋汉鲲针对"采用外部数据分析中国商业银行操作风险至少需收集多少数据才能够体现总体特征"这一问题，采用非参数变规模 Bootstrap 法，通过设定各分位数均值变化率截点值来选择样本规模，并模拟测算每一样本规模下操作风险监管资本，经对比分析发现最小样本规模为 800 条记录，此时模拟结果较为稳定[88]。

②极值理论。由于以"黑天鹅"事件为代表的低频高损类型非预期损失很难用传统的统计方法和计量模型进行捕捉，众多学者选择采用极值理论对损失数据的尾部进行刻画并取得了很好的效果。极值理论由 Fisher 和 Tippett 在 20 世纪 30 年代首次提出，为极值理论的发展奠定了基础[89]。在此之后，Gnedenko 分析了极值理论的三种类型，并证明了三类极值分布存在的充要条件[90]。Gumbel 在其著作中详细总结分析了极值模型的统计应用，并归纳出了一元极值理论的相关性质[91]。极值理论模型主要包括 BMM 方法（Block Maxima Method）和 POT 模型（Peak－Over－Threshold）两类，若读者想要进一步了解极值理论的相关理论基础和技术细节，建议阅读以下经典专著：Galambos[92]；Kotz 和 Nadarajah[93]；Coles 等[94]；Beirlant 等[95]；De Haan 和 Ferreira[96]；Resnick[97,98]；Falk 等[99]；Leadbetter 等[100]；Embrechts 等[101]，极值理论

更多技术细节详见本书 4.2.2 节。

极值理论重点关注序列的尾部特征，不考虑序列的整体分布情况，利用广义帕累托分布（Generalized Pareto Distribution，GPD）或者广义极值分布（Generalized Extreme Value distribution，GEV）来逼近损失的尾部分布情况。在金融领域中，极值理论已被广泛地应用于市场风险的度量中，并且显示了其独特的优势[102-123]。Medova 和 Kyriacou[124]、Embrechts 等[53]以及 Chavez - Demoulin 和 Embrechts[125]将极值理论运用于操作风险度量，将 POT 模型和 VaR 模型纳入操作风险量化模型拓展，并对模型有效性进行验证。Embrechts 等借鉴破产理论，采用一个泊松震荡模型对风险累积过程进行刻画，并与极值理论进行结合计算风险资本[126]。基于操作风险损失的厚尾特征，Moscadelli 利用巴塞尔银行监管委员会在 2002 年收集的全球 89 家银行损失数据，推导了极值理论下损失的分布函数，得到了一定置信水平下的 VaR 估计值，同时，进一步将全数据分析方法和极值理论方法估计出的尾部损失强度进行对比[127]。

极值理论在描述极值风险的厚尾分布有两种方法：一种是 BMM 方法[122,128]，另一种是 POT 方法[122,127-135]。BMM 方法主要用于处理具有明显季节性的数据，并且 BMM 建模和参数估计要求有大样本的损失数据，POT 方法适用于在样本数据点不多的情形下实现对极值风险分布的参数估计，因此在操作风险度量中后者是更恰当的选择。在 POT 模型应用中，阈值参数的选择是研究重点之一。根据 Embrechts 等[101]以及 Danielsson 和 Vries[102]，POT 模型常见的阈值估计方法有两种：可视化的超额均值函数法（Mean Excess Function，MEF）和 Hill 图法[136]。Huisman 等[137]基于 Hill 估计针对小样本数据做了改进，提出 HKKP 估计方法得到无偏估计，并在操作风险管理中得到了应用[138,139]。司马则茜等建立基于分维的 POT 幂律模型，给出了阈值选择的理论解释和满足尾部分布适合幂律的条件[140]。关于阈值选择的研究，还可以参考

Valle 和 Giudici[70]，Chavez – Demoulin 和 Embrechts[125]，de Fontnouvelle 等[141]以及 Shevchenko 和 Temnov[142]。现实中，从操作风险事件被揭示的频率看，呈现逐年上升的趋势，即非平稳性；且损失金额统计分布的参数也可能随时间而变化，这将使得操作风险损失过程具有非齐次性，因此，在基于极值理论的损失分布法模型中，操作风险损失随机过程具有时变参数和极值行为，故如何刻画具有时变参数的操作风险损失随机过程的极值行为以及发展相应的数值模拟技术十分重要。基于此，Chavez – Demoulin 等总结了极值理论对非平稳情形下操作风险损失建模方法，指出在非平稳操作风险数据下应如何对操作风险损失分布和相依性进行建模[22,129]。

利用极值理论和损失分布法实现了操作风险度量后，度量结果的稳健性和不确定性也是国内外学者关注的热点问题之一。高丽君等采用 POT 方法对操作风险的极端值进行估计，并研究了阈值的选取对 GPD 分布形状参数、尺度参数和 VaR 的影响[133]。通过梳理操作风险度量误差的相关研究内容，可以发现大多数学者认为度量误差变动主要来源于置信度的变动和损失分布特征参数变动两个方面。

①置信度。莫建明和周宗放研究 Weibull 分布下操作风险在险价值（VaR）误差的产生机理，测算其置信区间并通过弹性分析法获取影响置信区间长度的主要敏感因子，置信区间长度随着置信度增加呈加速递增状态[143]。Gourier 等通过研究持续期为 1 年的 VaR 对于置信度的敏感性后发现，当置信度在 0.82 ~ 0.92 时，VaR 计算结果保持稳定；当置信度超过 0.92 时，VaR 随置信度提高呈指数上升趋势[144]。

②损失分布特征参数。Mignola 和 Ugoccioni 研究认为损失分布特征参数的估计误差会经传导产生 VaR 度量的误差[145]。Gourier 等研究 Pareto 分布的形状参数与其估计方差的关系，发现形状参数越大，对应的估计方差也越大，并且进一步影响 VaR 估计方差，即 VaR 度量误差[144]。此外，Gourier 等还研究发现，数据样本量大小也会一定程度影

响形状参数的估计方差。莫建明和周宗放导出 Pareto 分布下的操作风险在险价值，以弹性分析法对其灵敏度进行理论分析，建立操作风险监控参数的识别模型，研究结果发现随着 Pareto 分布形状参数增加，对应的风险度量结果置信区间长度相应增加[146]。莫建明和周宗放根据操作风险价值不确定度合成机理，导出高置信度下重尾性操作风险 VaR 的标准不确定度及置信区间，进而用弹性分析法对该置信区间灵敏度进行理论探讨，重点对关键参数进行了讨论[147]。Degen 利用仿真算法探究了频率参数与 VaR 置信区间灵敏度之间的关系，研究结果发现频率参数与 VaR 度量误差呈显著正相关[148]。莫建明等在运用弹性分析法对重尾性操作风险价值的灵敏度进行理论分析的基础上建立了操作风险关键参数的判别模型[149]。张明善等[150]和莫建明等[151]根据操作风险价值不确定度的合成机理，估计测算 Weibull 分布下的监管资本标准差与置信区间，进而由弹性分析法对其进行敏感性分析，也得出度量精度变动的相同规律。莫建明等在损失分布法下以不确定传递理论对监管资本度量精度进行测算，研究其变动规律时发现在形状参数影响下随着监管资本增加度量精度下降，但在频率参数和置信度影响下存在度量精度变化的临界点[152]。进一步地，莫建明等研究 Pareto 分布下损失分布法度量误差变动特征，发现度量误差变动十分敏感，并在度量误差值域内存在多个极值风险临界点，一旦趋近它们，度量误差将会趋近于无穷大[153]。

除此之外，国内学者方面，周好文等用极值分布来拟合损失金额，根据损失发生的概率及损失强度分布进行蒙特卡洛模拟，得出年度总损失分布并计算不同的置信水平下需要提取的经济资本，该方法没有考虑损失事件间的相依性结构，可能会使简单线性叠加高估风险[132]。刘睿等对 1999—2005 年的国内银行内部欺诈损失数据进行分析，验证了贝叶斯和蒙特卡洛模拟对 GPD 参数估计的有效性[154]。高丽君将 Bootstrap 方法与极值理论相结合，解决了操作风险小样本数据处理问题[155]。徐明圣详细介绍了 EVT 理论中基于点过程的 POT 方法以及其在操作风险度量过程中的应用，并在此基础上提出了两类改进思路：①将随机变量的非平稳性、相关性特征纳入模型框架；②建立新的统计建模分析方法，如因果关系模型、贝叶斯网络技术等[156]。司马则茜等基于分形理论和经济弹性理论，在分析操作风险影响因素引入 GDP 和 CPI，给出了银行操作风险的弹性分维定义，并对中美两国操作风险弹性分维进行测算[157]。司马则茜等和 Degen 等提出具有厚尾特性的四参数模型 g - h 分布度量银行的操作风险[83,158]。基于操作风险损失统计特征（具有 HFLS 和 LFHS 两种类型），有学者提出对损失强度建模时进行分段定义[159 - 161]。丰吉闯等针对不完全的操作风险损失数据，提出了基于左截尾数据的损失分布法计算银行操作风险资本金[162]。丰吉闯等研究了操作风险度量中的模型选择问题，比较 POT 随机和模型与 GEV（SGEV）- LDA 模型风险度量效果，结果表明模型风险产生于模型的应用而非模型的选择[163]。杨青等分别从 GPD 和 GEV 两种角度刻画极端操作风险，提出宏观经济变量影响下的 Fama - French 多因素模型剥离几种传统风险，获得外部事件影响下的银行极端操作风险[164]。Feng 等提出用 5 种不同概率分布（分别是对数正态分布、g - h 分布、GED、SGED 和 GPD）拟合操作风险损失强度并计算对应的风险价值 VaR，在此基础上以 KS 检验的 P 值所占比重作为权重计算加权 VaR[165]。

3.3　银行多重操作风险间相依关系及集成度量研究

根据《巴塞尔资本协议》对操作风险的分类标准（业务条线/事件类型），商业银行可拥有 8 类业务条线和 7 类事件类型，因此理论上最多可以形成 56 个单元（56 重）的操作风险，这也说明在实际经营过程中商业银行往往面临的是多重来源的操作风险。从单重操作风险度量到多重操作风险度量，最简单的操作方法便是在实现单重操作风险度量的基础上将不同风险单元的风险度量进行线性算术加总[127]。风险资本线性算术加总这种处理方法假设不同风险单元之间具有完美正相关关系，即同单调假设。在操作风险度量中，同单调假设下所有风险单元都受同一风险来源影响，不同风险单元的损失往往表现为同时发生或同时不发生。在实操过程中，同单调假设过于苛刻，操作风险来源复杂并且伴生于商业银行所有经营和业务活动，风险单元之间往往并不是同单调而是表现出一定的相关性。由于风险分散效应和多元化的效应，忽略相关性结构的风险资本线性算术加总的方法往往会造成风险高估的结果[40,166,167]。

针对相关性建模，《巴塞尔资本协议Ⅱ》"允许银行使用其内部确定的、有关操作风险估计量之间的操作风险损失的相关性，银行必须运用恰当的质量技术和数量技术来使相关的假定生效"[2]。中国银监会发布的《商业银行资本管理办法（试行）》附件12（操作风险资本计量监管要求）指出，商业银行在加总不同类型的操作风险资本时，可以自行确定相关系数，但要书面证明所估计的各项操作风险损失之间相关系数的合理性。

Frachot等基于经典损失分布法框架，提出了操作风险损失具有的三种相关性形式：损失频率相关性、损失强度相关性和年度总损失相关性，其中年度总损失相关性大小受损失频率相关性和损失强度相关性共同影响[168]。同时，Frachot等假设不同风险单元损失强度相互独立，推导二元情形下年度总损失线性相关系数的解析式，研究发现在损失强度相互独立的条件下，就算损失频率线性相关系数很大，对应的年度总损失线性相关性水平却比较低，反而受到损失强度分布形态（如尺度参数等）影响很大。进一步，根据 Chavez – Demoulin 等[129]的研究结果，不同风险单元的银行操作风险损失事件发生时间（Loss Occurrence Times）的相依性导致其损失发生过程（Loss Occurrences Process）也具有相依性结构，进而使得银行多重操作风险间的损失事件发生频率（Loss Frequency）和损失强度（Loss Severity）产生了潜在的动态非线性相依性关系。由此可见，在对银行多重操作风险进行集成度量中，必须考虑多重操作风险间的潜在动态非线性相依关系。

为了研究此问题，首先需要考虑采用何种随机过程的形式来有效地描述操作风险损失过程，且此随机过程的表示形式可体现银行多重操作风险损失过程间存在动态非线性相依关系；其次，银行多重操作风险间的损失事件发生频率和损失强度的动态非线性相依关系的描述以及损失过程非线性相依性的刻画至关重要，目前仍是金融界研究的热点问题。由于随机点过程可以在有限的时间区域内描述随机过程相关性的情形[169-171]，因此有些学者利用随机点过程的此种特性开展了一些研究。蒋志明和王汉兴建立了多险种风险模型，利用点过程理论研究了多险种风险过程的破产概率[172]。赵晓芹等研究了一类索赔到达计数过程为相依点过程的双险种风险模型。上述研究多集中在保险精算领域，且未考虑模型参数的时变性，在商业银行金融风险管理中的应用较少[173]。Chavez-Demoulin 等将操作风险损失发生的过程看作标值泊松点过程，并将风险单元类别和时间因素纳入泊松强度的刻画[22,129]。Chernobai 和 Yildirim 基于操作损失事件会引发一系列相关损失的典型事实，建立散粒噪声 Hawkes 随机过程对操作风险损失发生过程进行描述，并对操作风险损失产生传导的机制做了详细阐述[174]。因此，随机点过程理论的引入对描述银行多重操作风险损失过程间动态非线性相依性的关系是非常有意义的。

不同风险单元之间操作风险的相关性结构刻画方法一般有两种：线性相关方法和非线性相关方法。在以往的研究中，衡量两个随机变量之间相关性大小的最常用方法就是以协方差和线性相关系数为代表的线性相关方法[129,168]。在操作风险度量中，协方差和线性相关系数并不是最佳的风险测度，因为线性相关性往往应用于椭圆型联合分布（如多元正态分布和多元学生 t 分布），只能作为线性相关性测度，不能捕捉非线性相关关系。由 Frachot 等的研究可知，操作风险发生的过程中包含了多种相关性结构以及互相之间的耦合，所涉及的复杂相关性结构或者经耦合后的相关性结构很可能不再是线性的[168]。此外，基于操作风险损失统计特征，LFHS 类型损失强度往往服从厚尾分布，某些厚尾分布不存在二阶矩，而有限方差是计算随机变量之间协方差的必要条件。最后，操作风险度量中往往需要考察尾部相关性结构，线性相关方法不能给出解决的方案。因此，若采用协方差和线性相关系数对操作风险相关性结构进行描述，是存在较大偏差的。

针对操作风险不同风险单元非线性相依关系的刻画问题，Copula 理论的产生和发展为有效地解决此问题提供了一条可行的研究途径。它将多元随机变量的联合分布分解为随机变量的边缘分布和随机变量间的相关性结构两部分，相关性结构可通过 Copula 函数来表示，该理论可用于描述资产或风险之间非线性、非对称的相关关系，并能捕捉到相关结构的变化，尤其是尾部相关性的变化，关于 Copula 理论的更多内容可以参考以下专著和经典论文：Sklar[175]，Sklar[176]，Joe[177]，Cherubini 等[178]以及 McNeil 等[44]。Embrechts 等首次将 Copula 理论方法用于金融领域[179]。Chavez – Demoulin 和 Davison[180]以及 Embrechts 等[126]从静态的角度对操作风险损失程度的相关性做了详细描述。Fantazzini 等把 Copula 理论应用到了操作风险的建模上，但没有考虑时变性[181]。Pfeifer 和 Nešlehová 将随机点过程与 Copula 理论相结合，探讨了随机点过程中相关性结构的构建方法[182]。在 Pfeifer 和 Nešlehová 研究的基础上，Chavez – Demoulin 等进一步讨论了操作风险建模中相关性构建和风险集成的若干问题[129]。

在 Copula 理论应用的过程中，如何实现 Copula 函数参数估计是必须解决的一个问题。通常 Copula 参数估计采用极大似然法（Maximum Likelihood Estimation，MLE）和边缘推断函数（Inference Function for Margins，IFM）两种方法。但是研究显示，在边缘分布函数未知的情况下，MLE/IFM 方法的表现并不稳定。Chen 和 Fan 发现，如果某个金融风险假设的边缘分布函数估计有误差，研究结果将会出现很大的偏差[183,184]。因此，他们提出用经验边缘分布函数替代假定的边缘分布函数，从而减少分布的设定误差，形成了半参数 Copula 理论。Kim 等研究比较了 ML/IFM 和半参数方法估计 Copula 参数的效果发现，在边际分布函数未知的情况下，半参数估计方法优于 ML/IFM 方法[185]。此外，Copula 函数呈多种形式，具体可以分为 Archimedean 族 Copula 和椭圆族 Copula，其中常见的 Archimedean 族 Copula 有 Gumbel Copula、Clayton Copula 和 Frank Copula 三种，常见的椭圆族 Copula 有 Gaussian Copula 和 t–Copula 两种。因此能否正确选择与估计 Copula 函数对金融风险耦合问题处理的效果会产生极大的影响。Kole 等研究不同 Copula 函数对风险度量的影响，选用三种不同的 Copula 函数对相关结构进行了描述并作比较[186]。Bee 对 Copula 理论在风险管理的应用作了详细的阐述说明，展示了 Copula 函数在多元分布拟合上具有强大的灵活性，同时也指出建模时需要重点关注 Copula 结构选择带来的模型设定风险[187]。

Copula 理论在操作风险度量实证应用方面，Gourier 等考虑不同风险单元之间的相关性，引入 Copula 函数对相关性结构进行描述并实现不同风险单元的风险耦合，同时就风险分散效应和 VaR 是否满足次可加性进行讨论[144]。McNeil 等运用基于极值理论的广义帕累托模型（GPD）对操作风险损失进行建模，并验证了边缘分布为 GPD 分布下的 VaR 并不一定满足次可加性[44]。Di Clemente 和 Romano 将极值理论（EVT）与 Copula 函数相结合，构建操作风险度量模型[188]。Dimakos 和 Aas 以及 Aas 等吸收了贝叶斯理论的思想，将风险联合分布分解为一系列条件概率，发现尾部风险集成时存在分散化效应[166,189]。Rosenberg 和 Schuermann 研究具有偏斜厚尾性质风险之间的相关性结构[190]。Böcker 和 Klüppelberg 根据操作风险损失具有非连续跳跃性质，采用 Lévy 测度代替传统概率测度并建立基于 Lévy Copula 的随机点过程模型[191]，Lévy Copula 相关的更多研究可以参考 Böcker 和 Klüppelberg[192,193]，

Esmaeili 和 Klüppelberg[194-196]，Avanzi 等[197]，van Velsen[198]，Grothe 和 Hofert[199]，Avanzi 等[200]，Grothe 和 Nicklas[201]。

国内学者方面，杨旭将极值理论和 Copula 相结合，构建多变量极值模型对操作风险损失进行描述[202]。周艳菊等采用贝叶斯理论中的吉布斯抽样来获取参数估计值以减小由于小样本带来的估计误差，采用 Copula 函数构建相关性结构并计算不同置信水平下操作风险损失的 VaR 值与 CVaR 值[77]。吴恒煜等运用 t-Copula 和极值理论研究我国商业银行面临的操作风险，并发现 POT 模型能够有效地捕捉损失的厚尾特性[203]。张宏毅和陆静用 Copula 函数计算相关系数矩阵并将结果应用于操作风险资本配置[204]。陆静和张佳采用 POT 模型构造边缘分布，用多元 Copula 函数来刻画操作风险单元之间的关联性并计算在险价值[205]。刘广应和张维假定操作风险事件的发生服从 Cox 过程，并构建整体风险的度量[206]。李建平等和 Li 等在考虑信用风险、市场风险和操作风险之间相关性的基础上给出风险集成过程，通过 Copula 函数和蒙特卡洛模拟计算整体风险，研究不同相关性结构下的风险分散化效应[207,208]。汪冬华等也做了相似的研究，基于银行财务数据和公开披露的数据利用 Copula 函数构建银行三种主要风险（信用风险、市场风险和操作风险）敞口的联合分布[209]。明瑞星和谢铨分别运用极值理论中的 POT 模型和尾相关 Copula 函数捕捉操作风险厚尾性特征以及各个风险单元之间的相关性结构，进而计算操作风险总体 VaR，结果表明相比 VaR 的简单加总，考虑相关性结构的建模方法能够显著降低监管资本[210]，该结论也与 Chapelle 等[40]、Dimakos 和 Aas[166]以及宋加山等[167]保持一致。

通过对于操作风险度量相关文献的梳理后，可以发现：无论采用哪种方式或者哪类模型对操作风险进行建模，最后总风险度量大多数都落脚于经典的 VaR 模型（关于风险测度的综述内容，详见本书 3.4 节）。不幸的是，VaR 并不是一致性测度，原因是不满足次可加性，在某些特殊的相关性结构下或者具有某些厚尾的边缘分布时，同单调假设下的 VaR 将不再是 VaR 的上确界。基于此，以 Embrechts 为代表的学者对于多重操作风险下 VaR 的上界进行探究。Embrechts 等最早提出对 Copula 理论下的 VaR 边界的讨论[211]。Embrechts 等与 Embrechts 和 Puccetti 对多元风险相关结构进行研究，讨论了最坏情形下的 VaR[212,213]。Embrechts 和 Puccetti 进一步对多元 Copula 结构下的 VaR 边界做了改进得到对偶边界（DB），并将其与标准边界（SB）做了比较[214]。Embrechts 和 Puccetti 探究了具有固定重叠边缘分布的多元风险 VaR 的边界，并给出其解析解和数值方法[215]。Embrechts 等开发了一套基于 RA 算法的数值方法用于计算高维风险 VaR 上确界[216]。若读者对多元风险 VaR 的边界问题感兴趣，关于 VaR 边界问题的更多内容可以阅读 Puccetti 和 Rüschendorf[217-219]，Puccetti 等[220] Wang 等[221]，Bernard 等[222]，Li 等[223]，Rüschendorf 和 Witting[224]，Puccetti 等[225] 和 Bernard 等[226]。

由 Frachot 等的研究可知，在经典损失分布法（LDA）框架下，操作风险损失发生的过程中包含了三种相关性结构：损失频率相关性、损失强度相关性以及年度总损失相关性，在绝大多数关于操作风险相关性的文献中，测算的都是损失频率相关性[129,168,187,227]和年度总损失相关性[46,144,168,202,203,227]。无论是运用协方差/相关系数还是 Copula 理论测算相关性，均需要两组按时间两两配对的随机变量，损失频率和年度总损失显然满足这一条件。由于操作风险损失发生具有高度离散性，不同风险单元损失不可能总是同时发生，因此存在"损失强度时间错配"问题，这也导致不破坏经典损失分布法框架情况下损失强度相关性结构构建存在困难[168]。为了规避这一问题，Peters 等将操作风险损失过程中相关性结构细分为损失频率相关性和损失强度相关性，并通过构建频率参数相关性和强度参数相关性作为替代[228]。

现有文献中关于操作风险的相关结构大都采用静态 Copula 进行研究，而忽略了操作风险间相关性结构的动态变化特征。在跨市场风险度量方面，Patton 引入了条件 Copula 的概念，构建出时变的 Copula 函数以反映动态相依结构[229,230]。龚朴和黄荣兵为了揭示次贷危机引发的金融风暴对我国内地股市的冲击大小，采用时变 t – Copula 模型刻画了中美股市的联动性，并测算了次贷危机对内地股市的影响程度[231]。可见，时变（动态）Copula 已经是较为成熟的模型，尤其在市场风险研究得到广泛应用。但在操作风险研究中，由于操作风险损失发生频率低且在时间上呈现出离散分布，难以将市场风险中时变 Copula 的建模方法直接平移到操作风险度量中。由此可见，在结合极值理论的损失分布法模型中，如何借助含时变参数的 Copula 函数和随机点过程理论研究银行多重操作风险损失过程间的动态非线性相依关系对模拟相依条件下的不同单元操作风险损失情景非常关键。

此外，通过对现有文献的梳理，还可以发现为了简便起见，关于相关性建模的叙述大多是以二元情形为例的。根据《巴塞尔资本协议》的规定，商业银行面临的是理论上多达 56 维的操作风险。当模型维数从二维上升至多维时，相关性结构的复杂程度将会急剧上升，此时伴随产生相关性结构的可理解性下降和计算复杂度上升将会成为多重操作风险需要克服的最大困难。以二元基本 Copula 函数为基础，有学者对 Copula 函数的高维情形进行了拓展，主要采取的方法是 Vine Copula 和嵌套 Copula 两种降维技术。最早提出 Vine Copula 技术的是 Joe[177,232] 与 Bedford 和 Cooke[233,234]。Aas 等在 Joe 以及 Bedford 和 Cooke 研究的基础上展示了 Vine Copula 降维技术在多种情形下的高维建模应用，包括三元至多元情形下 Vine Copula 应如何选择和建立，最后就金融领域的跨市场时间序列做了实证研究[235]。Guegan 和 Hassani 将 Vine Copula 降维技术嵌入操作风险度量（损失分布法框架）中，使得复杂的高维相关性分解为若干个二维子相关性结构后可解释性增强[236]。Brechmann 等将 Vine Copula 技术运用于操作风险实践，并从四个指标对其进行评价，结果发现除了可计算性表现欠佳（可用并行计算解决），模型参数和结构的可理解性、尾部相关性捕捉、风险单元成对相关性刻画都有良好的表现[237]。另一种针对高维 Copula 的降维技术是构建嵌套 Copula，相关研究还处于起步阶段：Whelan[238]，Hofert[239-241]，McNeil[242] 以及 McNeil 和 Nešlehová[243] 给出了嵌套 Copula 的建模方法和配套的数值实验（抽样）技术。Savu 和 Trede 给出了层次化 Archimedean Copula 模型（HAC）的构建方法[244]。Hering 等将嵌套 Copula 技术与 Lévy 测度结合，构建了基于 Lévy 测度的层次化嵌套 Archimedean Copula 模型[245]。Aas 和 Berg 将 Vine Copula 和嵌套 Copula 两种降维技术做了对比分析，认为 Vine Copula 不受 Archimedean 族 Copula 的限制，可以在子相关性结构上任意选择适合的 Copula 函数[246]。

近年来，除了传统的协方差/线性相关系数和 Copula 理论，相关性结构研究还涌现了不少新技术和新方法：Kühn 和 Neu 借鉴格子气分析模型采用函数的形式分析序贯故障之间的相关关系[13]，Anand 和 Kühn 在此基础上进行了拓展，考虑了异质先验条件和非条件故障概率网络[247]。Neil 等[248]，Mittnik 和 Starobinskaya[249]，Aquaro 等[250]，Sanford 和 Moosa[251] 以及陆静和唐小我[252] 将贝叶斯网络应用到操作风险度量中，通过可变时间层对于相关性进行建模，更为清晰地刻画出了不同风险事件间的拓扑因果结构。Allen 和 Bali 采用资产回报率研究周期性变量以及宏观因素对总操作风险度量的影响[253]。Yi 等[254]、Li 等[255] 以及 Wang 等[256] 通过互信息（Mutual Information）方差—协方差方法构造全局相关系数代替线性相关系数来捕捉风险单元之间的相依性。有学者将操作风险不同风险单元之间的相关性嵌入损失产生传导演化机制[257-259]。周焯华等基于专家规则的遗传算法对商业银行操作风险进行预测[260]。有学者提出了影响操作风险的因素以及相互之间的影响，利用网络分析法对商业银行操作风险进行评估[261,262]。肖斌卿等建立"流程—节点—风险点—控制措施—违规事件"关联模型，在理论上对风险链条上的风险动因进行解析，并在此基础上进行量化建模总结提炼"三位一体"风险管理模式[263]。孟庆斌等在 Jarrow[264] 研究范式下，建立随机过程模型描述银行资产，利用随机动态优化方法求解银行最优资本和股利分配策略，并且探讨与操作风险频率和强度之间的关系[265]。

3.4　操作风险度量方式研究

在银行多重操作风险度量模型构建研究的基础上，若要实现商业银行操作风险的总体度量，需要最后落地至风险度量方式研究，即风险测度问题。1993 年 7 月，G30 集团在研究金融衍生品的基础上，提出了度量市场风险的在险值（Value at Risk，VaR）方法，并首次对 VaR 进行了详细的介绍，随后，JP 摩根提出风险矩阵方法，将 VaR 定义为：在一定置信水平下和持有期内，所持有头寸可能遭受的最大损失[38]。从统计学意义上讲，VaR 指的是一定时期内可能发生的最大损失，它使得实际损失超过这个值的概率不超过一个预先设定的值，即显著性水平。由于 VaR 是一定置信水平下的分位数，并未将大于 VaR 的尾部极端值考虑在内，因此在面对极端价格波动或者资产极端依赖结构时，VaR 可能会低估风险或者无法对尾部风险做出反应。同时，VaR 并不是一致性风险测度，因为 VaR 满足平移不变性、正齐次性、单调性，但是不一定满足次可加性。

当前，一致性风险度量技术能弥补风险值 VaR 在数学理论上的不足，同时还能捕捉被风险值 VaR 方法忽略的尾部风险，因而一致性风险度量成为研究的热点。由于期望亏空（ES）或条件 VaR（CVaR）是一致性风险度量方法，因此一些学者开始采用 ES 或 CVaR 来度量风险。ES 对于损失的分布没有特殊的要求，在分布函数连续和不连续的情况下都能保持一致性，该模型不仅可以应用于任何金融工具的风险度量和风险控制，还可以处理具有任何分布形式的风险源。Yamai 和 Yoshi-ba 从实践的观点证明了期望亏空（ES）可以弥补 VaR 测度存在的尾部风险和一致性问题，不过作者指出期望亏空的有效性依赖于估计的精度[266]。Polbennikov 和 Melenberg 的实证结果表明，当资产组合中包含衍生产品或其他非对称分布的资产时，一致性风险度量能更好地捕捉资产组合的下降风险[267]。考虑到 VaR 和 ES 两者的优缺点，为了精确地度量出风险的大小，需要对不同计量方法在风险中的适用问题进行研究。

3.5　本章小结

根据《巴塞尔资本协议 II》，巴塞尔银行监管委员会（BCBS）给出建议商业银行采用的三种操作风险计量方法：基本指标法、标准法和高级计量法，其中高级计量法包括内部度量法、损失分布法和计分卡法等。基于 2008 年金融危机爆发以来操作风险频发的现状以及国际商业银行操作风险模型的实操效果，《巴塞尔资本协议 III》继续给出了单一化的标准计量法，极大地减轻了高级计量法的建模难度和计算复杂度，同时也存在资本不稳定性、资本敏感性、风险响应性和可解释性降低、风险承担激励、操作风险关键数据丢弃以及 SMA 存在超可加性的可能性等不足。

关于操作风险量化建模，学术界最热门的处理方法便是损失分布法（LDA）。由于操作风险损失发生具有高度离散性，常常需要从损失发生频率和单次损失强度两个维度对其进行考察，因此精算理论中的损失分布法为操作风险量化建模提供一个切实可行的方案：通常的做法是基于经典损失分布法框架，用参数方法/非参数方法分别对损失频率和损失强度进行刻画，借助蒙特卡洛模拟或者随机和过程对操作风险年度累积损失分布进行拟合，在此基础上计算其风险在险价值 VaR 作为操作风险资本金。由于操作风险往往具有极值特征（低频高损），这一类型操作风险由于内部数据样本太小，难以用常规的统计模型和概率分布进行拟合，就此学者们提出了两条解决思路：①利用其他来源数据对内部数据进行补充，通常采用外部数据与内部数据进行结合；

②采用极值理论（EVT）直接对操作风险极端观测值进行建模并与损失分布法相结合，其中极值理论主要方法有 BMM 法和 POT 法两种，后者多用于操作风险建模。在损失分布法和极值理论基础上，有学者对于操作风险 VaR 的度量精度做了研究，发现 VaR 的度量误差受到置信度、损失强度分布特征参数以及频率参数的影响。

根据《巴塞尔资本协议Ⅱ》，操作风险可以分类为 8 类业务条线和 7 类事件类型，理论上最多可以形成 56 个单元（56 重）的操作风险，因此商业银行面临的操作风险是多重来源的。研究显示，若假设不同风险单元之间满足完美正相关性，同单调下的 VaR 线性算术加总一般会对风险进行高估，这说明风险分散效应的存在以及相关性构建的必要性。在经典损失分布法框架下，操作风险发生的过程中包括频率相关性、强度相关性和年度损失相关性，其中后者受到前两者的影响。操作风险内含的复杂相关性结构加上损失厚尾分布特征，并不适合以协方差/线性相关系数为代表的线性相关方法。基于此，多数学者采用 Copula 理论对于操作风险建模和度量进行研究，内容包括：建模方法、参数估计以及检验、稳健性检验等内容。

通过对操作风险相关性建模相关文献的梳理，可以发现：①在操作风险相关性结构构建过程中，通常是对损失频率相关性和年度累积损失相关性进行建模，较少涉及损失强度相关性，这是由于强度相关性构建过程中存在"损失强度时间错配"问题。②尽管时变 Copula 函数在市场风险度量研究中已经得到广泛应用，由于操作风险内部数据过少并且发生具有高度离散性，很难将时变 Copula 在市场风险度量中的处理方法平移到操作风险度量中，因此如何刻画商业银行多重操作风险间的动态相关关系成为研究的一大难点。③根据《巴塞尔资本协议Ⅱ》，商业银行面临的是 56 重的操作风险，而在现有文献中，为了计算和阐述的简便，往往采用的是二元情形为例，从二元情形到多元情形，相关性结构的复杂程度和计算量急剧上升，并且单纯采用多元 Copula

函数会使模型的解释能力和可理解性大打折扣。常见的高维相关性建模做法是采用 Vine Copula 和嵌套 Copula 两种降维技术。因此，当模型维数上升时，如何构建多重操作风险相关性结构也尤为重要。综上所述，银行多重操作风险集成度量方法中必须考虑银行多重操作风险间的动态非线性相依性关系。

第 4 章　操作风险数据库与
经典风险度量模型

4.1　操作风险数据库

4.1.1　操作风险数据收集存在的问题与挑战

近年来，操作风险已成为商业银行所面临的除市场风险和信用风险之外的第三大风险，国内外学者也开始逐步开展对于商业银行操作风险的相关研究，尤其是对于操作风险进行量化研究并分配相应的资本金储备。鉴于操作风险量化研究有效性十分依赖数据，若要实现对特定银行的操作风险量化研究，其首要工作便是收集该银行足够的、可靠的、有效的操作风险内部损失数据。根据《巴塞尔资本协议》，使用高级计量法必须具备至少 5 年的操作风险内部损失数据，初次使用的银行也必须具备至少 3 年的操作风险内部损失数据。

尽管最近几年商业银行操作风险损失事件发生频繁，操作风险内部数据不足问题成为制约操作风险量化模型开发和发展的重要因素之一。一方面，由于之前商业银行风险管理重点集中于市场风险和信用风险，对于操作风险的研究主要停留在定性分析，着重探究商业银行操作风险的形成原因以及相关政策规范建议，认为历史损失数据与未来的经营情况无关，并未意识到操作风险内部数据对于量化建模的重要性，从而忽视了对操作风险损失事件的记录和相关数据的收集工作。虽然商业银行近年来逐步开始重视操作风险内部数据记录、收集和整理工作，但是距离量化建模的数据充足要求还存在很大的差距。另一方面，由于在我国操作风险主要是由银行内部的人员失误或是操作流程失败所引发的，进而银行内外部人员利用内控机制的漏洞进行违规操作或票据伪造造成内部欺诈和外部欺诈事件，商业银行出于保护自己声誉的角度非但不会主动公开披露操作风险损失事件，反而倾向于逃避或隐瞒已经发生的操作风险损失，导致操作风险损失内部数据缺失，案件损失信息匮乏，对操作风险的量化建模造成了极大的困难。

综上所述，尽管近年来国内商业银行遭遇频繁的操作风险损失事件，由于上述种种原因，多数银行并未建立起系统的商业银行操作风险内部损失数据库。内部损失数据存在缺陷，导致基于内部损失数据的操作风险量化研究和风险度量工作缺乏数据支持，其研究成果的科学性和准确性无法保证，对于银行从业人员也缺乏指导意义。因此，建立完整的、系统的中国商业银行损失数据库对于操作风险度量工作是十分有必要和有意义的。

4.1.2　中国商业银行操作风险外部数据库构建

鉴于对于操作风险损失数据的迫切需求以及商业银行操作风险完整内部损失数据获取存在难度，本书将收集整理公开披露的操作风险损失事件，在此基础上构建中国商业银行操作风险外部数据库。由于单一商业银行操作风险数据有限（尤其是低频高损类型损失），无法达到量化模型实证的最低要求，本书中将国内的所有商业银行当作一个整体来考虑，其计算获得的风险度量结果考量的是我国银行业整体操作风险大小。我国商业银行所面对的客户群体具有高度相似性，并且处于同一外部环境（政治、经济、社会、技术等），因此将国内商业银行视为同质是有依据的。

完整的数据工作必须依托于有效的数据收集准则，才能客观反映银行操作风险状况。根据中国银监会 2012 年出台的《商业银行资本管理办法（试行）》中的《操作风险资本计量监管要求》，操作风险数据收集必须遵循以下四大原则：①重要性原则，在统计操作风险损失事件时，应对损失金额较大和发生频率较高的操作风险损失事件进行重点关注和确认；②及时性原则，应及时确认、完整记录、准确统计操作风险损失事件所导致的直接财务损失，避免因提前或延后造成当期统计数据不准确；③统一性原则，操作风险损失事件的统计标准、范围、程序和方法应保持一致，以确保统计结果客观、准确及可比；④谨慎性原则，应审慎确认操作风险损失，进行客观、公允统计，准确计量损失金额，避免出现多计或少计操作风险损失的情况。

依据上述数据收集准则，本书结合中国人民银行网站、银监会网站、国内几大门户网站的财经新闻专栏和法院案例及其他相关期刊论文或学位论文中所披露和整理的我国商业银行操作风险案例，获取了时间跨度从 1987 年至 2014 年发生的操作风险损失事件，并对其做了初步的整理和筛选。在数据整理过程中发现，1987 年记录操作风险损失事件 27 起，造成总损失 6.84 亿元，对应的风险事件类型主要集中于内部欺诈，客户、产品及业务操作，执行、交割及流程管理三类。由于 1988 年以及 1991—1993 年的数据空缺，1989—1990 年记录的操作风险损失事件只有 3 起，引发共计 5000 多万元的损失。1987—1993 年，操作风险损失数据记录具有时间不连续并且损失程度相差较大的问题，极有可能是由于收集数据不完整造成的，若将该时间段纳入实证过程，所得出的结果将缺乏科学性和说服力。因此，本书操作风险外部损失数据收集的样本区间设定为 1994—2014 年，共收集到我国商业银行该样本区间内被公开披露的 1518 起操作风险损失事件，形成我国商业银行操作风险外部数据库。该外部数据库信息包括损失发生时间及地点、涉案银行、损失金额、所属的风险事件类型和业务条线、涉案人员职位以及所属部门和相关具体案情描述等内容，表 4.1 为操作风险外部数据库样张。

表 4.1　　　　　　　中国商业银行操作风险外部数据库样张

时间	地点	涉案银行	损失金额	事件类型	业务条线	涉案人员职位	所属部门	具体案情描述	数据来源
2006－12	××	××银行	×××	内部欺诈	商业银行	×××	××支行	×××	×××

注：数据库中每一条损失记录的损失金额均经当年 CPI 调整。

在数据收集和记录过程中，我们发现商业银行操作风险损失事件从发生到暴露再到最终被揭露需要一定的时间，有些操作风险损失能够立即被发现，而有些可能会经历几年。本书操作风险外部数据库中损失发生时刻的记录将遵循以下原则：若能明确操作风险损失事件的实际发生时间，则以实际发生时间为准；若无法确定实际发生时间的，以最终被揭露的时间为准。损失金额以最终确认并公开报道的数据为准，虽然银行在损失事件发生后一般都会进行追偿，补偿或保险等手段进行弥补，本书操作风险外部数据库中损失金额以实际造成的损失金额计算。若涉案金额涉及美元、欧元等外币的，均以当年汇率换算成人民币。依据操作风险损失事件统计工作的重要性原则，商业银行应合理确定操作风险损失事件统计的金额起点。借鉴《巴塞尔资本协议Ⅱ》收集数据选取的阈值（1 万欧元），本书操作风险外部数据库设定数据收集的阈值为 10 万元。

特别说明，本书后面章节（第 4 章～第 8 章）的实证过程均依赖于中国商业银行操作风险外部数据库（主要来源于公开媒体披露）。由于银行数据收集工作不完善和不对外公开披露，往往收集到的外部损失数据是有偏的或者并不能包含商业银行运营过程中所有操作风险损失事件。尽管无法完全覆盖所有操作风险损失数据，操作风险外部数据库能够最大限度地体现和还原中国商业银行操作风险的基本特征。在此基础上，本书提出刻画上述操作风险损失基本特征的方法（量化模型），从而实现对操作风险的度量。由于本书量化模型依赖于操作风险外部数据库，本书第4章～第8章实证部分最终得到的风险度量结果并不能排除内部数据缺失或者外部数据有偏带来的影响。在商业银行实际经营过程中，应该采用银行本身的内部数据代入量化模型，而不是直接拿本书的风险度量结果作为银行风险准备金设定的标准。随着商业银行逐步重视和完善操作风险内部数据库，本书提出的几种量化模型的风险度量效果将会进一步提升。

4.1.3　中国商业银行操作风险统计特征分析

在中国商业银行操作风险外部数据库构建的基础上，本节将对收集到的操作风险损失数据从多个维度进行特征分析，最大限度地还原中国商业银行操作风险发展现状。

操作风险损失频率、总损失大小和单次损失强度在时间尺度上的分布情况分别如图4.1、图4.2和图4.3所示。从操作风险损失在时间分布的角度看，可以发现：操作风险损失发生次数并非逐年保持稳定，而是随着时间的变化具有一定的波动性；相比于操作风险损失发生的频率，操作风险年度总损失和单次损失金额均值在时间尺度上的波动性更大；从图4.1至图4.3的分布形态上看，操作风险年度总损失在时间尺度上的分布与操作风险单次损失金额均值的分布十分相近，而与损失频率的分布关联性并不大，这是由于操作风险损失频率的统计包含了大量高频低损类型的损失（对年度总损失影响不大）。这说明操作风险年度总损失大小受单次损失影响较大。往往总损失较大的年份会发生低频高损类型损失，从侧面证明了操作风险中低频高损类型的"黑天鹅"事件才是研究的重点。

除了研究操作风险损失在各个商业银行和时间尺度上的分布特征，本节还将挖掘操作风险在地域上的分布特征，将采用 Open Geoda 软件和 ArcGIS 软件，从操作风险频率、总损失和单次损失强度三个指标视角出发，绘制出反映操作风险空间分布特征的分位图（分别如图4.4、图4.5和图4.6所示），并给出了三个指标各自排名前五和后五的省份

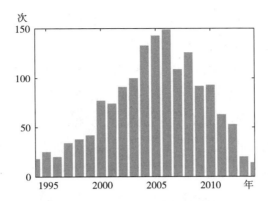

图 4.1　操作风险损失发生次数（时间分布）

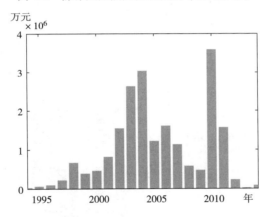

图 4.2　操作风险损失总金额（时间分布）

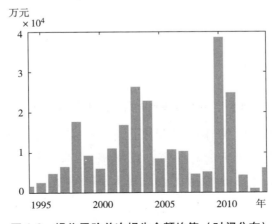

图 4.3　操作风险单次损失金额均值（时间分布）

（如表4.2所示）。从操作风险地域分布上看，银行操作风险损失主要集中在东部地区和中部地区，尤其是以"北上广"为首的一线城市包揽操作风险损失频率和总损失金额的前三名，相比之下西部地区发生操作风险损失的次数和损失金额均显著低于东部地区和中部地区。因此可以得出，商业银行操作风险的发生与地域经济发展程度有一定的相关性，经济发展程度越高的地区，地域投入和产出越大，银行接触的客户越多，相应的业务就越复杂，涉及的资金规模越大，也越有可能发生操作风险损失。与直观印象不同的是，操作风险并非集中在东部沿海地区，在中部地区操作风险损失情况也不容乐观。

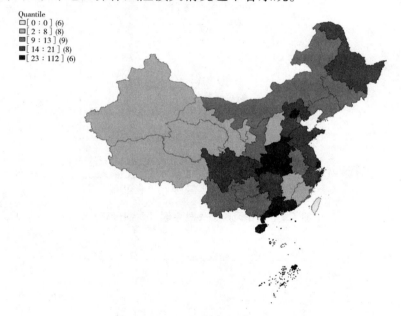

图4.4 操作风险损失发生次数（空间分布）

值得注意的是，操作风险损失频率和损失总金额排名中，"北上广"包揽前三名，而上海和北京在单次损失强度排名中未进入前三名。出现这种现象的原因是操作风险损失有两种类型（高频低损类型损失和低频高损类型损失），其中上海和北京的操作风险损失记录包括不少高频低损类型损失，将一定程度上稀释该地区单次损失金额均值。

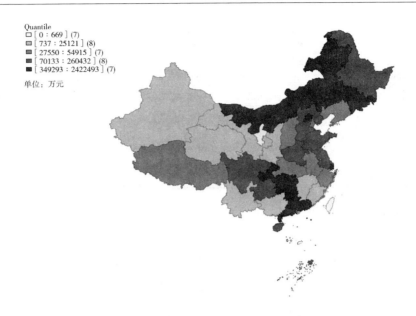

图 4.5   操作风险损失总金额（空间分布）

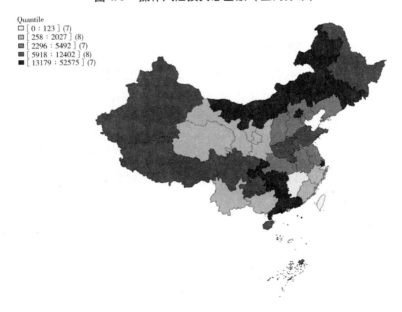

图 4.6   操作风险单次损失金额均值（空间分布）

表4.2   操作风险损失地域特征（前五名和后五名）

损失频率		损失总金额		单次损失金额均值	
前五名	后五名	前五名	后五名	前五名	后五名
北京	青海	北京	广西	吉林	甘肃
上海	新疆	广东	甘肃	广东	青海
广东	西藏	上海	青海	内蒙古	宁夏
河南	甘肃	湖南	江西	重庆	广西
海南	宁夏	吉林	宁夏	湖南	江西

    操作风险按照事件类型划分可以分为七类：内部欺诈；外部欺诈；就业制度和工作场所安全；客户、产品和业务活动；实物资产的损失；信息科技系统；执行、交割与流程管理。本节将对不同事件类型的操作风险损失进行分类统计，研究操作风险损失发生次数、损失总金额和单次损失金额均值在不同事件类型上的分布情况，统计结果如表4.3所示。表4.3结果显示，从损失发生的频率和损失总金额来看，我国商业银行操作风险的一大特点是操作风险损失主要集中在内部欺诈和外部欺诈两种类型，因此欺诈类型损失的监管和防范将成为我国商业银行操作风险管理的重要内容之一。在单次损失金额均值这一指标上，不同事件类型表现相差无几，除了就业制度和工作场所安全（样本量太少），单次损失金额均保持在1亿~2.3亿元水平上。

    与国际银行"约有50%的操作风险事件来自内部欺诈和外部欺诈，其中内部欺诈仅占不到5%"的情况不同，我国操作风险的第一大来源是内部欺诈，其次是外部欺诈。操作风险的发生往往是由于银行存在制度不健全、流程有瑕疵、监督管理不到位等漏洞，总体治理不规范，缺乏对银行从业人员的行为约束，使其有机会利用自己掌握的信息优势为自身寻求利益而损害商业银行的利益，致使内部人员参与未授权交易或是进行盗窃和欺诈行为。因此加强管理，完善制度体系，健全业务流程，特别是加强内部稽核监督力度对于减少操作风险十分有效。需要指出的是，表4.3的结果依赖于本书操作风险外部数据库，上述结论也有可能与数据来源是公开媒体披露有关，媒体为了吸引眼球，侧重报道欺诈事件，尤其是行长贪污、员工挪用公款、内外勾结票据诈骗等新闻，对其他原因如系统或者流程等问题导致的损失缺乏兴趣，也较难获得原始资料。

表 4.3　　　　　　　　　**不同事件类型的操作风险损失**

	损失发生次数/次	损失总金额/亿元	单次损失金额/亿元
内部欺诈事件	830	1281.25	1.49
	(54.68%)	(62.51%)	
外部欺诈事件	376	770.34	1.83
	(24.77%)	(37.59%)	
就业制度和工作场所安全事件	2	1.00	0.50
	(0.13%)	(0.05%)	
客户、产品和业务活动事件	44	88.39	2.01
	(2.90%)	(4.31%)	
实物资产的损失事件	8	18.18	2.27
	(0.53%)	(0.89%)	
信息科技系统事件	52	86.41	1.66
	(3.43%)	(4.22%)	
执行、交割与流程管理事件	179	300.22	1.68
	(11.79%)	(14.65%)	

需要特别指出的一点是，在本章建立的我国操作风险外部数据库中，存在一类特殊的损失，即包含了多种事件类型的损失，在本书中称为"共同冲击事件"，例如，银行内部与外部相互勾结作案给银行造成损失。由于共同冲击事件的存在，在计算所有事件类型的损失发生次数（比重）以及损失金额（比重）的时候，并不能直接将表 4.3 内的数值进行求和得到，而是应该考虑共同冲击事件的发生次数和损失金额。例如，内部欺诈类型损失频率占比 54.68%，外部欺诈类型损失频率占比24.77%，内部欺诈和外部欺诈两种类型占比的总和并不等于 79.45%（54.68% + 24.77%），实际应等于 72.33%。关于共同冲击事件的相关研究，详见本书第 8 章。

商业银行按照层级由上到下进行分类可以分为：总行、分行、支行、分理处以及储蓄所，除此之外还有部分信用社和邮政所。由于数据来源众多，本节对记录了所属银行层级的1518条操作风险损失记录进行了统计分析，实证结果如图4.7所示。结果表明：发生操作风险次数最多的是支行（占比39.00%），其次是分行（占比19.70%）和总行（占比14.89%）；操作风险损失金额最大的总行（占比33.95%）和支行（占比33.75%），其次是分行（占比21.77%）；单次损失金额最大的是总行和邮政所，其中邮政所损失记录较少但包含了三条金额较大的损失记录，分别为13.6亿元、12.68亿元和17.9亿元，直接导致高额的单次损失金额统计结果。

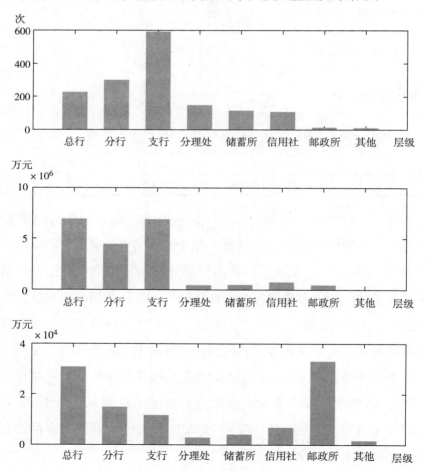

图4.7　不同银行的操作风险损失

4.1.4　中国商业银行操作风险成因分析

从上述对我国操作风险损失进行的统计特征分析可以看出，我国商业银行操作风险呈现出与国际银行所面临的操作风险不同的特性，其中最主要的是操作风险损失的成因不同。经济下滑、新的金融产品的产生对社会融资环境和信用环境有强大的冲击，但是更深层次的原因仍然在于银行内部，银行防范意识松懈、高层管理措施不力、堵截手段落后、监督检查不到位等。本节现从宏观层面与微观层面深入分析操作风险成因，其中主要包括外部环境不良影响与内部管理不善、道德品质败坏与制度不完善等内容。

（1）宏观层面

商业银行固有的脆弱性。不完全信息（信息不对称性）造成了商业银行操作风险的形成。由于我国当前的经济形势和制度现状，各种保证信息对称的法律法规以及完善的制度体系还未完全建立起来，这也为商业银行操作风险的形成埋下祸根。例如，作为理性的"经济人"，地方政府为了实现当地经济的快速增长，利用信息不透明对银行采取信贷倒逼行为，导致低效率的资源配置，在商业银行财务报表上经常反映为不良资产。在早期，由于信贷活动中的操作风险和信用风险最终都表现为大量无法收回的呆账、坏账，但银行及监管机构没有将其进行更深层次的探究和区分，没有认识到操作风险在引发风险的主体、性质、影响范围以及与收益的关系方面都与信用风险存在明显差异。

我国银行业的改革。我国的银行体系改革没有采用"激进式"的改革方式，而是采用摩擦成本较低的"渐进式"改革方式。在此过程中，长期计划经济体制造成的"国有性"痕迹并未完全消除，商业银行对于风险的自我承担意识和责任意识都不是很强烈。在改革初期，商业银行目标不明确，只强调学习先进的管理方法和经验。直至 1985 年，我国商业银行改革工作才全面铺开和实施，并且此时的商业银行改革依然具有国家主导型特征。我国的银行体系从改革之初直至目前，基本上都属于国家在为其自上而下地（top－down）进行量身定做。这种非市场自身引发的改革，是一把"双刃剑"，有积极影响也存在负面效应。此外，我国银行业的改革还表现为新的市场经济战略与旧的计划经济战略惯性并存，已建立的新的经营架构与仍发挥作用的旧的组织观念等新旧相互作用、相互冲撞，造成我国商业银行业务操作处于不稳定状态，从而易引发商业银行操作风险。

（2）微观层面

对操作风险认识的不全面。截至目前，国内商业银行仍将信用风险作为银行所面临的第一大风险，尽管我国商业银行已经逐步实施《巴塞尔资本协议》，在实际银行经营过程中还未对操作风险有深刻了解与研究，导致银行管理人员无法以正确的理念指导实践，只有极少部分商业银行成立专门针对操作风险进行风险控制的部门，总体上看银行操作风险管理仍是不全面、不系统的。此外，从操作风险自身定义上看，诱发风险的因素很多，涉及面广，几乎潜伏在于银行所进行的各项业务活动和经营环节中，并且对于损失识别及防御要求极高，给银行操作风险的管理进一步加深了难度。

风险管理和内控制度不完善。操作风险的管理架构不健全，缺乏专门的操作风险管理部门，并且管理职责不明。操作风险管理效果也不佳，目前我国商业银行对其的管理主要依靠风险管理人员的直觉和经验以及从业员工的自律意识。虽然关于风险管理和内控的制度规范越来越多，责任追究和惩罚力度也在不断加重，但是银行操作风险案件的发生还是没有得到有效控制，反而呈现出单笔风险损失金额越来越大的趋势。究其原因在于我国商业银行在操作风险管理上重视事后管理而轻视事前防范，部分高管被赋予的权利过大且没有相互牵制的制度存在，合规检查和流程规范并未得到有效的执行。通常发生操作风险事件后，银行只是突击检查、查找漏洞、进行整改、处理相关负责人，但制度整改和风险防范的措施往往只是修改或增加现有的管理条款，加人加环节，有制度但却在执行的过程中未按要求操作，如此反复，实质问题却没有得到解决，致使类似事件仍屡次发生。因此，制度约束和流程管理是控制和防范操作风险非常重要的环节。

操作风险管理手段和技术落后。由于我国开始对银行操作风险进行研究的时间较短，大多数商业银行都是以人工控制为主，系统控制为辅，所以在管理手段上一般都倾向于对操作风险损失事件进行事后的定性分析，在事前也只是用自上而下的基本分析方法对操作风险的发生加以防范，缺乏风险敏感性。此外，银行、券商、保险等金融机构之间还未形成共享的操作风险损失事件数据库，也鲜有银行利用高级计量法（AMA）依据银行自身的操作风险损失统计特征和形成动因构建符合自身实际情况的操作风险经济资本量化模型，在对操作风险的定量研究和建模方面还有很大的提升空间。此外，我国商业银行对于结果反馈更多依赖内部审计而忽略外部审计。内部审计一般隶属于省分行管理，所以在向总行或银监会汇报审计结果时往往会保留不利它的结果，不能全面真实地暴露风险。风险评估、计量手段有限，忽视风险缓释工具也是导致操作风险发生的原因。

人员权限界定不明确。从操作风险事件类型角度上看，我国商业操作风险集中爆发于内部欺诈类型和外部欺诈类型。由于我国对经营管理者的激励和考核方式存在制度上的缺陷，有些高层管理人员权限过大，形成监管真空，上级对其业绩考核标准也会产生偏差从而带来不正当激励，从而诱发欺诈事件的发生。由人员因素引起的操作风险主要表现为银行职员违规操作可能给银行带来的损失，主要有两种情况：无意失误和故意作案，其中无意失误是由于能力所限而操作不当酿成失误，主要原因归咎于银行人力资源的素质问题。故意作案则往往是银行员工利用操作权界定不明确进行作案的。由于操作权边界不清，在员工个人收入不变的情况下，员工会滥用廉价的操作权，客观上导致员工不愿意承担责任，甚至为故意作案创造了条件，最终导致人为操作风险事件频发。此外，基层监管者的业务素质不高，从而使得金融创新本来能沿着积极的方向发展，但却沦为银行内外人员进行欺诈、盗窃的工具。

4.2　操作风险经典模型

商业银行操作风险度量的研究重点在于对操作风险资本金进行估计。不同于市场风险和信用风险，操作风险损失的发生通常不是连续的，更类似于一种离散跳跃过程，因此对其进行量化建模时通常需要包括以下两个维度的信息：损失频率和损失强度。借鉴保险精算中年度损失的计算思路，众多学者也采用损失分布法（Loss Distribution Approach，LDA）的基本研究框架，对操作风险的损失频率和损失强度分别进行建模，并在此基础上计算风险资本金。

操作风险损失按照其统计特征可以分为高频低损类型损失（High Frequency and Low Severity，HFLS）和低频高损类型损失（Low Frequency and High Severity，LFHS）。前者通常为日常经营活动中经常发生的操作风险，如人员失误、业务错误以及系统错误等，并不会给商业银行造成巨额损失。后者尽管比较罕见，尤其是对特定的一家银行来说，但是该类事件一旦发生，会给银行造成严重甚至致命的影响。相比于HFLS 类型损失，如何精确刻画 LFHS 类型损失才是操作风险强度建模的关键。在学术界和业界，研究这类"黑天鹅"极端事件分布规律的主流做法是极值理论（Extreme Value Theory，EVT）。极值理论重点关注序列的尾部特征，而不是序列的整体分布情况，利用广义帕累托分布或者广义极值分布来逼近序列分布的尾部。

基于此，下面分别介绍两种操作风险经典风险度量模型：损失分布法（LDA）和极值理论（EVT）以及在操作风险管理中的相关应用。

4.2.1　损失分布法

操作风险量化模型的构建必须契合操作风险自身的特点。许多学者在操作风险建模研究的时候通常会参考借鉴市场风险度量模型。对市场风险进行建模时，通常假设资产价格服从一个连续随机过程，如布朗运动等，若风险展望期为一天，可利用历史日度数据对下一日的市场风险（VaR）进行预测，因此市场风险度量并不包含风险频率概念。跟市场风险有所区别的是，操作风险发生往往服从的是具有离散特征的随机点过程，建模内容包括风险损失频率和损失强度（复合点过程的标值）。根据《巴塞尔资本协议Ⅱ》，将操作风险展望期设定为一年，可通过历史数据对一年内累计的操作风险总损失进行计算。

根据操作风险损失特征，操作风险度量主流的建模方法是损失分布法（LDA）。在操作风险度量中，损失分布法分别对损失频率和损失强度进行建模，其中损失频率衡量的是特定时间内（一般为一年）操作风险损失发生的次数，损失强度指的是一次操作风险事件发生后引发损失的大小。因此，基于经典损失分布法研究框架，对于风险单元 i，操作风险损失发生的过程可以看作一个标值点过程，即

$$L_i(t) = X_{i,1} + X_{i,2} + \cdots + X_{i,N_i(t)} = \sum_{j=1}^{N_i(t)} X_{i,j} \qquad (4-1)$$

其中，$L_i(t)$ 表示风险单元 i 在 $[0,t]$ 内的累计损失额，$N_i(t)$ 表示风险单元 i 在 $[0,t]$ 内损失发生的次数，$X_{i,j}$ 表示风险单元 i 第 j 次损失的金额（强度）。包含了所有风险单元的操作风险累计总损失可以表述为

$$L(t) = L_1(t) + \cdots + L_d(t) = \sum_{i=1}^{d} L_i(t) \qquad (4-2)$$

其中，d 为风险单元总数。

在式（4-1）和式（4-2）的基础上，进一步确定损失频率 N_i 和损失强度 X_i 的分布形态，分别简记为 $N_i \sim F_i^f$ 和 $X_i \sim F_i^s$。需要指出的是，损失分布法暗含了几个假设：损失频率 N_i 与损失强度 X_i 相互独立；同一风险单元内，损失强度 X_i 为独立同分布（IID）。

操作风险累计总损失 L_i 的累计分布函数可以表述为

$$F_{L_i}(l) = P(L_i \leq l) = \begin{cases} \sum_{n=1}^{\infty} P(N_i = n) P\left(\sum_{j=1}^{n} X_{i,j} \leq l\right), l > 0 \\ P(N_i = 0), l = 0 \end{cases}$$

$$(4-3)$$

进一步地，商业银行操作风险年度总损失的风险价值 VaR_i 可以表述为

$$P(L_i > \text{VaR}_\alpha) = 1 - \alpha \qquad (4-4)$$

其中，α 为置信水平。

若要计算式（4-4）中商业银行操作风险年度总损失 VaR，需要得知 L 具体服从分布的信息。由式（4-3）可知，由于累计损失 L_i 服从标值点过程，其分布信息来源于损失频率分布 F_i^f 和损失强度分布 F_i^s 的耦合，较难给出 L_i 分布的解析式。因此本节将考虑采用数值模拟的方法，即蒙特卡洛模拟法，计算获得 L_i 的经验分布。蒙特卡洛模拟法主要思想是通过对标值点过程 L_i 进行数值模拟，获得风险展望期内操作风险累计损失的估计值。若模拟的次数足够多，模拟得到的估计值将会逐渐收敛于真实值，因此通过对标值点过程的多次模拟估计得出操作风险 VaR 的近似解。本节给出损失分布法的蒙特卡洛模拟的配套算法，具体见算法4.1。

算法 4.1　　　　　　　　　　损失分布法的蒙特卡洛模拟

步骤 1. 对于风险单元 i，确定损失频率分布 F_i^f 和损失强度分布 F_i^s；

步骤 2. 产生一个服从 F_i^f 的随机数，简记为 N_i；

步骤 3. 产生 N_i 个服从 F_i^s 的随机数，简记为 $X_{i,j}, j = 1, \cdots, N_i$；

步骤 4. 计算累计损失 $L_i = \sum_{j=1}^{N_i} X_{i,j}$；

步骤 5. 将步骤2至步骤4重复10000次，获得集合 $\{L\}$ 并将其中所有元素按升序排列，使得 $L_{(1)} \leq L_{(2)} \leq \cdots \leq L_{(10000)}$ 并获得年度总累计损失 L 的经验分布；

步骤 6. 计算置信水平为 α 的风险价值 $\text{VaR}_\alpha = \inf\left\{L_{(p)} : \frac{p}{10000} \geq \alpha\right\}$。

4.2.2　极值理论

在操作风险度量和管理中，往往会重点关注"黑天鹅"极端事件的统计规律，尤其是损失强度的分布。这类"黑天鹅"极端事件具有低频高损的特征，因此其损失通常位于损失强度分布的尾部。在以往市场风险研究中，对于具有厚尾特性的损失分布的拟合，尤其是对于分布尾部的拟合，极值理论表现出独有的优势。极值理论由 Fisher 和 Tippett 在 20 世纪 30 年代首次提出[89]。极值理论模型一般包括两类：BMM 模型（Block Maxima Method）和 POT 模型（Peaks Over Threshold）。接下来，将分别介绍 BMM 模型和 POT 模型两类模型的建模思想以及在操作风险度量中的相关应用。

BMM 模型的核心思想是：首先时间序列数据（资产价格序列、操作风险损失序列等）分成若干个样本容量相同的子样本，并提取每个子样本中的极大值组成极值数据样本，在此基础上研究极值数据样本的分布进行建模，极值数据提取方式见图 4.8（图中灰色圆点表示所选的极值样本点）。假设将该极值序列样本的观测值简记为 $\{x\}$，根据 Fisher – Tippett – Gnedenko 定理，极值序列 $\{x\}$ 将近似服从广义极值分布（Generalized Extreme Value Distribution，GEVD），其累积分布函数可以表述为[89,90]

$$F(x) = \begin{cases} \exp\left\{-\left(1 + \xi\dfrac{x-u}{\beta}\right)^{-\frac{1}{\xi}}\right\}, & \xi \neq 0 \\[2mm] \exp\left\{-\exp\left(-\dfrac{x-u}{\beta}\right)\right\}, & \xi = 0 \end{cases} \quad (4-5)$$

其中，u 为位置参数，ξ 为形状参数，β 为尺度参数。相应地，极值序列 $\{x\}$ 的概率密度函数可以表述为

$$f(x) = \begin{cases} \dfrac{1}{\beta}\left(1 + \xi\dfrac{x-u}{\beta}\right)^{-\frac{1}{\xi}-1}\exp\left\{-\left(1 + \xi\dfrac{x-u}{\beta}\right)^{-\frac{1}{\xi}}\right\}, & \xi \neq 0 \\[2mm] \dfrac{1}{\beta}\exp\left(-\dfrac{x-u}{\beta}\right)\exp\left\{-\exp\left(-\dfrac{x-u}{\beta}\right)\right\}, & \xi = 0 \end{cases}$$

$$(4-6)$$

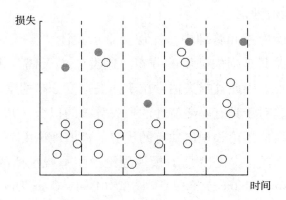

图 4.8　BMM 模型中的极值数据

与 BMM 模型不同，POT 模型通过提取超过某一阈值的观测样本点作为极值序列，极值数据提取方式如图4.9所示（图中灰色圆点表示所选的极值样本点）。

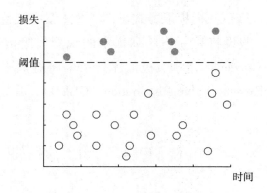

图 4.9　POT 模型中的极值数据

假设将原序列样本观测值简记为 $\{x\}$，其累积分布函数简记为 $F(x)$，则超过阈值 u 的极值序列 $\{x \,|\, x > u\}$ 的条件概率分布函数 $F_u(y)$ 可以表述为

$$F_u(y) = P(X - u \leqslant y \,|\, X > u) \qquad (4-7)$$

根据条件概率公式，可将式（4-7）进一步推导得到

$$F_u(y) = \frac{F(y+u) - F(u)}{1 - F(u)} = \frac{F(x) - F(u)}{1 - F(u)} \qquad (4-8)$$

$$F(x) = F_u(y)[1 - F(u)] + F(u) \qquad (4-9)$$

根据 Pickands – Balkema – de Haan 定理[268,269]，当阈值 u 趋近于足够大时，条件概率分布 $F_u(y)$ 可以近似服从广义帕累托分布（Generalized Pareto Distribution，GPD），其累积分布函数可以表述为

$$\lim_{u \to \infty} \sup | F_u(y) - G_{\xi,\beta}(y) | = 0 \qquad (4-10)$$

$$F_u(y) \approx G_{\xi,\beta}(y) = \begin{cases} 1 - \left(1 + \dfrac{\xi}{\beta}y\right)^{-\frac{1}{\xi}}, & \xi \neq 0 \\ 1 - \exp\left(-\dfrac{y}{\beta}\right), & \xi = 0 \end{cases} \qquad (4-11)$$

其中，u 为位置参数，ξ 为形状参数，β 为尺度参数。相应地，概率密度函数可以表述为

$$f(y) = \begin{cases} \dfrac{1}{\beta}\left(1 + \dfrac{\xi}{\beta}y\right)^{-\frac{1}{\xi}-1}, & \xi \neq 0 \\ \dfrac{1}{\beta}\exp\left(-\dfrac{y}{\beta}\right), & \xi = 0 \end{cases} \qquad (4-12)$$

因此，将式（4-12）代入式（4-9），可得

$$F(x) = \begin{cases} \left[1 - \left(1 + \dfrac{x-u}{\beta}\xi\right)^{-\frac{1}{\xi}}\right]\dfrac{N_u}{n} + \left(1 - \dfrac{N_u}{n}\right), & \xi \neq 0 \\ \left[1 - \exp\left(-\dfrac{x-u}{\beta}\right)\right]\dfrac{N_u}{n} + \left(1 - \dfrac{N_u}{n}\right), & \xi = 0 \end{cases}$$

$$= \begin{cases} 1 - \dfrac{N_u}{n}\left(1 + \dfrac{x-u}{\beta}\xi\right)^{-\frac{1}{\xi}}, & \xi \neq 0 \\ 1 - \dfrac{N_u}{n}\exp\left(-\dfrac{x-u}{\beta}\right), & \xi = 0 \end{cases} \qquad (4-13)$$

其中，N_u 为超过阈值 u 的样本观测值个数。

进一步地，由式（4-13）推出置信水平 α 的分位数即 VaR$_\alpha$ 表达式：

$$\text{VaR}_\alpha = \begin{cases} u + \dfrac{\beta}{\xi}\Big[\Big(\dfrac{n}{N_u}(1-\alpha)\Big)^{-\xi}-1\Big], \xi \neq 0 \\ u - \beta\ln\Big[\dfrac{n}{N_u}(1-\alpha)\Big], \xi = 0 \end{cases} \qquad (4-14)$$

通常操作风险损失分布具有厚尾特征，在 GPD 分布中形状参数 ξ 决定了分布的形态，即尾部的厚尾程度。图 4.10 和图 4.11 分别展示了不同形状参数 ξ 取值下的 GPD 分布的累积分布函数和概率密度函数，其中控制位置参数 $u = 0$ 和尺度参数 $\beta = 1$。从图 4.10 和图 4.11 中可知：形状参数 ξ 越大，分布尾部越厚；当 $\xi > 0$ 时，GPD 分布具有厚尾特征；当 $\xi < 0$ 时，GPD 分布具有轻尾特征；当 $\xi = 0$，此时 GPD 分布将退化为指数分布。

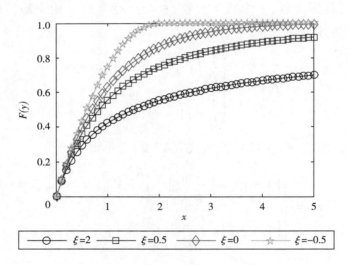

图 4.10 不同形状参数下的 GPD 累积分布函数

在 POT 模型中，形状参数 ξ 和尺度参数 β 通过极大似然方法（MLE）估计。此外，阈值 u 如何选择十分重要，这直接关乎形状参数 ξ 和尺度参数 β 能否准确估计。若阈值 u 选得过大，超过阈值 u 的极值序列样本量过少，导致 POT 模型的形状参数 ξ 和尺度参数 β 估计方差过大；若阈值 u 选得过小，超过阈值 u 的极值序列并不会收敛至 GPD 分

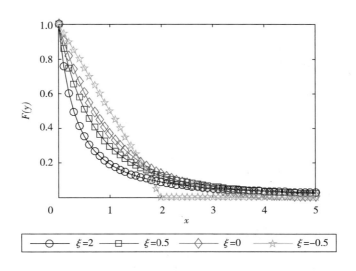

图 4.11　不同形状参数下的 GPD 概率密度函数

布，估计有偏。在极值理论中，估计阈值的常用方法为超额均值函数法（Mean Excess Function，MEF）。假设有随机变量 X，超额均值函数 $MEF(u)$ 可以表述为

$$MEF(u) = E(X - u \mid X > u) = \frac{\sum_{i=1}^{n} (X_i - u)_{\{X_i > u\}}}{\sum_{i=1}^{n} 1_{\{X_i > u\}}} \quad (4-15)$$

对于 GPD 分布来说，式（4-15）可以推导为

$$MEF(u) = \frac{\beta}{1-\xi} + \frac{\xi}{1-\xi}u \quad (4-16)$$

由式（4-16）可知，GPD 分布对应的超额均值函数 $MEF(u)$ 应该近似等于关于阈值 u 的斜率为 $\xi/(1-\xi)$ 的线性函数。当 $\xi > 0$ 时，超额均值函数图向上倾斜，此时 X 服从厚尾分布；当 $\xi = 0$，超额均值函数图为水平直线，此时 X 服从指数分布；当 $\xi < 0$，超额均值函数图向下倾斜，此时 X 服从轻尾分布。需要特别指出的是，这里默认 $\xi < 1$，因为当 $\xi > 1$ 时，服从 GPD 分布的随机变量 X 的一阶矩不存在，无法计算超额均值函数。基于上述性质，将超额均值函数开始趋于线性的转折点

作为阈值 u 。

最后，本节将介绍 GPD 分布的拟合优度检验方法。根据 Davison[270]，本书将采用 W 统计量对于风险损失数据进行残差检验以考察 GPD 分布的拟合效果：

$$W_i = \frac{1}{\xi}\ln\left[1 - \xi\frac{x_i - u}{\beta + \xi(x_i - u)}\right] \tag{4 - 17}$$

若超阈值数据 $x_i - u$ 服从 GPD 分布，那么残差 W_i 应服从单位指数分布。实证部分拟采用 Q – Q 图对超阈值数据的 GPD 分布拟合效果进行检验。

4.3　实证结果与分析

本节实证部分将依托课题组收集的中国商业银行操作风险外部数据库，采用上述两种在操作风险度量中最常见的建模方法（损失分布法和极值理论中的 POT 模型），构建 POT – LDA 模型对中国商业银行操作风险进行度量。本节实证部分并未对操作风险损失的业务条线/事件类型进行区分，也未考虑风险单元之间潜在的相关性关系。

本节实证部分采用的操作风险数据来源于课题组收集构建的中国商业银行操作风险外部数据库（见4.1节）。表4.4给出了中国商业银行操作风险损失的描述性统计，由此可知，不区分风险单元的情况下，每发生一次操作风险事件平均可以引发的损失为1.4亿元，损失金额最大的一次高达100亿元。图4.12给出了操作风险损失强度经验分布，从分布的形态上看，具有尖峰厚尾特征：表4.4中偏度显著大于0，说明损失强度分布具有右偏特征，即分布右侧尾部存在较多的极端值；表4.4中峰度显著大于3，说明损失强度分布跟标准正态分布相比更为陡峭，说明分布的中部存在大量损失金额较小的观测值。上述分布形态证明了操作风险损失确实存在两种类型：低频高损类型损失（LFHS，导致厚尾）和高频低损类型损失（HFLS，导致尖峰）。

表 4.4　　　　　　　中国商业银行操作风险损失描述性统计

	均值/亿元	标准差	最大值/亿元	最小值/万元	偏度	峰度
统计值	1.4	60694	100	10	9.4299	112.1714

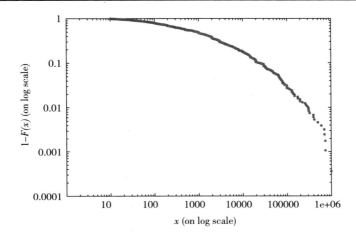

图 4.12　损失强度经验分布

　　在操作风险度量中，学者和从业人员更关注的是低频高损类型损失，即"黑天鹅"极端事件，因为高频低损类型损失尽管在银行经营过程中发生频繁，但并不会给银行带来很严重或者致命的损失。因此，在本节的 POT – LDA 模型只关注操作风险低频高损类型损失的统计规律。在 POT – LDA 模型中，首先将采用超额均值函数（MEF）确定阈值，损失金额超过阈值的操作风险损失记录被认定为 LFHS 类型损失；在 LDA 研究框架下，分别对 LFHS 类型损失发生的频率和损失强度进行建模，根据 POT 模型的假设条件，LFHS 类型损失发生的频率将服从泊松分布，LFHS 类型损失的强度服从广义帕累托分布（GPD），分别记为 $N \sim Poisson(\lambda)$ 和 $X \sim GPD(\xi,\beta,u)$。在 POT – LDA 模型中，除了阈值 u，其他参数 λ, ξ, β 均采用极大似然方法进行估计。

　　图 4.13 展示的是超额均值函数图，选取曲线转折点作为阈值。可以发现，操作风险超额均值函数曲线在阈值 $u = 15000$ 处发生转折，并

且在 $u = 15000$ 后近似呈现线性关系。因此，阈值选取 $u = 15000$ 具有一定的合理性。在阈值选取的基础上，对操作风险外部数据库损失记录进行识别，提取出损失金额超过阈值 $u = 15000$ 的损失记录组成 LFHS 类型损失数据样本。

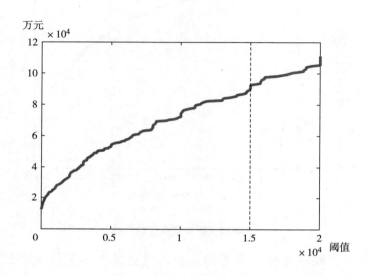

图 4.13　超额均值函数

在阈值选取的基础上，本节采用极大似然方法对 POT – LDA 模型的剩余参数进行估计，估计结果如表 4.5 所示。为了检验 GPD 分布对于 LFHS 类型损失强度的拟合效果，本节根据式（4 – 17）计算 W 统计量，并通过 Q – Q 图检验其是否满足单位指数分布，检验结果如图 4.14 所示。结果显示，GPD 分布对应的 W 统计量近似服从单位指数分布，说明 GPD 分布对于 LFHS 类型损失强度拟合效果较好。

表 4.5　　　　　　　　**POT – LDA 模型参数估计结果**

损失强度（GPD 分布）			损失频率（泊松分布）
阈值 u	形状参数 ξ	尺度参数 β	泊松强度 λ
15000	0.7244	30950	9.0476

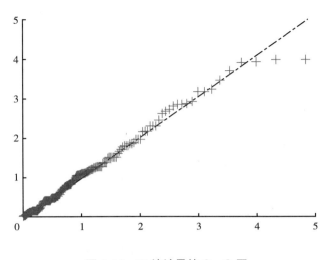

图 4.14　W 统计量的 Q - Q 图

在对 POT - LDA 模型的相关参数进行估计后，以在险值 VaR 为例，本节将对操作风险资本进行测算。通过对操作风险损失数据的研究，可以发现操作风险损失是损失频率与损失强度的耦合，不能照搬市场风险度量方法采用式（4 - 14）直接计算 VaR。由于给出 POT - LDA 模型的 VaR 解析式存在困难，本节根据算法 4.1 采用蒙特卡洛模拟方法对风险展望期内操作风险损失情景进行仿真模拟，并对不同置信水平下的 VaR 值进行测算，测算结果如表 4.6 和图 4.15 所示。实证结果显示，随着置信水平的提高，VaR 呈加速上升的趋势，尤其是置信水平达到 99% 以上时，VaR 提高趋势十分显著。在操作风险度量时，若将置信水平定得过低可能会造成风险低估，因此《巴塞尔资本协议 Ⅱ》将置信水平定为 99.9% 是合理的。由表 4.6 可知，在 99.9% 的置信水平下，风险资本 VaR 等于 1496.07 亿元。

表 4.6　　　　　　　　　　不同置信水平下的 VaR

	置信水平				
	0.9	0.95	0.99	0.995	0.999
VaR/亿元	153.71	197.47	384.57	534.47	1496.07

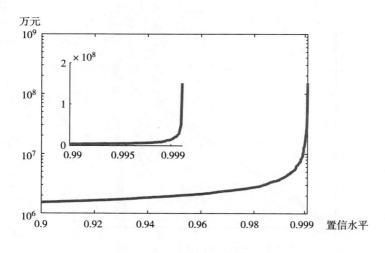

图 4.15　POT – LDA 模型的 VaR

在操作风险度量，LFHS 类型损失强度分布形态的捕捉对于操作风险总资本 VaR 计算是十分关键的。损失强度的分布形态不同，尤其是 GPD 分布的形状参数 ξ 不同，很可能会导致 VaR 发生变化。借鉴《巴塞尔资本协议Ⅱ》，以置信水平为 99.9% 的 VaR 为例，本节探究风险资本 VaR 对 GPD 分布形状参数 ξ 的敏感程度，即鲁棒性检验。图 4.16 为关于形状参数 ξ 的鲁棒性检验结果，其中图中实线表示随着形状参数 ξ 的提高以置信水平为 99.9% 的 VaR 的变化趋势（点估计），虚线表示不同形状参数 ξ 取值下的 VaR 的 95% 置信区间估计。实证结果表明：在形状参数合理取值范围内（$0 \leqslant \xi \leqslant 1$），形状参数 ξ 越高，损失强度分布的尾部越厚，以置信水平为 99.9% 的风险资本 VaR 呈现出加速上升的趋势；当形状参数 ξ 趋近于 1 时，此时风险资本 VaR 呈指数上升的趋势（见图 4.16 子图）；若采用风险资本 VaR 的 95% 置信区间宽度作为衡量 VaR 估计稳健性的标准，可以看出随着损失强度厚尾程度的提高，VaR 估计方差显著上升，说明 VaR 的估计精度下降，因此对于厚尾分布来说，提升 VaR 估计的稳健性是十分重要的，例如增加蒙特卡洛模拟方法中的模拟次数等。

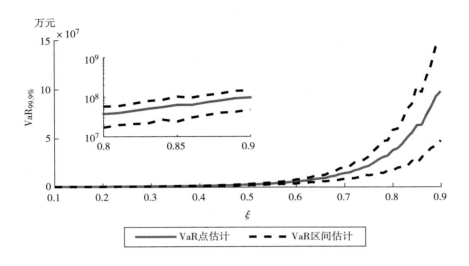

图 4.16　关于形状参数的鲁棒性检验

4.4　本章小结

近年来，操作风险已逐渐成为商业银行风险管理的热点问题，国内商业银行也开始开展对于商业银行操作风险的量化建模研究。鉴于操作风险量化研究有效性十分依赖数据，若要实现对特定银行的操作风险量化研究，其首要工作便是收集该银行足够的、可靠的、有效的操作风险内部损失数据。由于国内银行操作风险研究起步较晚以及出于商业银行声誉的考虑，对操作风险损失事件的记录和相关数据收集工作并不完善，也未建立起系统的商业银行操作风险内部损失数据库，距离量化建模的数据充足要求还存在很大的差距。这也导致基于内部损失数据的操作风险量化研究和风险度量工作缺乏数据支持，无法确保相应研究成果的科学性和准确性。

基于操作风险度量过程内部数据不足的问题，本书结合中国人民银行网站、银监会网站、国内几大门户网站的财经新闻专栏和法院案例及其他相关期刊论文或学位论文中所披露和整理的我国商业银行操作风险案例，获取了时间跨度从 1994 年至 2014 年发生的操作风险损失事件共 1518 起，并对损失事件相关信息进行记录（包括损失发生时间及地点、涉案银行、损失金额、所属的风险事件类型和业务条线、涉案人员职位以及所属部门和相关具体案情描述等内容），构建形成中国商业银行操作风险外部数据库。在商业银行操作风险外部数据库构建的基础上，进一步对收集到的操作风险损失数据从多个维度进行特征分析，最大限度地还原中国商业银行操作风险发展现状。实证结果表明：①从时间尺度分布来看，损失频率、总累计损失和单次损失强度都具有显著的波动性，并且总累计损失和单次损失强度的时间尺度分布形态上更为相似，从侧面证明了操作风险中低频高损类型的"黑天鹅"事件才是研究的重点。②从空间地域分布来看，操作风险损失主要集中在东部地区和中部地区，尤其是北京、上海、广东等发达地区，经济发展程度越高的地区越有可能引发操作风险损失。③从损失事件类型分布来看，我国商业银行操作风险主要集中在欺诈类型损失，包括内部欺诈和外部欺诈。④从操作风险损失发生位于银行的层级分布来看，操作风险损失发生次数最多的是支行，损失总金额最大的是总行。

根据操作风险损失所具有的特征，包括损失发生服从具有离散性质的随机点过程、损失强度分布具有厚尾特性等，需要开发出契合上述特征的操作风险度量模型。本章介绍了操作风险度量和管理中最常见的两种方法——损失分布法（LDA）和极值理论（EVT），并对其在操作风险度量中的应用做了说明。在实证部分，本书将上述两种方法进行结合，构建 POT-LDA 操作风险度量模型，利用 MEF 函数确定阈值来识别 LFHS 类型损失，采用极大似然法对模型剩余参数进行估计，在此基础上对不同置信水平下的 VaR 风险测度进行计算，并对 VaR 关于 GPD 形状参数变化的敏感程度进行鲁棒性检验。实证结果表明：①POT-LDA 模型既能契合操作风险损失服从离散的随机点过程的特征，又能够捕捉操作风险损失强度分布具有的"厚尾"性质。②POT-LDA 模型测算所得的风险资本 VaR 随着置信水平的提高呈现出加速上升的趋势，尤其是置信水平大于 99% 时，加速上升趋势更加明显。
③POT – GPD模型中的形状参数 ξ 对于风险资本 VaR 影响较大，损失强度分布厚尾程度越明显，风险资本 VaR 也呈现出加速上升的趋势；尤其当形状参数 ξ 趋近于 1 时（当 $\xi > 1$ 时一阶矩不存在），风险资本 VaR 呈现出指数爆发的趋势；随着损失强度分布厚尾程度的提升，风险资本 VaR 估计的方差也越来越大，估计的精度有下降的趋势。

需要指出的是，本章实证部分并未对操作风险损失所属的业务条线/事件类型进行区分，也未考虑风险单元之间潜在的相关性关系。本书将在第 6 章 ~ 第 8 章中重点介绍风险单元之间相关性结构的构造方法以及在操作风险度量中的应用。

第5章 基于非参数方法的
操作风险度量

5.1 引言

作为抵御操作风险损失的最后一道防线，操作风险资本度量（测算）在商业银行操作风险管理中是至关重要的。根据操作风险损失统计特征，风险损失可以分为高频低损类型（HFLS）和低频高损类型（LFHS）两种，其中后者对于商业银行经营产生深远的影响。该类 LFHS 类型风险事件对于单一银行来说发生频率较小，发生数量较少，常被称为"黑天鹅"事件。但"黑天鹅"事件一旦发生，将对银行产生严重甚至是致命的影响，譬如巴林银行倒闭、"9·11"事件、中国农业银行北京分行"票据案"事件等，因此该类"黑天鹅"事件是操作风险损失强度研究的重点。由于 LFHS 类型风险损失的存在，操作风险的损失强度分布常常表现出厚尾性特征，如何精确地刻画厚尾分布，尤其是刻画分布的尾部特征是精确测算操作风险资本的关键。

在商业银行操作风险度量中，特别是针对操作风险损失强度，多数学者采用各种含参数的量化模型或者不同形态的概率分布去拟合操作风险的损失数据，据此基础上进行操作风险度量工作。鉴于操作风险损失具有右偏厚尾统计特征，许多研究将极值理论（EVT）运用于操作风险损失尾部度量。极值理论（EVT）只关注分布的尾部，而不研究整体

分布的形态，利用广义帕累托分布或者广义极值分布拟合尾部分布。在
操作风险度量中，主流做法是根据操作风险损失厚尾特征，给出恰当的
概率分布形式，并在此基础上估计模型（分布）参数以及计算高置信
水平下的操作风险 VaR。根据 Dutta 和 Perry 的研究结果，在 EVT 基础
上利用不同参数量化模型拟合损失数据，模型设定的不同导致风险资
本估计值有较大的差异[271]。为了减小由模型（分布）设定带来的估计
偏差，本章提出一种非参数方法描述厚尾分布特征，且不必预先假设损
失分布形式，以计算获得更准确的损失尾部 VaR。

因此，本章没有采用主流的 EVT 模型和损失强度概率分布模型相
结合的做法，而是提出了一种适合厚尾分布估计的非参数方法，计算高
置信水平下的操作风险 VaR 并做了一定程度的改善：引入了三种操作
风险 VaR 区间估计方法，实现了稳健的高置信水平下的分位数预测。
具体做法为：首先，利用基于 Hill 指数的加权最小二乘法确定阈值大
小，并介绍了尾部指数和右偏态厚尾分布总体均值的估计方法；其次，
在此基础上给出了在特定置信水平下厚尾分布分位数（VaR）的点估计
方法；最后，引入在对应置信水平下的 VaR 置信区间（Confidence In-
terval，CI）的三种估计方法，分别为：①正态近似法（Normal Approxi-
mation Method，NA）；②经验似然法（Empirical Likelihood Method，EL）；
③数据倾斜法（Data Tilting Method，DT）。

5.2　研究方法

5.2.1　基于 Hill 指数的阈值确定方法

假设 $X_1,\cdots,X_n$ 是 n 个满足独立同分布（IID）的随机变量，服从某
一厚尾分布。将其按升序排列，记为次序统计量 $X_{n,1} \leqslant X_{n,2} \leqslant \cdots \leqslant X_{n,n}$，其中 $X_{n,i}$ 为按升序排列的第 i 个元素。若选定 $X_{n,n-k+1}$ 为阈值，即
$u_n = X_{n,n-k+1}$，则在阈值 u_n 以上（包含阈值 u_n）存在 k 个极端观测值
$X_{n,i}(i = n - k + 1,\cdots,n)$。根据上述 k 个极端观测值 $X_{n,i}$，Hill 指数可定

义为[136]

$$\gamma_k = \gamma(k) = \frac{1}{k}\sum_{i=1}^{k}\ln(X_{n,n-i+1}) - \ln(X_{n,n-k}) \qquad (5-1)$$

进一步地，令尾部指数 $\alpha_k = 1/\gamma_k$，并将其估计值记为 $\hat{\alpha}_k$。

该方法的主要思想是：如果随机变量服从帕累托分布（Pareto Distribution），那么它取自然对数所得到的新变量将会服从参数为尾部指数 α_k 的指数分布。Haeusler 和 Teugels[272] 和 Beirlant 等[95] 假设 Hill 指数估计量服从渐近正态分布。Hill 指数估计的准确性取决于以下两个因素：样本容量 n 和尾部长度 k。

Hill 指数的一般做法是先确定最佳的 k 值，再根据式（5-1）得出 Hill 指数，但是 k 值的确定是非常困难的。为了改进传统 Hill 指数的估计水平，Huisman 等提出了一种修正 Hill 指数估计方法，其实质是：改进的 Hill 指数估计量是由不同 k 值确定的传统 Hill 指数估计量的加权平均[137]。首先设定以下模型：

$$\gamma(k) = \beta_0 + \beta_1 k + \varepsilon(k) \qquad (5-2)$$

其中，$k = 1,2,\cdots,n/2$。由式（5-1）可得到的不同 k 值对应的 $\gamma(k)$ 值，将其代入式（5-2）可估计出式中的参数。根据 $\gamma(k)$ 的性质，当且仅当 k 趋近于 0 的时候，Hill 指数估计量 $\gamma(k)$ 是无偏的。基于此性质，式（5-2）中被估计得到的 β_0 是 Hill 指数的一个无偏估计。但是由最小二乘法估计得到的 Hill 指数不具有有效性。其原因是：①对于不同的 k，$\gamma(k)$ 的方差并不是常量，因此，式（5-2）的误差项具有异方差性；②由于在 $\gamma(k)$ 的构建过程中存在数据重叠的问题，即 $\gamma(k)$ 和 $\gamma(m)$ 中共有 $1 + \min(k,m)$ 个公共数据，两者的协方差可能不为零。为了解决这个问题，Huisman[137] 等提出利用加权最小二乘法估计式（5-2）中的参数 β_0。将式（5-2）乘以权重 $\omega(k)$，得

$$\gamma(k)\omega(k) = \beta_0^{wls}\omega(k) + \beta_1^{wls}k\omega(k) + \mu(k) \qquad (5-3)$$

式（5-3）中的 $\omega(k)$ 为向量 $\boldsymbol{W} = (\sqrt{1},\sqrt{2},\cdots,\sqrt{k})$ 中的元素，其中 $\mu(k) = $

$\varepsilon(k)\omega(k)$。β_0^{wls} 为 Hill 指数的加权平均估计量,其是无偏和有效的。

由式(5 - 3)得到 β_0^{wls} 估计值,然后寻找 k 使得 β_0^{wls} 与式(5 - 1)定义的 γ_k 值距离最小,以此获取最佳的 k 值,从而得到阈值 u_n。本书实证部分中将会采用超额均值函数法(MEF)来检验 k 的拟合优度。

5.2.2 厚尾分布总体均值的估计方法

为了对总体均值进行估计,假设 $X_1, \cdots, X_n$ 是满足独立同分布 F 的随机变量,分布函数 F 的尾部具有某种规律变化特性,并且尾部指数 $\alpha > 1$。F 满足式(5 - 4):

$$\lim_{t \to \infty} \frac{1 - F(tx) + F(-tx)}{1 - F(t) + F(-t)} = x^{-\alpha}, x > 0$$

$$\lim_{t \to \infty} \frac{1 - F(t)}{1 - F(t) + F(-t)} = p, p \in [0, 1]$$

(5 - 4)

其中,$\alpha = 1/\gamma$ 且 γ 是由式(5 - 1)定义的。当 $1 < \alpha < 2$ 时,F 在稳定律的吸引域中;当 $\alpha > 2$ 时,F 在正态分布的吸引域中。为了获得具有一致性的总体均值估计量,本章采用 Peng 的方法,将总体均值 $E(X)$ 拆分成两个部分并表示为[273]

$$E(X) = \int_0^1 F^-(u) du = \int_0^{1-k/n} F^-(u) du + \int_{1-k/n}^1 F^-(u) du := \mu_n^{(1)} + \mu_n^{(2)}$$

(5 - 5)

其中,$F^-(s) := \inf\{x : F(x) \geq s\}, 0 < s < 1$,表示 F 的反函数;k 表示最右尾部极端观测值的数量,由 5.2.1 求得。调整后的总体均值估计量为

$$\hat{\mu}_{adj} = \mu_n^{(1)} + \mu_n^{(2)}$$

(5 - 6)

这里,$\mu_n^{(1)}$ 和 $\mu_n^{(2)}$ 被分开进行估计:第一部分 $\mu_n^{(1)}$ 是整个分布的主体部分(除去右端尾部 k 个极端观测值)观测值的简单算术平均值

$$\mu_n^{(1)} = \frac{1}{n-k} \sum_{i=1}^{n-k} X_{n,i}$$

(5 - 7)

第二部分 $\mu_n^{(2)}$ 是基于极值理论(EVT)利用 k 个极端观测值所得到的均值估计:

$$\mu_n^{(2)} = \frac{k}{n} X_{n,n-k+1} \frac{\hat{\alpha}_k}{\hat{\alpha}_k - 1} \qquad (5-8)$$

5.2.3　厚尾分布 VaR 的点估计方法

$X_1, X_2, \cdots, X_n$ 为来自总体 X 的满足独立同分布 F 条件的观测值，将其按升序排列，$X_{n,1} \leqslant \cdots \leqslant X_{n,n}$ 为次序统计量。分布函数 F 满足式（5-9）：

$$1 - F(x) = cx^{-\alpha}, x > X_{n,n-k} \qquad (5-9)$$

在式（5-9）中，α 为尾部指数，$X_{n,n-k}$ 则是确定的阈值，最佳的 k 值由 5.2.1 节提出的方法估计。α 的估计值 $\hat{\alpha}$ 由 Hill 指数加权平均估计量估计得到，$\hat{c}$ 是通过公式 $\hat{c}_k = (k/n) X_{n,n-k}^{\hat{\alpha}}$ 得到。本章将 x_p 定义为 $(1-p)$ 水平上的分位数估计量，如 $p_n = 0.001$，则 x_p 为 99.9% 的分位数估计值（$VaR_{99.9\%}$）。厚尾分布 VaR 的点估计为

$$\hat{x}_p = \left(\frac{p_n}{\hat{c}} \right)^{-\frac{1}{\hat{\alpha}}} \qquad (5-10)$$

利用式（5-10）可得到右偏态厚尾分布的 VaR。接下来，本章用极大似然法对 VaR 进行区间估计。

5.2.4　厚尾分布 VaR 的区间估计方法

在估计右偏态厚尾分布的 VaR 时，所利用的仅仅是阈值以上的一小部分极端观测值。因此，尾部长度 k 的大小决定了分位数 VaR 估计值的准确性，而 k 值可由 5.2.1 节介绍的 Hill 指数的加权平均估计量确定。为了进一步获取 VaR 的估计范围，需要求出其置信区间。关于 VaR 的置信区间估计方法，主要有三种：①正态近似法（Normal Approximation Method，NA）；②经验似然法（Empirical Likelihood Method，EL）；③数据倾斜法（Data Tilting Method，DT）。

为了介绍上述三种置信区间构建的方法，首先假设 $p_n \in (0,1)$，则 F 的 $100(1-p_n)\%$ 分位数（VaR）为

$$\hat{x}_p = (1 - F)^-(p_n) \qquad (5-11)$$

其中，$(.)^-$代表$(.)$的反函数。似然函数可以表述为

$$L(\alpha,c) = \prod_{i=1}^{n} \left(c\alpha X_i^{-\alpha-1} \right)^{\delta_i} \left(1 - cX_{n,n-k}^{-\alpha} \right)^{1-\delta_i} \qquad (5-12)$$

其中，$\delta_i = I(X_i > X_{n,n-k})$，$I$ 为取值为 1 或 0 的指示函数。

通过将式（5-12）所示的似然函数最大化获得极大似然估计值 c 和 α。接下来将会着重讨论 VaR 的置信区间构建的几种方法。

5.2.4.1　正态近似法

首先讨论的是构建 VaR 置信区间的正态近似法（NA）。根据 Peng 和 Qi 提出的定理 1[274]，可以得到

$$\frac{\hat{\alpha}\sqrt{k}}{\ln(k/np_n)}\ln\frac{\hat{x}_p}{x_p} \xrightarrow{d} N(0,1) \qquad (5-13)$$

因此，x_p 的 $100(1-a)\%$ 水平下的置信区间是

$$I_a^{NA} = \left(\hat{x}_p\exp\left\{ -z_a\ln\left(\frac{k}{np_n}\right)\Big/(\hat{\alpha}\sqrt{k}) \right\}, \hat{x}_p\exp\left\{ z_a\ln\left(\frac{k}{np_n}\right)\Big/(\hat{\alpha}\sqrt{k}) \right\} \right)$$

$$(5-14)$$

其中，$P(|N(0,1)| \leqslant z_a) = a$，NA 法具体证明详见 Peng 和 Qi[274]。由式（5-14）可得到 VaR 的区间估计。根据 Peng 和 Qi[274]，NA 得到的区间估计随着 n 趋近于 ∞ 变得更加准确，即当样本容量 n 不够大时，NA 得到的区间估计效果并不好。

5.2.4.2　经验似然法

本节介绍另一种置信区间建立方法：经验似然法（EL）。经验似然法是针对求未知分布的高分位数（VaR）的区间估计的一种较为灵活的非参数方法。该方法主要思路是针对未知分布 F 的参数 $\theta(F)$，建立经验似然比统计量，近似服从自由度为 1 的卡方分布。经验似然法（EL）结合了似然法的有效性和对厚尾分布的偏度的估计。下面给出对经验似然法的具体描述：

首先，$\hat{\alpha}$ 和 $\hat{c}$ 代表的是参数 α 和 c 极大似然估计量，这里给出相应的极大对数似然函数：

$$l_1 = \max_{\alpha>0,c>0} \ln L(\alpha,c) = \ln L(\hat{\alpha},\hat{c}) \tag{5-15}$$

其中，最大化 $\ln(\alpha,c)$ 会满足以下几个条件：$\alpha > 0, c > 0$，并且

$$\alpha \ln x_p + \ln\left(\frac{p_n}{c}\right) = 0 \tag{5-16}$$

这里，式（4-16）显然容易由 $p_n = 1 - F(x_p) = cx_p^{-\alpha}$ 推导得到。

$l_2(x_p)$ 代表相对应的对数似然函数。这里有 $p_n = 0.001$，则相应的 x_p 代表的是厚尾分布的99.9%水平下的分位数（$VaR_{99.9\%}$）。所以，得

$$l_2(x_p) = \ln L(\overline{\alpha},\overline{c}) \tag{5-17}$$

其中，$\overline{\alpha}$ 和 $\overline{c}$ 由式（5-18）、式（5-19）求出

$$\overline{\alpha}(\lambda) = \frac{k}{\sum_{i=1}^{k}(\ln X_{n,n-i+1} - \ln X_{n,n-k}) + \lambda \ln X_{n,n-k} - \lambda \ln X_p} \tag{5-18}$$

$$\overline{c}(\lambda) = X_{n,n-k}^{\overline{\alpha}(\lambda)} \frac{k-\lambda}{n-\lambda} \tag{5-19}$$

此时，λ 满足以下两个条件：

$$\overline{\alpha}(\lambda)\ln x_p + \ln\left(\frac{p_n}{\overline{c}(\lambda)}\right) = 0 \tag{5-20}$$

$$\overline{\alpha}(\lambda) > 0, \lambda < k \tag{5-21}$$

因此，将似然比率乘以 -2 得到一个新的变量

$$l(x_p) = -2[l_2(x_p) - l_1] \tag{5-22}$$

Peng 和 Qi 已证明 $l(x_p)$ 当确定的分位数 $x_{p,0}$ 时服从自由度为1的 χ^2 分布[274]。即 $l(x_p) \xrightarrow{d} \chi^2_{(1)}$，则 $100(1-a)\%$ 置信水平下的 x_p 的置信区间为 $I_a^{EL} = \{x_p : l(x_p) \le \mu_a\}$，其中 μ_a 是 $\chi^2_{(1)}$ 分布 a 显著性水平上的临界点，由此可以求出一定置信水平下的 VaR 置信区间。

5.2.4.3 数据倾斜法

本节将重点介绍的数据倾斜法（DT）是经验似然法（EL）的加权形式，因此也可称作加权经验似然法。相比于5.2.4.2节介绍的经验似然法，该方法最大的优点是分配较小的权重给损失分布的主体部分

（非尾部），能够将更多的权重分配给损失分布的尾部，也就是本节重点研究的部分。本节将各部分权重表示为：$q = (q_1, \cdots, q_n)$，其中 q 满足两个条件（$q_i \geqslant 0$ 和 $\sum_{i=1}^{n} q_i = 1$）。然后本节引入极大似然函数：

$$\left[\hat{\alpha}(q), \hat{c}(q) \right] = \arg\max_{(\alpha,c)} \ln \left[\left(c\alpha X_i^{-\alpha-1} \right)^{\delta_i} \left(1 - cX_{n,n-k}^{-\alpha} \right)^{1-\delta_i} \right]$$

$$(5-23)$$

由式（5-23）的极大似然函数便可以得到函数的两个参数的计算公式，即

$$\hat{\alpha}(q) = \frac{\sum_{i=1}^{n} q_i \delta_i}{\sum_{i=1}^{n} q_i \delta_i (\ln X_i - \ln X_{n,n-k})} \qquad (5-24)$$

$$\hat{c}(q) = X_{n,n-k}^{\hat{\alpha}(q)} \sum_{i=1}^{n} q_i \delta_i \qquad (5-25)$$

然后，本节将定义一个新的函数 $D_p(q)$，用以计算 q 与统一的均值 q_i 的差值，其中 $q_i = \dfrac{1}{n}$：

$$D_p(q) = \begin{cases} \dfrac{1}{p(1-p)} \Big(1 - \dfrac{1}{n} \sum_{i=1}^{n} (nq_i)^p \Big), & \text{if } p \neq 0,1 \\[2mm] -\dfrac{1}{n} \sum_{i=1}^{n} \ln(nq_i), & \text{if } p = 0 \\[2mm] \sum_{i=1}^{n} q_i \ln(nq_i), & \text{if } p = 1 \end{cases} \qquad (5-26)$$

本节要将新定义的函数 $D_p(q)$ 最小化，并且满足以下 3 个约束条件：$q_i \geqslant 0$ 和 $\sum_{i=1}^{n} q_i = 1$，以及

$$\hat{\alpha}(q) \ln \frac{x_p}{X_{n,n-k}} = \ln \frac{\sum_{i=1}^{n} q_i \delta_i}{pn} \qquad (5-27)$$

将新定义的函数 $D_p(q)$ 最小化即符合一个新的等式 $(2n)^{-1} L(x_p) = \min_q D_p(q)$，得

$$A_1(\lambda_1) = 1 - \frac{n-k}{n}e^{-1-\lambda_1} \tag{5-28}$$

$$A_2(\lambda_1) = A(\lambda_1)\frac{\ln(x_p/X_{n,n-k})}{\ln[A_1(\lambda_1)/p_n]} \tag{5-29}$$

然后通过拉格朗日乘数法，有

$$q_i = q_i(\lambda_1,\lambda_2) = \begin{cases} \frac{1}{n}e^{-1-\lambda_1}, \text{if } \delta_i = 0 \\ \frac{1}{n}e^{-1-\lambda_1+\lambda_2\left(\frac{\ln(x_p/X_{n,n-k})}{A_2(\lambda_1)}-\frac{1}{A_1(\lambda_1)}-\frac{A_1(\lambda_1)\ln(X_i/X_{n,n-k})\ln(x_p/X_{n,n-k})}{A_2^2(\lambda_1)}\right)}, \text{if } \delta_i = 1 \end{cases} \tag{5-30}$$

同时，λ_1 和 λ_2 需要服从以下条件：$\sum\limits_{i=1}^{n}q_i = 1$ 和

$$\hat{\alpha}(q)\ln\frac{x_p}{X_{n,n-k}} = \ln\frac{\sum\limits_{i=1}^{n}q_i\delta_i}{p_n} \tag{5-31}$$

根据 Peng 和 Qi 所得出的定理 2，我们有 $(\lambda_1,\lambda_2) = [(\hat{\lambda})_1(x_p),$
$(\hat{\lambda})_2(x_p)]^{[274]}$：

$$-\ln\left(1 + \frac{\sqrt{k}}{n-k}\sqrt{\ln(k/np_n)}\right) \leqslant 1 + \lambda_1 \leqslant -\ln\left(1 - \frac{\sqrt{k}}{n-k}\sqrt{\ln(k/np_n)}\right) \tag{5-32}$$

$$|\lambda_2| \leqslant k^{-1/4}\frac{k/n}{\ln[k/(np_n)]} \tag{5-33}$$

在上一节定义的函数 $L(x_{p,0})$ 服从自由度为 1 的卡方分布，即 $L(x_{p,0}) \xrightarrow{d} \chi^2_{(1)}$，其中 $(\lambda_1,\lambda_2) = [(\hat{\lambda})_1(x_p),(\hat{\lambda})_2(x_p)]$。因此，进而可得出 x_p 的置信区间 $I_a^{DT} = \{x_p:l(x_p) \leqslant \mu_a\}$，其中 μ_a 是 $\chi^2_{(1)}$ 分布 a 显著性水平上的临界点，由此可求出一定置信水平下的 VaR 置信区间。

5.3　实证结果与分析

本章所涉及的操作风险损失数据是基于公开媒体披露的 1994 年至

2014 年中国商业银行的操作风险损失数据，损失金额单位为万元。在本章中，操作风险损失数据并未按照《巴塞尔资本协议》区分业务条线和风险事件类型。由于操作风险内部数据缺乏，操作风险事件本身数量有限，所以本章利用外部数据并将国内所有的商业银行作为一个整体来考虑其操作风险。如果只考虑单个银行的操作风险，对于高级计量法来说内部损失事件的数目是远远不够的，并且由于其面对客户类型较为类似，可以将这些商业银行视为同质的，因此将其作为一个整体来考虑是具有一定合理性的。

5.3.1　阈值确定

商业银行操作风险损失数据的处理，应首先确定损失强度的阈值，并将全样本数据以阈值为分界线分为高频低损类数据（HFLS）和低频高损类数据（LFHS）两类。在衡量操作风险的时候，后者应成为关注的重点。因此，本章对尾部指数进行估计的时候，也是基于低频高损类数据（LFHS）来进行计算的。

首先确定阈值，即尾部长度 k 的确定。一般地，尾部长度 k 选择的要求是保证有足够多的观测值的同时尽可能提高阈值。传统的主流方法运用的是超额均值函数法（MEF）来确定阈值。本章中采用的是 5.2.1 节中的式（5-2）计算加权 Hill 指数来确定最优尾部长度 k。基于本章的数据，得到的最佳的尾部长度为 197（即尾部具有 197 个观测值），相对应的阈值为 14800（单位为万元）。

确定阈值之后，运用 MEF 函数图来检验选取阈值的稳定性，如图 5.1 所示。从图 5.1 可以看出，MEF 函数于阈值处形状变化近似于线性函数，说明在所选阈值处 MEF 函数表现得相当稳健，即通过了对选取阈值的稳健性的检验。

5.3.2　VaR 点估计

阈值确定之后，利用阈值以上的 197 个观测值（尾部数据）度量操作风险。鉴于《巴塞尔资本协议》中将风险的置信度定于 99.9%，

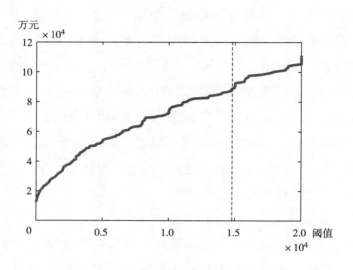

图 5.1　超额均值函数

所以本章接下来将重点关注 99.9% 置信度下的 VaR 大小。

在计算 $VaR_{99.9\%}$ 之前，首先对总体样本的均值进行度量。由于总体损失数据分布具有明显的厚尾特征，本章并未采用简单算术平均数来衡量总体样本均值，而是将均值的计算拆分成两部分，分别用式（5-7）和式（5-8）来求得，结果分别为 $\mu_n^{(1)} = 1750.8$（万元）和 $\mu_n^{(2)} = 12304.5$（万元），所以厚尾分布样本均值为 $\mu = \mu_n^{(1)} + \mu_n^{(2)} = 14055.4$（万元），全样本简单算术均值为 $\bar{\mu} = 12492.3$（万元）。调整后厚尾分布估计均值要比全样本简单算术均值大 12.5%。

然后，利用式（5-10）计算 99.9% 置信水平下的分位数（$VaR_{99.9\%}$），得到 $VaR_{99.9\%} = 416.07$（亿元）。同样地，可以利用式（5-10）计算不同置信水平下的 VaR。

表 5.1　　　　　　　　　　不同置信水平下的 VaR

置信水平	0.9	0.95	0.99	0.999
VaR/亿元	1.87	4.32	27.87	416.07

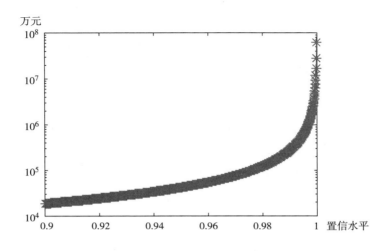

图 5.2　不同置信水平下的 VaR

由表 5.1 和图 5.2 可以看出，不同置信水平下的 VaR 具有较大的差异，随着置信水平的不断增加，VaR 值逐步增加；特别是，当置信水平增加到 99% 以后，VaR 值增加幅度非常大，这很好地说明了操作风险数据本身的厚尾特性。由此可见，如果置信水平定得较低，那么一定程度上会低估风险，所以《巴塞尔资本协议》中将置信水平定为 99.9% 是较为合理和严格的。

5.3.3　VaR 区间估计

由于利用 $VaR_{99.9\%}$ 点估计度量银行操作风险会存在偏差，因此本章在 $VaR_{99.9\%}$ 点估计的基础上给出 $VaR_{99.9\%}$ 的区间估计，进一步确保操作风险度量的准确性。下面利用 5.2.4 节介绍的 NA、EL 和 DT 来建立 $VaR_{99.9\%}$ 的 95% 置信区间。在利用 EL 和 DT 建立置信区间的过程中，首先确定 95% 置信水平所对应的 $\chi^2_{(1)} = 3.84146$，然后在图 5.3 中分别截得 EL 和 DT 的左右端点，即分别得到 EL 区间和 DT 区间。$VaR_{99.9\%}$ 的 95% 置信区间的具体结果如表 5.2 所示。

表5.2 VaR$_{99.9\%}$的95%置信区间

VaR 点估计/亿元	NA/亿元	EL/亿元	DT/亿元
416.07	[140.03，1236.23]	[310.69，652.34]	[296.38，615.95]

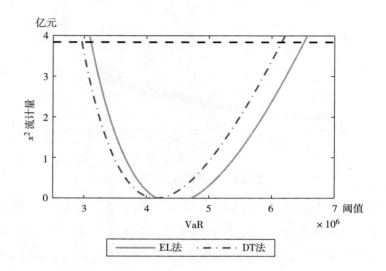

图5.3 VaR$_{99.9\%}$的95%置信区间（EL 和 DT）

从表5.2中不难发现：①NA、EL 和 DT 所建立的置信区间均涵盖了 VaR$_{99.9\%}$点估计值；②EL 建立的区间被 NA 所建立的区间覆盖，并且 EL 区间长度要比 NA 区间长度小68%；③DT 建立的区间长度要比 EL 区间长度小6.4%；④基于上述表现，说明 DT 和 EL 所建立的 VaR$_{99.9\%}$的95%置信区间要比 NA 建立的区间更为准确；相比于 EL 和 DT，NA 建立的置信区间提供了一个相对偏离点估计的高的上界，而 EL 和 DT 建立的置信区间就较为接近 VaR$_{99.9\%}$点估计值；⑤DT 与 EL 的下确界较为接近，而 DT 所提供的上界明显小于 EL 的上界。

5.3.4 参数方法与非参数方法比较

为了比较上述非参数方法和主流参数方法在度量银行操作风险方面的效果，这一节采用传统的主流参数估计方法来拟合操作风险损失的分布，并在此基础上计算操作风险损失的 $\mathrm{VaR}_{99.9\%}$。本节采用基于广义帕累托分布（GPD）的 POT 模型拟合操作风险损失的尾部数据，GPD 分布的分布函数为

$$
G_{\xi,u,\beta}(y) = \begin{cases} 1 - \left(1 + \xi\dfrac{x-u}{\beta}\right)^{-1/\xi}, & \text{if}\ \ \xi \neq 0\quad x > u \\[2mm] 1 - \exp\left(-\dfrac{x-u}{\beta}\right), & \text{if}\ \ \xi = 0 \end{cases} \tag{5-34}
$$

其中，GPD 分布考虑的是阈值以上的损失数据（尾部数据），u 为位置参数（阈值），ξ 为形状参数，β 为尺度参数。

　　为了更好地与非参数估计方法作对比，本节同样选用 5.3.1 节中的操作风险损失数据，阈值的选择方法参照 5.2.1 节利用 Hill 指数来估计阈值的方法，然后利用极大似然法（MLE）估计形状参数 ξ 和尺度参数 β，其中估计形状参数 ξ 和尺度参数 β 的过程是由 MATLAB 中的 EVIM 程序包来实现的。参数估计结果如表 5.3 所示。

表 5.3　　　　　　　　　　　GPD 分布的参数估计

阈值 u	形状参数 ξ	尺度参数 β
14800	0.9133	22360

　　得出基于尾部数据的概率分布函数参数估计后，通过计算 VaR 来度量操作风险的损失，如式（5-35）所示。通过置信水平的变化，得出不同置信水平的 VaR 值。本章选取几个有代表性的置信水平（如 90%、95%、99% 和 99.9%），利用参数估计方法和式（5-35）分别得到不同置信水平下的 VaR 值，并与利用非参数方法得到的 VaR 值进行比较，结果见表 5.4 和图 5.4。

$$
\mathrm{VaR}_p = u + \frac{\hat{\beta}}{\hat{\xi}}\left\{\left[\frac{n}{k}(1-p)\right]^{-\hat{\xi}} - 1\right\} \tag{5-35}
$$

表 5.4   不同置信水平下的 **VaR**（非参数方法和参数方法）

置信水平	0.9	0.95	0.99	0.999
VaR/亿元（非参数估计）	1.87	4.21	27.87	416.07
VaR/亿元（参数估计）	1.97	4.56	23.06	195.82

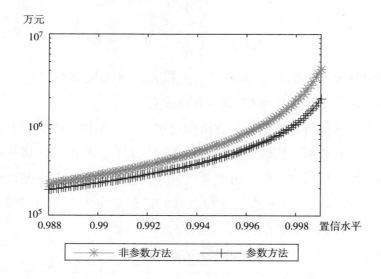

图 5.4   **不同置信水平下的 VaR**（非参数方法和参数方法）

图 5.4 表示的是随着置信水平的变化，非参数方法和参数方法所得出的 VaR 值变化趋势。从图 5.4 中可以看出，通过不同方法求出的 VaR 随着置信水平的提高具有相似的变化，并且在高置信水平下通过非参数方法估计得到的 VaR 值大于参数方法估计得到的 VaR 值。由表5.4 可知，在90%和95%置信水平下两种方法估计得到的 VaR 值十分接近，而在99%和99.9%置信水平下非参数 VaR 显著大于参数 VaR。

本章着重关注置信水平为 99.9% 的 VaR 值，非参数方法得出的 $VaR_{99.9\%}$ 点估计为 416.07 亿元，其由 DT 方法估计的 95% 置信区间为 ［296.38，615.95］；而由参数估计方法得出的 $VaR_{99.9\%}$ 点估计为 195.82 亿元。由此可见，在 99.9% 的置信水平上，由参数估计方法得到的 $VaR_{99.9\%}$ 点估计小于由非参数估计方法得到的 $VaR_{99.9\%}$ 点估计，并且参数估计出 VaR 并不在 DT 区间内。因此，非参数方法比传统参数方法在度量银行操作风险方面的效果更好。

5.4　本章小结

在商业银行操作风险度量中，多数学者采用各种含参数的量化模型去拟合操作风险的损失数据，据此进行风险度量。但由于含参数的量化模型存在差异性，导致所得到的风险估计值差异较大。为了解决模型设定带来估计偏差这一问题，本章引入了基于厚尾分布的非参数方法度量银行操作风险，以此减少模型设定上的偏差而导致最终结果的不准确性。

根据我国商业银行操作风险数据，本章利用 Hill 指数建立线性模型确定阈值，并且用传统 MEF 函数来检验所选取阈值的稳定性。在此基础上获取尾部指数。根据尾部指数，提出了新的厚尾分布总体均值的求法。不同于简单求样本均值，厚尾分布样本均值求法更注重对尾部的描述，能更好地反映尾部特征和接近真实情况。同时，根据右偏态厚尾分布特征，构造了基于非参数的 VaR 点估计方法用以度量银行操作风险。为了能够更准确地衡量风险范围，利用正态近似法（NA）、经验似然法（EL）和数据倾斜法（DT）得出了 $VaR_{99.9\%}$ 的 95% 置信区间。

研究结果表明：①调整后的均值求法更强调右偏态厚尾分布特征，得出的调整后均值要大于简单均值，也能更真实地反映样本特征。②随着置信水平的提高，尤其是到了 99% 之后，VaR 的值呈指数增加状态，对置信水平的选取十分敏感，所以置信水平的设置对风险估计结果十分重要。置信水平定得过低将会一定程度上低估风险，所以按照 Basel 协议中建议的置信水平设为 99.9%，能够较好地涵盖风险。③为了能够更准确地衡量风险范围，利用 NA、EL 和 DT 得出了 $VaR_{99.9\%}$ 的 95% 置信区间。在建立置信区间的过程中，DT 是加了权重的 EL，这里 DT 着重关注的是分布的尾部情况。所以，DT 建立的区间对于 $VaR_{99.9\%}$ 所做的区间估计是最为准确的。④根据非参数估计方法与传统的参数估计方法所得结果的比较表明，参数估计方法求的 VaR 点估计并未充分体现右偏态厚尾分布特征，所以对操作风险的度量有一定程度的低估。但非参数方法得到的 99.9% 分位数是考虑了尾部指数后得出的，要大于传统参数估计方法得出的 VaR，更加接近真实风险。所以，这种调整后的 VaR 能够更好地度量风险。

本章所提出的非参数估计方法以及三种区间估计的方法不仅适用于操作风险的度量，同样也适用于其他类型的风险度量，如市场风险和信用风险等。非参数估计方法也为风险管理和度量提供了一个新的思路，具有一定的实践意义。

第6章 基于动力学模型视角的
操作风险度量

6.1 引言

近年来，商业银行操作风险损失事件频发，给银行机构带来了巨大的经济损失和声誉影响，操作风险的度量和管理逐步进入银行监管者的视野。《巴塞尔资本协议Ⅱ》为了将操作风险损失事件进一步细化分类，将操作风险分为 7 种风险事件类型和 8 种业务条线，共计 56 个风险单元。因此从理论上看，商业银行总体操作风险度量是多重（最多 56 种组合）操作风险的耦合，其核心问题在于如何总计这些不同风险单元的操作风险（VaR）以形成一个合并的资本金储备。

目前，对于操作风险的研究方向主要集中于对操作风险损失进行量化建模，利用不同的分布对操作风险损失数据进行拟合，进而测算其总资本要求。大多数操作风险度量研究是基于损失分布法（LDA）框架下，分别对损失频率和损失强度进行建模。当操作风险度量涉及不同风险单元，操作风险损失之间并不是相互独立的，需要考虑如何刻画风险单元之间的相依性结构，通常做法有两种：①假设不同风险单元损失之间具有完美的正相关结构，即同单调模型，其总体操作风险等于各个风险单元操作风险 VaR 的简单线性叠加。该方法暗含假设不同风险单元损失会同时发生或者同时不发生，假设条件过于苛刻。②基于 Copula

理论的统计模型实现多重操作风险度量，通过 Copula 函数，从统计学角度构建不同风险单元之间的相关性结构。这类方法考虑的是同一时点不同风险单元之间的相关性，忽略了不同时点风险单元间的相互影响。在银行实际经营过程中，不同时点上发生的操作风险损失能够相互影响，例如，t_1 时刻由于交易控制系统的故障引发了在交易过程中出现业务差错，该故障在 t_2 时刻才被修复。在故障从发生到被修复的时间间隔 $[t_1, t_2]$ 中，由于之前的业务差错或错误授权可能导致在其他业务条线或事件类型如贷款业务中出现操作风险损失。此外，上述两种方法对操作风险损失内在演化机制并未有过多的描述。在银行操作风险管理中，通常会留存一部分资本金用于覆盖操作风险预期损失。某些操作风险事件具有低频高损特征，未能被资本金覆盖，属于非预期损失。这类超出资本金覆盖的非预期损失度量将是本章研究的重点。

基于此，本章引入考虑不同时点相关性的动力学模型，描述和刻画不同风险单元操作风险损失是如何产生、传导及演化的，揭示银行操作风险演化的内在机制。本章首先介绍了操作风险动力学模型，揭示了操作风险三种不同的损失来源并描述了风险损失的演化过程；其次分别介绍了该动力学模型的参数估计方法和稳健性检验方法；最后实证部分，基于我国操作风险损失数据及特征，利用本章提出的动力学模型进行计算实验，实现对于风险价值 VaR 的测算。

6.2 研究方法

6.2.1 动力学模型

根据操作风险定义与特征，本章将商业银行各个风险单元操作风险损失的形成机制分成三类：①本单元自发产生的损失，即该类风险损失是由自身单元失误造成的，不受其他风险单元的影响；②通过不同单元的相互影响所产生的损失，在操作风险度量中，不同单元之间不同时点的相互影响普遍存在，并且本单元当前的损失可能受到过去某一时刻其他单元损失的影响；③银行为了覆盖操作风险预期损失而预设的资本金储备（一般取负值）。商业银行操作风险按照损失性质可分为高频低损（HFLS）和低频高损（LFHS）两种类型。HFLS类型损失属于预期损失，被银行预设的资本金所覆盖，LFHS损失属于没有被资本金覆盖的非预期损失，因此银行设定资本金储备可以理解为区分两种损失类型所设定的阈值。本章重点考察操作风险LFHS事件，即超出阈值的非预期操作风险损失。

根据上述三种不同损失的形成机制，本章提出基于离散时间的动力学模型，刻画操作风险损失演化的动态过程：

$$l_i(t) = \text{Ramp}\Big[\sum_{j=1}^{N} J_{ij} C_{ij}(t) + \xi_i(t) + \theta_i\Big] \qquad (6-1)$$

其中，i 和 j 均表示风险单元类型，N 表示风险单元数量；$l_i(t) \geq 0$ 表示在时刻 t 单元 i 发生的超过阈值的非预期操作风险损失大小，则该时刻 t 发生 LFHS 类型损失强度为 $l_i(t) + \theta_i$。Ramp 函数确保在任意时刻 $l_i(t)$ 均为非负值：

$$\text{Ramp}(x) = \begin{cases} x, x > 0 \\ 0, x \leq 0 \end{cases} \qquad (6-2)$$

特别地，当 $\sum J_{ij} C_{ij}(t) + \xi_i(t) + \theta_i < 0$ 时，风险损失低于阈值，此时风险损失被银行资本金所覆盖。

由式（6-1）可知，基于离散时间的动力学模型包含了操作风险损失形成的三种不同机制：$\sum J_{ij} C_{ij}(t)$ 代表受其他单元风险过程影响而产生的损失；$\xi_i(t)$ 代表本单元自发产生的损失；θ_i 代表本单元预设的资本金，用于覆盖银行操作风险预期损失。

（1）受不同单元风险过程影响所产生的损失。式（6-1）中 $C_{ij}(t)$ 相当于计数器，表示在 $[t - t_{ij}^*, t-1]$ 内单元 j 发生非预期损失的次数：

$$C_{ij}(t) = \sum_{1 \leq s \leq t_{ij}^*} \Theta\big[l_j(t-s)\big] \qquad (6-3)$$

$$\Theta(x) = \begin{cases} 1, \ x > 0 \\ 0, \ x \leq 0 \end{cases} \qquad (6-4)$$

其中，Θ 为 Heaviside 函数，如式（6-4）所示；t_{ij}^* 代表单元 j 发生的非预期损失对单元 i 产生影响的最长持续期，即发生在 $t - t_{ij}^*$ 时刻以前的单元 j 的损失不会对时刻 t 单元 i 造成影响；由于模型基于离散时间，所以 t_{ij}^* 为正整数值；特别地，t_{ij}^* 的取值不具有对称性，即 t_{ij}^* 关注的是单元 j 的非预期损失对单元 i 产生的单向影响，因此 t_{ij}^* 与 t_{ji}^* 并不等价。

J_{ij} 表示在 $[t - t_{ij}^*, t-1]$ 内单元 j 发生一次非预期损失会给单元 i 在 t 时刻带来的潜在损失大小。本章动力学模型假设：单元 j 发生的非预期损失对单元 i 带来的潜在损失的大小只取决于 $[t - t_{ij}^*, t-1]$ 内单元 j 损失发生的次数，与每次非预期损失的具体强度无关。此外，与 t_{ij}^* 类似，J_{ij} 的取值不具有对称性，即 J_{ij} 与 J_{ji} 不等价。

（2）本单元自发产生的损失。式（6-1）中，$\xi_i(t)$ 表示单元 i 自发产生的损失，不受其他风险单元损失影响，是独立于其他单元风险损失过程的随机噪声项。在银行风险度量实际操作过程中，不同风险单元自发产生损失的强度可依据实际情况设定为遵循不同形式的概率密度分布。假设单元 i 自发产生的风险损失强度遵循参数为 λ_i 的指数分布，其概率密度函数为

$$\rho(\xi_i) = \lambda_i e^{-\lambda_i \xi_i} \qquad (6-5)$$

由指数分布的性质可知，自发产生损失强度的期望（一阶矩）为 $1/\lambda_i$。指数分布在统计上具有一定的右偏态厚尾性质，即尾部存在少数极端值，使得均值大于中位数。这种统计特性一定程度上符合操作风险损失所具有的低频高损特征，可以用来拟合自发产生的损失强度。

（3）本单元预设的资本金准备。式（6-1）中，$\theta_i < 0$ 表示针对单元 i 所设定的资本金准备数量。$|\theta_i|$ 的值越大，预示着该单元的潜在损失变成非预期损失的可能性就越小，并且 $|\theta_i|$ 只与风险单元类型有关，与时间 t 无关。由前面的分析可知，$|\theta_i|$ 可理解为区分 HFLS 和 LFHS 两

种类型的阈值。因此，可根据对历史数据预期损失的评判，事先确定每个风险单元的阈值。阈值设定既要符合操作风险损失低频高损的厚尾特性，又要确保阈值以上存在足够的观测值从而使参数估计结果稳健（一般大于 25 个观测值）。本章采用超额均值函数（MEF）方法确定各风险单元的阈值大小。

式（6-1）中，$l_i(t)$ 表示单元 i 在 t 时刻超出阈值部分的非预期损失金额。在实际操作风险度量过程中，监管者更感兴趣的是在一个时间段内累计损失金额大小，例如，一年内某一单元操作风险累计损失金额。通过累计损失金额的计算，监管者可得出银行需要为某一特定时间段留存的资本金总额，用来防止由于操作风险损失（尤其是 LFHS 类型"黑天鹅"损失）的发生而对银行的经营产生巨大的冲击从而影响其他业务的正常运行，实现对银行操作风险的有效监管。因此，在时间段 $[0,T]$ 内单元 i 超出阈值部分的累计非预期损失为

$$L_i(T) = \sum_{s \leq T} l_i(s) \qquad (6-6)$$

相应地，在时间段 $[0,T]$ 内单元 i 操作风险低频高损事件的累计非预期损失为

$$Z_i(T) = \sum_{s \leq T} l_i(s) + |\theta_i| W_i \qquad (6-7)$$

其中，T 一般取一年，$Z_i(T)$ 表示单元 i 的低频高损事件年度累计损失，W_i 表示单元 i 的非预期损失 $l_i(t)$ 在 $[0,T]$ 内发生的次数，即 $l_i(t)$ 在 $[0,T]$ 内大于 0 的次数。

6.2.2　参数估计方法

基于上述操作风险损失的动态演化机制，本章重点讨论动力学模型的参数估计方法。在介绍参数估计方法之前，首先对样本数据库做出如下设定：在动力学模型中，$t=0$ 表示样本数据库中最初发生损失的时刻，$t=T$ 表示最后发生损失的时刻，样本区间内观测时间点呈均匀分布，时间间隔可根据实际情况自行设定为 1 天、1 小时、1 分钟或 1 秒

钟等，并在每一个时刻上都需要对所有单元是否发生了非预期损失以及具体损失情况进行监控。

6.2.2.1 θ_i 参数估计

为了估计参数 θ_i，本章并未直接利用全样本数据库，而是在全样本数据库中选取具有以下特征的子数据库集：在 t 时刻对于任意单元 j，在 $[t - t_{ij}^*, t-1]$ 内都有 $C_{ij}(t) = 0$，即表示在 $[t - t_{ij}^*, t-1]$ 内所有风险单元都没有非预期损失发生。在该子数据库集内，式（6-1）可以转化为：

$$l_i(t) = \text{Ramp}[\xi_i(t) + \theta_i] \tag{6-8}$$

易知，$l_i(t) = 0$ 表示 t 时刻没有非预期损失发生，包含两种可能的情形：一是没有自发损失 $\xi_i(t)$ 发生，$\xi_i(t) = 0$ 且 $\theta_i < 0$；二是有自发损失 $\xi_i(t)$ 的发生但数值比 $|\theta_i|$ 小。综合上述两种情形，得出 $l_i(t) = 0$ 的概率（其中，$\text{Pr}[\cdot]$ 表示概率）：

$$\text{Pr}[l_i(t) = 0 \mid C_{ij}(t) = 0, \text{for all } j] = \text{Pr}[\text{Ramp}(\xi_i(t) + \theta_i) = 0]$$
$$= \text{Pr}[\xi_i(t) + \theta_i \leqslant 0]$$
$$= \text{Pr}[\xi_i(t) \leqslant -\theta_i]$$

$$\tag{6-9}$$

由于自发损失 $\xi_i(t)$ 分布并不具有时变性，因此式（6-9）左边也不依赖于时间 t：

$$\text{Pr}[l_i = 0 \mid C_{ij} = 0, \text{for all } j] = \text{Pr}(\xi_i \leqslant -\theta_i)$$
$$= \int_0^{-\theta_i} \lambda_i e^{-\lambda \xi_i} d\xi_i = 1 - e^{\lambda \xi_i}$$

$$\tag{6-10}$$

因此，θ_i 的求解需要计算式（6-10）左边的条件概率。式（6-10）左边的条件概率形式，可以进一步转变为基于离散时间 t 的频率形式，并通过对子数据库集的处理和计算获得，如式（6-11）所示（其中，$Fr[\cdot]$ 相当于计数器，用于计算频数，括号内为条件约束）：

$$\Pr[\,l_i = 0 \,|\, C_{ij} = 0, \text{for all } j\,] = \frac{Fr[\,(l_i = 0),(C_{ij} = 0,\text{for all } j)\,]}{Fr[\,C_{ij} = 0,\text{for all } j\,]}$$

$$(6 - 11)$$

综上所述，可以实现对 θ_i 的估计：

$$\theta_i = \frac{1}{\lambda_i}\ln(1 - \Pr[\,l_i = 0 \,|\, C_{ij} = 0, \text{for all } j\,]) \qquad (6 - 12)$$

6.2.2.2 J_{ij} 参数估计

参数 J_{ij} 的估计方法与上一节参数 θ_i 的估计方法类似。同样地，本章在全样本数据库中选取具有以下性质的子数据库集：指定单元 i 和 j，对于任意单元 $k \neq j$，有 $C_{ij}(t) = c$ 且 $C_{ik}(t) = 0$，表示在 $[t - t_{ij}^*, t-1]$ 中，单元 j 发生了 c 次非预期损失（c 可以在 1 至 t_{ij}^* 任意取正整数值），同时其他单元都没有非预期损失发生。在该子数据库集内，式（6-1）可以表示为

$$l_i(t) = \text{Ramp}(cJ_{ij} + \xi_i(t) + \theta_i) \qquad (6 - 13)$$

则 $l_i(t) = 0$ 的概率可以表示为

$$\begin{aligned}
&\Pr[\,l_i(t) = 0 \,|\, C_{ij}(t) = c, C_{ik}(t) = 0, k \neq j\,] \\
&= \Pr[\,\text{Ramp}[cJ_{ij} + \xi_i(t) + \theta_i] = 0\,] \\
&= \Pr[\,cJ_{ij} + \xi_i(t) + \theta_i \leqslant 0\,] \\
&= \Pr[\,\xi_i(t) \leqslant -cJ_{ij} - \theta_i\,]
\end{aligned} \qquad (6 - 14)$$

式（6-14）右边 ξ_i 服从指数分布且不依赖于时间 t，因此等式左边与时间变化无关：

$$\begin{aligned}
\Pr[\,l_i = 0 \,|\, C_{ij} = c, C_{ik} = 0, k \neq j\,] &= \Pr(\xi_i \leqslant -\theta_i - cJ_{ij}) \\
&= \int_0^{-\theta_i - cJ_{ij}} \lambda_i e^{-\lambda_i \xi_i} \mathrm{d}\xi_i \\
&= 1 - e^{\lambda_i(\theta_i + cJ_{ij})} \qquad (6 - 15)
\end{aligned}$$

将上式左边的概率形式转化为频率形式，得到

$$\begin{aligned}
&\Pr[\,l_i = 0 \,|\, C_{ij} = c, C_{ik} = 0, k \neq j\,] \\
&= \frac{Fr[\,(l_i = 0),(C_{ij} = c, C_{ik} = 0, k \neq j)\,]}{Fr[\,C_{ij} = c, C_{ik} = 0, k \neq j\,]}
\end{aligned} \qquad (6 - 16)$$

最终可以得到 J_{ij} 的估计表达式：

$$J_{ij} = \frac{1}{c}\Big[-\theta_i + \frac{1}{\lambda_i}\ln(1 - \Pr[\, l_i = 0 \,|\, C_{ij} = c, C_{ik} = 0, k \neq j\,])\Big]$$

$$(6-17)$$

式（6-17）中，c 的取值是人为设定的。c 取值的不同，会导致选取用来估计 J_{ij} 的子数据库集存在差异，不过估计得到的 J_{ij} 值差异很小，因此本章中 J_{ij} 等于 c 取不同值得到的 J_{ij} 估计值的均值。

6.2.2.3　λ_i 和 t_{ij}^* 参数估计

对于 λ_i 的估计，本章提出了两种可供参考的思路：第一，由式（6-12）可得，λ_i 和 θ_i 可以互相表示，其中 θ_i 在模型中含义是区分 HFLS 和 LFHS 两类事件的阈值，可通过超额均值函数方法（MEF）计算获得；第二，从 λ_i 本身的性质出发对 λ_i 进行估计。由于 λ_i 为自发产生损失强度分布（指数分布）的参数，$1/\lambda_i$ 等于没有其他单元相互影响的情况下单元 i 自发产生损失的均值。

t_{ij}^* 是指在单元 j 操作风险损失发生能够对单元 i 损失产生影响的最长持续时间。t_{ij}^* 不能通过样本数据库直接得到，而是需要银行风险控制部门的专家基于对各种操作风险损失特性的分析和判断，有区别地进行人为设定。

6.2.3　稳健性检验

为了检验本章提出的损失演化动力学模型是否有效，本章通过四个步骤对模型的参数估计稳健性进行检验。

步骤 1. 模拟产生操作风险原始数据库。设定符合真实情况的 θ_i、J_{ij}、λ_i、t_{ij}^* 参数值，代入式（6-1）通过蒙特卡洛模拟和迭代计算，模拟出 $[0, T]$ 内所有单元在每一时刻的操作风险超出阈值的非预期损失情况 $l_i(t)$，即原始数据库。原始数据库包含损失发生的时刻、损失的金额、损失所属的风险单元等信息。

步骤 2. 参数估计。基于原始数据库，对参数 θ_i 和 J_{ij} 进行估计，并将所得的参数估计结果与初始设定的 θ_i 和 J_{ij} 进行对比。若误差在很小的范围内，说明参数估计具有稳健性，损失演化动力学模型是有效的，可以被用来进行损失的预测。

步骤 3. 用步骤 2 中得到的参数生成模拟样本数据库。模拟过程类似于步骤 1，并将整个过程重复 m 次，得到模拟样本数据库。

步骤 4. 将模拟样本数据库与原始数据库进行对比。本章选取 $[0, T]$ 内累计损失 $Z_i(T)$ 作为比较对象，没有选取各个时点超出阈值的非预期损失 $l_i(t)$ 的原因有两点：第一，研究主要目的是计算风险资本，既要结合阈值以上损失的发生情况，也要考虑阈值以下预期损失，$l_i(t)$ 只考虑了阈值以上非预期损失的部分；第二，$l_i(t)$ 作为各个时点的损失金额受自发产生损失的影响极大，而监管者更关注在一段时间内累计非预期损失金额，从而计提经济资本实现对操作风险的管理。

6.3　实证结果与分析

鉴于我国商业银行操作风险损失数据收集并不完善，很难获取完整的商业银行内部损失数据，本章主要收集了来源于公开媒体和网站披露的操作风险损失事件（包括中国人民银行网站、银监会网站、国内几大网站的财经新闻专栏和法院案例等），构成中国商业银行操作风险外部数据库。依据我国商业银行操作风险损失特征，同时考虑分类后外部数据样本量较小的问题，本章将风险事件类型作为风险单元分类依据，没有考虑业务条线上的区别，选取损失发生频率较高、影响较为重大的三种风险事件类型，其中 $i=1$ 表示内部欺诈，$i=2$ 表示外部欺诈，$i=3$ 表示执行、交割及流程管理（其中，主要包括内部控制不当和违规执行）。由于我国商业银行所面对的客户类型较为相似，近似将所有商业银行看作是同质的，对商业银行的性质不作区分。

表 6.1 操作风险描述性统计

	损失发生次数/次	损失总金额/亿元	单次损失金额/亿元
内部欺诈	830	1281.25	1.49
	(54.68%)	(62.51%)	
外部欺诈	376	770.34	1.83
	(24.77%)	(37.59%)	
执行、交割与流程管理	179	300.22	1.68
	(11.79%)	(14.65%)	

6.3.1 参数设定

根据阈值 θ_i 的定义，只有超过 $|\theta_i|$ 的损失才会造成商业银行单元 i 低频高损事件的非预期损失。$|\theta_i|$ 的取值与银行操作风险损失类型、自身银行的规模和银行对风险的承受能力等有关。本章采用 MEF 函数法确定各事件类型的阈值 $|\theta_i|$。图 6.1 ~ 图 6.3 分别为三种风险事件类型的 MEF 图像。由图 6.1 ~ 图 6.3 可知，根据 MEF 曲线的转折点选择阈值，内部欺诈类型损失阈值为 20000（万元），外部欺诈类型损失阈值为 15000（万元），执行、交割与流程管理类型阈值为 15000（万元），阈值以上的数据分别为 81 个、62 个和 35 个。由于阈值以上的样本数均大于 25，POT 模型的 GPD 参数估计的稳健性能够得到保证。

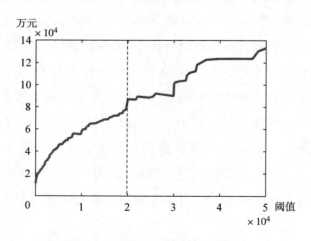

图 6.1 超额均值函数（内部欺诈）

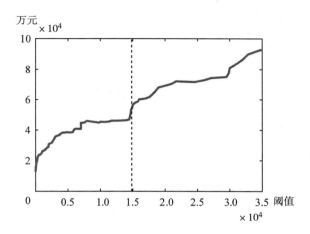

图 6.2　超额均值函数（外部欺诈）

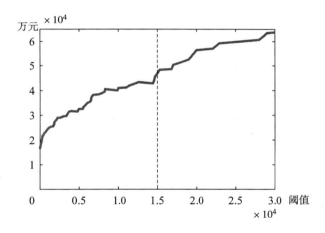

图 6.3　超额均值函数（执行、交割与流程管理）

操作风险不同损失事件类型所对应的阈值不同，为了简化实证过程和模型参数设定，对动力学模型进行标准化处理：将式（6 - 1）等式左右两边同除以 $-\theta_i$ 得

$$\frac{l_i(t)}{-\theta_i} = \mathrm{Ramp}\Big(\sum_{j=1}^{N} \frac{J_{ij}}{-\theta_i} C_{ij}(t) + \frac{\xi_i(t)}{-\theta_i} - 1 \Big) \qquad (6 - 18)$$

通过标准化处理，各事件类型的阈值均设定为单位 1，其他参数根

据 $|\theta_i|$ 的大小做了同比例的变换。标准化处理能够统一参数设定，并且更好地对比去量纲后不同损失事件类型之间相互影响程度的大小关系。监管者所关注的累计非预期总损失分布计算，只需在标准化方程的基础上乘以阈值 $|\theta_i|$，便能还原成真实损失的量纲。为简便起见，将式（6 – 18）表示为

$$l_i(t)' = \text{Ramp}\left(\sum_{j=1}^{N} J_{ij}' C_{ij}(t) + \xi_i(t)' + \theta_i' \right) \qquad (6 – 19)$$

这里 $\theta' = (-1, -1, -1)$。本章并未直接设定参数 λ_i 值，而是通过 p_i 的设定间接计算 λ_i 值，其中 $p_i = 1 - \Pr[l_i = 0 \,|\, C_{ij} = 0, \text{for all } j]$ 表示在 $[t - t_{ij}^*, t - 1]$ 内各事件类型都没有发生非预期损失的条件下，当期 t 时刻事件类型 i 自发产生非预期损失的概率。根据表6.1中不同事件类型损失数目的相互比例关系，将 p_i 值设定为

$$p = (0.03 \quad 0.01 \quad 0.005)$$

这表明三种事件类型发生自发损失的概率存在如下数量关系：内部欺诈类型自发产生损失的概率最高，是外部欺诈类型损失发生概率的三倍；执行、交割和流程管理类型自发损失发生的概率是外部欺诈类型的二分之一；$p = 0.03$ 表示在 1 年（360 天）观察期内商业银行每天都对非预期损失的发生进行监控，平均每年有 10.8 次损失事件发生，这与公开媒体披露的操作风险内部欺诈损失发生频率情况基本吻合，其余两种事件类型分析同理可得。由于单元 i 自发损失服从参数为 λ_i 的指数分布，根据式（6 – 20）可计算 λ_i：

$$\lambda_i' = \log p_i / \theta_i' \qquad (6 – 20)$$

不同事件类型间相互影响机制通过对 J_{ij}' 矩阵的设定来实现。经过标准化处理后，标准化系数 J_{ij}' 表示在最长持续期内由于第 j 种事件类型损失的发生导致第 i 种事件类型发生潜在非预期标准化损失的大小。通过对三种风险事件类型损失相互影响机制的分析，发现内部欺诈和外部欺诈的主要来源是：由于内部控制机制不完善或系统故障、违规操

作等，银行内外部人员利用此系统或监管漏洞进行欺诈行为。内部欺诈和外部欺诈不太可能对执行、交割及流程管理这类事件造成损失，并且在实际损失发生过程中有内外人员勾结的情况存在。因此，上述风险事件类型间的相依性结构可表述为（如图 6.4 所示）。

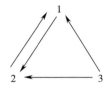

图 6.4　相关性结构

结合表 6.1 历史损失数据，对标准化的风险相关性矩阵 J_{ij}' 进行如下设定：$J_{13}' = 0.2$ 表示执行、交割及流程管理类型非预期损失的发生会造成内部欺诈过程损失的发生；$J_{23}' = 0.1$ 表示执行、交割及流程管理类型非预期损失的发生会造成外部欺诈损失的发生，对于外部欺诈的影响程度是内部欺诈影响程度的一半；$J_{12}' = J_{21}' = 0.15$ 表示内外部欺诈之间会存在相互影响效应，其影响程度处于执行、交割及流程管理分别对内部欺诈和外部欺诈的影响程度之间；其余 J_{ij}' 均设为 0，表示不存在影响。因此，标准化的风险相关性矩阵 J_{ij}' 为

$$J' = \begin{pmatrix} 0 & 0.15 & 0.2 \\ 0.15 & 0 & 0.1 \\ 0 & 0 & 0 \end{pmatrix}$$

6.3.2　参数估计与风险度量

将 6.3.1 节所设定的符合我国商业银行操作风险历史损失数据特点的参数 θ_i'、J_{ij}'、λ_i'、t_{ij}^*（t_{ij}^* 代表不同事件类型损失之间相互影响的最长持续期，参考业界相关意见，本章将其设定为 $t_{ij}^* = 5$），代入式（6－19）进行蒙特卡洛模拟和迭代计算得出原始数据库，并利用 6.2.2 节中的参数估计方法对 θ' 和 J' 进行估计，参数估计结果如下：

$$\theta' = (-0.9991, -0.9922, -1.0136)$$

$$J' = \begin{pmatrix} -0.0123 & 0.1524 & 0.1940 \\ 0.1700 & 0.0062 & 0.0853 \\ 0.0462 & 0.0446 & -0.0831 \end{pmatrix}$$

为了检验模型参数估计的稳健性，将参数估计结果与原始设定结果进行对比，计算其相对误差为

$$\Delta\theta' = (0.0009, 0.0078, 0.0136)$$

$$\Delta J' = \begin{pmatrix} 0.0123 & 0.0024 & 0.0060 \\ 0.0200 & 0.0062 & 0.0147 \\ 0.0462 & 0.0446 & 0.0831 \end{pmatrix}$$

由此可知，参数估计结果误差较小，模型表现较为稳健，说明该模型能够有效度量我国商业银行操作风险损失形成机制，通过对有限的历史数据的掌握和分析，对风险损失的真实情景进行还原和刻画。

为了进一步模拟得到 1 年内各个事件类型操作风险的损失情景，本章设定 $T = 8640$。将上述参数估计结果 θ_i'、J_{ij}'、λ_i'、t_{ij}^* 代入式（6 – 19），通过蒙特卡洛模拟和迭代计算得到时间跨度为 1 年的非预期操作风险损失情景模拟，包括三个事件类型 8640 个观测时刻对应 $l_i(t)'$ 的数值。将上述模拟过程重复 1000 次，获得时间跨度为 1 年的模拟样本数据库。特别地，此时模拟得到的是各个观测时刻经过标准化处理后的非预期损失数据，计算年度累计非预期总损失需还原成标准化前的量纲，即 $Z_i(T) = \sum_{s \leqslant T} l_i(s)' |\theta_i| + |\theta_i| W_i$。

图 6.5 ~ 图 6.7 分别为三个不同事件类型年度累计非预期损失的概率密度函数图，其中曲线代表三种事件类型年度累计非预期损失的经验分布，垂直竖线代表相应事件类型原始数据库的年度累计非预期损失值。从上述图像可知，由 1000 个样本组成的模拟样本数据库并未显著偏离原始数据库，一定程度上说明了模型具有稳健性。通过对比三种风险事件类型累计非预期损失经验分布，发现内部欺诈损失金额显著

大于其他两种事件类型，说明内部欺诈是中国商业银行操作风险最主要的损失来源。

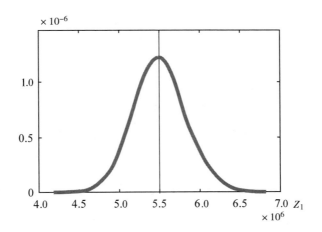

图 6.5　年度累计非预期损失的概率密度函数（内部欺诈）

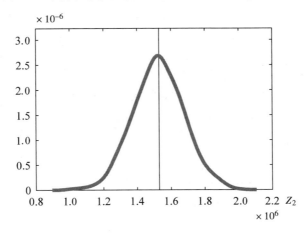

图 6.6　年度累计非预期损失的概率密度函数（外部欺诈）

根据操作风险年度累计非预期损失的概率密度分布，本章进一步对我国银行业的操作风险非预期损失的经济资本进行估计。本章将 VaR 作为风险测度，并根据《巴塞尔资本协议 Ⅱ》将 99.9% 作为置信水平。99.9% 置信水平下的 VaR 表示 1 年内发生低频高损事件的累计总损失

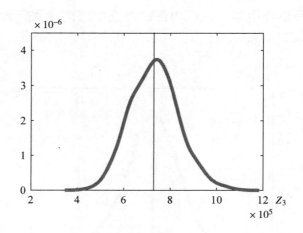

图 6.7　年度累计非预期损失的概率密度函数（执行、交割与流程管理）

超过 VaR 值的概率只有 0.1%，也可以表示平均 1000 年才会出现 1 次累计总损失超过 VaR 值的情况。经计算，在 99.9% 置信水平下，内部欺诈，外部欺诈，执行、交割及流程管理的 VaR 分别是 648 亿元、195 亿元和 105 亿元。图 6.8 ~ 图 6.10 表示三种事件类型的不同置信水平下 VaR 的变化趋势，可知：不同置信水平下 VaR 具有较大差异；随着置信水平的不断增加，VaR 值逐渐增加。特别地，当置信水平增加到 99% 以后，VaR 值增加幅度非常大，这很好地刻画了操作风险数据本身具有厚尾的特性。

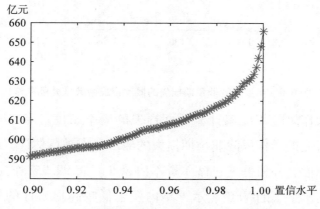

图 6.8　不同置信水平下的 VaR（内部欺诈）

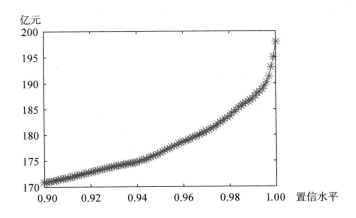

图 6.9　不同置信水平下的 VaR（外部欺诈）

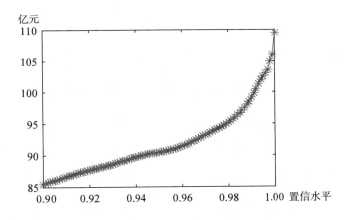

图 6.10　不同置信水平下的 VaR（执行、交割与流程管理）

在银行操作风险管理实践中，需要考虑风险单元间的相关性并将不同事件类型的风险进行耦合从而实现总体操作风险的度量。在传统损失分布法（LDA）中，由于各事件类型损失分布存在差异以及其相关性结构未知，无法获得银行年度总体累计损失的分布来计算相应的 VaR 值。因此，有学者假设风险单元之间具有完美正相关结构，利用简单线性叠加 $\sum \mathrm{VaR}(Z_i)$ 来代替总体 $\mathrm{VaR}(\sum Z_i)$（暗含同单调假设）。本章动力学模型通过对三种不同事件类型损失的产生、传导及演化机制的刻画和描述，采用蒙特卡洛模拟和迭代计算得到相应事件类型 1 年内的非预期操作风险损失情景，进而得到银行年度总体操作风险累计非预期损失 $Z(T) = \sum\limits_{i=1}^{3} Z_i(T)$ 及其经验分布（相应概率密度函数如图 6.11 所示）。

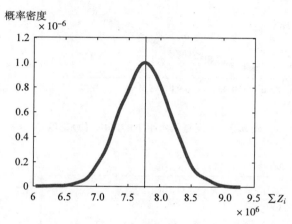

图 6.11　总体累计非预期损失的概率密度函数

基于银行年度总体累计非预期损失的经验分布，可计算总体非预期损失的 VaR 值。本章通过选取四个具有代表性的置信水平（90%、95%、99% 和 99.9%），计算总体非预期损失的 $\text{VaR}(\sum Z_i)$，并与简单线性叠加 $\sum \text{VaR}(Z_i)$ 相比较（结果见表 6.2 和图 6.12）。在《巴塞尔资本协议Ⅱ》建议的置信水平 99.9% 下，本章计算得到的年度非预期操作风险资本量为 886.5 亿元，通过与国内同类优秀研究成果对比[159]，发现度量结果在同一数量级上。

表 6.2　　　　　　　　　　**不同置信水平下的 VaR**　　　　　　单位：亿元

α	$\text{VaR}(Z_1)$	$\text{VaR}(Z_2)$	$\text{VaR}(Z_3)$	$\sum \text{VaR}(Z_i)$	$\text{VaR}(\sum Z_i)$	δ
0.9	591.51	170.82	85.50	847.83	826.44	0.9748
0.95	605.18	176.54	90.46	872.18	839.66	0.9627
0.99	625.83	187.10	99.00	911.93	871.50	0.9557
0.999	648.00	195.00	105.00	948.00	886.50	0.9351

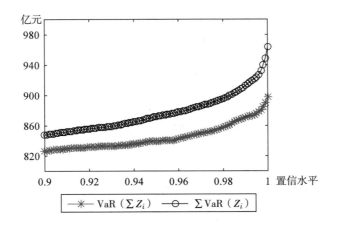

图 6.12 总体累计非预期损失 VaR

图 6.12 表示不同置信水平下的 $\sum \mathrm{VaR}(Z_i)$ 和 $\mathrm{VaR}(\sum Z_i)$ 的变化趋势。由表 6.2 和图 6.12 中可以得出,随着置信水平不断上升,$\sum \mathrm{VaR}(Z_i)$ 和 $\mathrm{VaR}(\sum Z_i)$ 呈相似的上升趋势;在不同的置信水平下,$\mathrm{VaR}(\sum Z_i)$ 值均小于 $\sum \mathrm{VaR}(Z_i)$ 值,说明将不同事件类型损失 VaR 简单线性叠加来估计总风险资本将会一定程度上高估风险,从而过高设定资本金提高银行运营成本,造成资源浪费。

为了进一步探究风险简单线性叠加 $\left[\sum \mathrm{VaR}(Z_i)\right]$ 对于风险的高估程度,本章令 $\mathrm{VaR}(\sum Z_i) = \delta \sum \mathrm{VaR}(Z_i)$,其中 δ 为风险分散系数。若 $\delta < 1$,由于风险分散导致总风险降低,风险简单线性叠加将会高估风险;反之,若 $\delta > 1$,风险简单线性叠加将会低估风险;若 $\delta = 1$,则风险具有完美正相关结构,即同单调性。因此,风险分散系数 δ 可用来表示 $\sum \mathrm{VaR}(Z_i)$ 对风险高估的程度。图 6.13 表示不同置信水平下风险分散系数 δ 的变化趋势,表 6.2 分别计算四个不同的置信水平下 δ 的值。结果表明:在较高的置信水平上(大于 60%),风险分散系数 δ 均显著小于 1,即模型描述的相关性结构尾部具有风险分散效应,简单

线性叠加 $\sum \text{VaR}(Z_i)$ 将会一定程度上高估风险；风险分散系数 δ 随着置信水平逐步提高有显著下降的趋势，风险分散效应越来越显著，$\sum \text{VaR}(Z_i)$ 对风险的高估程度显著增加；在较高的置信水平上，风险分散系数 δ 变化范围的区间是 [0.935，0.975]，特别地，当置信水平为 99.9%，风险分散系数为 0.9351。

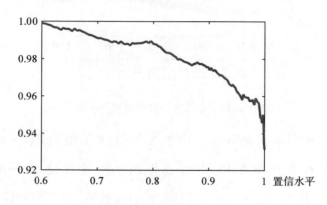

图 6.13　风险分散系数

6.4　本章小结

商业银行操作风险度量中，大多数学者基于 LDA 法用已知分布拟合操作风险的损失数据，从而实现风险度量。LDA 法主要根据操作风险损失发生频率和强度的统计性质进行建模，并未考虑不同时点风险单元间的相互影响，同时未对风险发生的来源及演化机制进行描述和刻画。因此，本章提出考虑不同时点风险单元间相关性的动力学模型来实现对非预期操作风险的度量。基于中国商业银行操作风险历史数据，本章利用 MEF 图确定低频高损类型损失的阈值；根据历史损失数据的统计性质，将不同事件类型间相互关系转化成不对称的风险相关性矩阵，代入损失演化的动力学方程，从自发产生损失、不同事件类型间相互影响关系及银行覆盖预期损失的资本金储备三个角度对操作风险损失演化的机制进行刻画；通过原始数据库的仿真计算，实现模型的参数估计，并对模型稳健性进行检验；通过对损失演化方程的蒙特卡洛模拟和迭代计算，得到不同事件类型的非预期损失情景模拟，从而得到银行业年度总体累计非预期损失的经验分布和 VaR 度量；为了验证 VaR 简单线性叠加是否高估风险，计算不同置信水平下的风险分散系数。

研究结果表明：①本章建立损失演化动力学模型从自发产生损失、不同事件类型间相互影响关系及银行覆盖预期损失的资本金储备三个角度刻画操作风险损失产生、传导及演化的机制，并且模型通过稳健性检验。②不同于 Copula 理论，本章通过不对称的风险相关系数矩阵来描述不同事件类型之间风险相依结构，同时考虑了不同时点的相互影响关系。③基于操作风险历史数据，通过对损失演化方程的仿真计算，能够获得完整的非预期损失情景模拟，并计算年度总体累计非预期损失的 VaR 值。④在较高的置信水平下，VaR 简单线性叠加将会高估风险，并且随着置信水平的提高，风险分散系数显著下降，风险高估效果更加明显。⑤三种风险事件类型中，内部欺诈损失所占比重远远大于其他两种事件类型，成为操作风险损失最主要的组成部分，因此监管者需要进一步完善银行内控机制，有效约束内部人员的行为。

第 7 章　基于双重相关性的
操作风险度量

7.1　引言

　　针对多重操作风险建模，在第 6 章中讨论了含不同风险单元的操作风险损失动力学模型，嵌入了不同时点相关性关系，揭示了操作风险损失产生、传导以及演化机制。本章将从统计学原理和精算模型的角度，对操作风险中多种类型相关性进行建模。由于多数操作风险度量研究均在损失分布法（LDA）研究框架下进行，本章的目的是保留 LDA 研究框架前提下对操作风险不同类型的相关性进行刻画。在 LDA 框架下，操作风险损失分布可以分解为操作风险损失频率与操作风险损失强度的卷积形式，因此可以存在三种类型的相关性结构：累计损失相关性、频率相关性和强度相关性，其中前两者在以往研究中较为常见。损失强度相关性构建时常常会面临"损失强度时间错配"问题从而造成建模困难，因此多数研究暗含不同风险单元之间损失强度相互独立的假设。本章在不破坏 LDA 研究框架的条件下，引入损失强度均值概念，构建同时含有风险损失频率相关性和损失强度均值相关性的双重相关性模型。

　　本章首先讨论了经典损失分布法模型以及其中三种类型的相关性结构，在此基础上引入损失强度均值变量，利用 Copula 理论分别刻画风险损失频率相关性和损失强度均值相关性，完成双重相关性模型的搭建以及给出配套的数值实验技术。在实证部分，本章将比较双重相关性模型和其他四类传统相关性模型风险度量的效果，四类传统相关性模型分别为频率相关性模型、年度累计损失相关性模型、同单调模型和 VaR 的上确界。值得读者注意的是，本章讨论的是不同风险单元损失之间的相关性（组间损失相关性）而不是组内损失相关性。

7.2　研究方法

7.2.1　经典 LDA 模型与相关性结构分析

基于经典损失分布法（LDA）框架，对于风险单元 i（$i = 1, \cdots, d$）的操作风险损失可以记为 $L_i(t) = \sum_{j=1}^{N_i(t)} X_{i,j}$，包含了不同风险单元的操作风险损失发生过程可以表示为 $L = \sum_i^d L_i$（N_i 表示风险单元 i 操作风险损失发生的频次，$X_{i,j}$ 表示风险单元 i 发生第 j 次损失的强度，d 表示风险单元总数）。根据操作风险损失频率和强度的统计特征，可将操作风险损失分为高频低损类型的 Ordinary Loss（High Frequency Low Severity，HFLS）和低频高损类型的 Catastrophic loss（Low Frequency High Severity，LFHS）两种。

基于极值理论（EVT）的 POT 模型，本章通过阈值的确定对每个风险单元上述两种类型损失进行划分（损失金额高于阈值属于 LFHS 类型，低于阈值属于 HFLS 类型），并在此基础上分别对操作风险损失发生的频率和强度进行建模：由于 Poisson 分布适合刻画单位时间或空间内随机事件发生的频率，本章假设各个风险单元的 LFHS 类型和 HFLS 类型损失发生均服从参数为齐次泊松点过程（Homogeneous Poisson Process），分别记为 $N_i^U \sim F_i^{f,U}(n; \lambda_i^U)$ 和 $N_i^L \sim F_i^{f,L}(n; \lambda_i^L)$。在此基础上，以阈值 u_i 为界，两种类型损失强度将被分段定义，并将上述两段分布在阈值 u_i 处连接，即

$$F_i^s(x) = \begin{cases} F_i^{s,L}, \ 0 < x \leq u_i \\ 1 - [1 - F_i^L(u)](1 - F_i^{s,U}), \ x > u_i \end{cases} \quad (7-1)$$

其中，根据 Balkema 和 de Haan[269] 以及 Pickands[268] 的研究，在 POT 模型中高于阈值 u_i 的 LFHS 类型损失强度服从广义帕累托分布（GPD），记为 $X_i^U \sim F_i^{s,U}(x; \xi_i, u_i, \beta_i)$，其中 ξ_i 和 β_i 分别表示形状参数和尺度参数，其概率分布函数为

$$F(x; \xi, u, \beta) = \begin{cases} 1 - \left(1 + \xi \dfrac{x-u}{\beta}\right)^{-\frac{1}{\xi}}, \ \xi \neq 0 \\ 1 - e^{-\frac{x-u}{\beta}}, \ \xi = 0 \end{cases} \quad (7-2)$$

GPD 分布总体均值和方差分别为

$$\begin{aligned} \mathrm{E}(X) &= u + \frac{\beta}{1-\xi}, \ \xi < 1 \\ \mathrm{VaR}(X) &= \frac{\beta^2}{(1-\xi)^2(1-2\xi)}, \ \xi < 1/2 \end{aligned} \quad (7-3)$$

根据 Davison，本章将采用 W 统计量对于风险损失数据进行残差检验以考察 GPD 分布的拟合效果[270]：

$$W_i = \frac{1}{\xi} \ln\left[1 - \xi \frac{x_i - u}{\beta + \xi(x_i - u)}\right] \quad (7-4)$$

若超阈值数据 $x_i - u$ 服从 GPD 分布，那么残差 W_i 应服从单位指数分布。本章实证部分拟采用 Q-Q 图对于超阈值数据的 GPD 分布拟合效果进行检验。

低于阈值 u_i 的 HFLS 类型损失强度记为 $X_i^L \sim F_i^{s,L}$，可采用多种不同形态的概率分布对其进行拟合（如指数分布、对数正态分布、Weibull 分布、Gamma 分布等）。

（1）指数分布

若随机变量 X 服从尺度参数为 $\lambda > 0$ 的指数分布，$X \sim Exp(\lambda)$，其概率密度函数为

136

$$f(x;\lambda) = \begin{cases} \lambda e^{-\lambda x}, & x > 0 \\ 0, & x \leqslant 0 \end{cases} \tag{7-5}$$

服从指数分布的随机变量 X 的多阶矩（均值/方差/偏度 g_1/峰度 g_2）分别为

$$\mathrm{E}(X) = \frac{1}{\lambda}, \ \mathrm{var}(X) = \frac{1}{\lambda^2}$$
$$g_1(X) = 2, \ g_2(X) = 6 \tag{7-6}$$

（2）对数正态分布

若随机变量 X 服从均值参数为 μ、方差参数为 σ^2 的对数正态分布，简记为 $X \sim LN(\mu, \sigma^2)$，其中 $\sigma > 0$。对数正态分布的概率密度函数为

$$f(x;\mu,\sigma) = \begin{cases} \dfrac{1}{\sigma x \sqrt{2\pi}} e^{-\frac{(\ln x - \mu)^2}{2\sigma^2}}, & x > 0 \\ 0, & x \leqslant 0 \end{cases} \tag{7-7}$$

服从对数正态分布的随机变量 X 的多阶矩（均值/方差/偏度 g_1/峰度 g_2）分别为

$$\mathrm{E}(X) = e^{\frac{\mu + \sigma^2}{2}}, \ \mathrm{var}(X) = (e^{\sigma^2} - 1) e^{2\mu + \sigma^2}$$
$$g_1(X) = \sqrt{e^{\sigma^2} - 1}(2 + e^{\sigma^2})$$
$$g_2(X) = e^{4\sigma^2} + 2e^{3\sigma^2} + 3e^{2\sigma^2} - 6 \tag{7-8}$$

（3）Weibull 分布

若随机变量 X 服从形状参数为 $\xi > 0$，尺度参数为 $\beta > 0$ 的 Weibull 分布（韦布尔分布），简记为 $X \sim W(\xi, \beta)$，其概率密度函数为

$$f(x;\xi,\beta) = \begin{cases} \dfrac{\xi}{\beta} \left(\dfrac{x}{\beta} \right)^{\xi-1} e^{-\left(\frac{x}{\beta} \right)^{\xi}}, & x > 0 \\ 0, & x \leqslant 0 \end{cases} \tag{7-9}$$

服从 Weibull 分布的随机变量 X 的多阶矩（均值/方差/偏度 g_1/峰度 g_2）分别为

$$E(X) = \beta\Gamma\left(1 + \frac{1}{\xi}\right)$$

$$\text{VaR}(X) = \beta^2\left[\Gamma\left(1 + \frac{2}{\xi}\right) - \Gamma^2\left(1 + \frac{1}{\xi}\right)\right]$$

$$g_1(X) = \frac{\Gamma\left(1 + \frac{3}{\xi}\right) - 3\Gamma\left(1 + \frac{1}{\xi}\right)\Gamma\left(1 + \frac{2}{\xi}\right) + 2\Gamma^3\left(1 + \frac{1}{\xi}\right)}{\left[\Gamma\left(1 + \frac{2}{\xi}\right) - \Gamma^2\left(1 + \frac{1}{\xi}\right)\right]^{3/2}}$$

$$g_2(X) = \frac{\left[\begin{array}{c} -4\Gamma\left(1 + \frac{1}{\xi}\right)\Gamma\left(1 + \frac{3}{\xi}\right) + 12\Gamma^2\left(1 + \frac{1}{\xi}\right)\Gamma\left(1 + \frac{2}{\xi}\right) \\ + \Gamma\left(1 + \frac{4}{\xi}\right) - 6\Gamma^4\left(1 + \frac{1}{\xi}\right) - 3\Gamma^2\left(1 + \frac{2}{\xi}\right) \end{array}\right]}{\left[\Gamma\left(1 + \frac{2}{\xi}\right) - \Gamma^2\left(1 + \frac{1}{\xi}\right)\right]^2}$$

$$(7-10)$$

其中，$\Gamma(x) = \int_0^\infty t^{x-1}e^{-t}\mathrm{d}t$ 为伽马函数。当形状参数 $\xi = 1$ 时，Weibull 分布退化为指数分布；当形状参数 $\xi = 2$ 时，Weibull 分布退化为瑞利分布。

（4）Gamma 分布

若随机变量 X 服从形状参数为 $\xi > 0$，尺度参数为 $\beta > 0$ 的 Gamma 分布（伽马分布），简记为 $X \sim G(\xi,\beta)$，其概率密度函数为

$$f(x) = \begin{cases} \dfrac{\beta^\xi}{\Gamma(\xi)}x^{\xi-1}e^{-\beta x}, & x > 0 \\ 0, & x \leqslant 0 \end{cases} \qquad (7-11)$$

其中，$\Gamma(x) = \int_0^\infty t^{x-1}e^{-t}\mathrm{d}t$ 为伽马函数。服从 Gamma 分布的随机变量 X 的多阶矩（均值／方差／偏度 g_1／峰度 g_2）为

$$E(X) = \frac{\xi}{\beta}, \ \text{var}(X) = \frac{\xi}{\beta^2}$$

$$g_1(X) = \frac{2}{\sqrt{\xi}}, \ g_2(X) = \frac{6}{\xi}$$

$$(7-12)$$

当形状参数 $\xi = 1$ 时，Gamma 分布退化为指数分布。

为了获取 HFLS 类型损失的最优分布形态，本节采用 Kolmogorov – Smirnov 检验（K–S 检验）来检验上述四个分布的拟合优度。K–S 检验的核心思想是将样本数据的累计概率分布 $F_n(x)$ 与特定理论累分布 $F(x)$ 进行比较，并计算 $D_n = \sup_x |F_n(x) - F(x)|$。若两者距离 D_n 较小，则可推论出该样本服从某特定分布。

在对各个风险单元不同类型损失发生频率和强度建模的基础上，可获得基于 LDA 框架和 EVT – POT 模型的包含不同风险单元的年度累计总损失度量：

$$L = \sum_{i=1}^{d} L_i = \sum_{i=1}^{d} \sum_{j=1}^{N_i} X_{i,j} = \sum_{i=1}^{d} \left(\sum_{p=1}^{N_i^U} X_{i,p}^U + \sum_{q=1}^{N_i^L} X_{i,q}^L \right) \quad （7 – 13）$$

针对包含了不同风险单元的多重操作风险度量研究，除对各自风险单元损失发生的频率和强度进行建模外，风险单元之间潜在的相关性结构同样是至关重要的。最常见的风险相关性结构是（年度）累计损失相关性（Aggregate Loss Correlation），即式（7 – 13）中 L_i 与 L_j 的相关性。假设不同风险单元之间（年度）累计损失 L_i 存在相关性关系，可通过提取不同风险单元历史年度总损失数据并计算其相关系数矩阵获得。

在 LDA 研究框架下，操作风险损失信息可细化为损失发生的频率和每次损失的强度。因此，除考察（年度）累计损失相关性外，不同风险单元之间的相关性关系也可能来源于操作风险损失频率相关性和强度相关性[168]。

频率相关性（Frequency Correlation）：即 N_i 与 N_j 的相关性。该相关性结构假设不同风险单元操作风险损失发生的频率不是相互独立的。在商业银行实际运营过程中可观测到，由于受到一些共同因素的影响（譬如银行运营状况、宏观经济环境等），风险单元间的损失发生频率往往会表现出一定的正相关性，例如，银行内部欺诈损失的发生往往伴随着外部欺诈事件。由于每年操作风险损失发生的频率可以观测，与（年度）累计损失相关性类似，频率相关性可以通过提取每年不同风险单元损失年度频率历史数据并计算其相关系数矩阵获得。

强度相关性（Severity Correlation）：即 X_i 与 X_j 的相关性。该相关性结构假设不同风险单元之间操作风险损失强度存在相关性关系，这同样可以在实际运营过程中被观测到。不同于频率相关性，在不破坏原有 LDA 研究框架的前提下，损失强度相关性较难刻画。通常，相关性关系测算是基于不同风险单元在同一时刻的指标观测值（譬如频率相关性的计算基于同一年内不同风险单元损失发生次数观测值，累计损失相关性的计算基于同一年内不同风险单元累计损失金额观测值）。尽管操作风险单次损失的强度是可观测的，但是不同风险单元的损失并非同时发生，也不能通过重复度量法对损失强度进行实时观测（尤其是 LFHS 类型损失统计特性导致重复度量法在绝大多数时间的观测值均为 0），因此不同风险单元损失强度的时间不匹配性导致风险损失强度的相关性建模存在困难，即存在"损失强度时间错配"问题。

综上所述，在多重操作风险相关性建模时，绝大多数研究在保留 LDA 原有框架基础上主要考虑前两种相关性类型，即年度累计损失相关性和频率相关性，并且假设不同风险单元操作风险损失强度均服从独立同分布（IID），忽略损失强度相关性。

7.2.2 基于双重相关性的操作风险度量模型

为了解决相关性结构建模中"损失强度时间错配"问题，本章引入风险损失强度均值 $\overline{X}_i$ 概念代替损失强度 X_i'，并基于经典的 LDA 模型框架提出了同时考虑了风险损失频率相关性和损失强度相关性的双重相关性模型：

$$L = \sum_{i=1}^{d} \left(\sum_{p=1}^{N_i^U} X_{i,p}^U + \sum_{q=1}^{N_i^L} X_{i,q}^L \right) = \sum_{i=1}^{d} \left[N_i^U \left(\frac{1}{N_i^U} \sum_{p=1}^{N_i^U} X_{i,p}^U \right) + N_i^L \left(\frac{1}{N_i^L} \sum_{q=1}^{N_i^U} X_{i,q}^L \right) \right]$$

$$= \sum_{i=1}^{d} \left(N_i^U \overline{X}_i^U + N_i^L \overline{X}_i^L \right)$$

$$(7 - 14)$$

140

$$\overline{X}_i^U = \frac{1}{N_i^U} \sum_{p=1}^{N_i^U} X_{i,p}^U \quad \overline{X}_i^L = \frac{1}{N_i^L} \sum_{q=1}^{N_i^L} X_{i,q}^L \qquad (7-15)$$

其中，$X_i^U \sim F_i^{s,U}(x;\xi_i,u_i,\beta_i)$，$X_i^L \sim F_i^{s,L}$，$N_i^U \sim F_i^{f,U}(n;\lambda_i^U)$ 和 $N_i^L \sim F_i^{f,L}(n;\lambda_i^L)$。特别注意的是，$\overline{X}_i^U$ 表示 N_i^U 个独立同分布的变量 $X_i^U \sim F_i^{s,U}(x;\xi_i,u_i,\beta_i)$ 的均值，因此其概率分布不同于 X_i^U，而是服从频率为 N_i^U 的条件概率分布，记为 $\overline{X}_i^U \sim F_i^{s,U}{}_{|N_i^U}(x)$；$\overline{X}_i^L$ 同理，记为 $\overline{X}_i^L \sim F_i^{s,L}{}_{|N_i^L}(x)$。本章通过数值模拟技术求解 $\overline{X}_i$ 的经验概率分布 $F_i^{s,\cdot}{}_{|N_i}$，算法如下所示：

算法 7.1　　　　　　　　$F_i^{s,\cdot}{}_{|N_i=n}$ **数值模拟**

步骤 1. 产生 n 个服从 $F_i^{s,\cdot}$ 的独立同分布（IID）随机变量 $x_1,x_2,\cdots,x_n$；

步骤 2. 计算 $x_1,x_2,\cdots,x_n$ 的均值，记为 $\bar{x}$；

步骤 3. 重复上述两个步骤 10000 次，获得 10000 个元素结果 $\bar{x}$，记为矩阵 $\overline{x}$；

步骤 4. 将矩阵 $\overline{x}$ 中所有元素从小到大排序，由非参数法获得 $\overline{X}_i$ 的经验分布 $F_i^{s,\cdot}{}_{|N_i=n}$。

进一步地，由于随机变量 $N_i = 1,2,\cdots,n,\cdots$，由算法 7.1 可获得变量 $\overline{X}_i$ 的条件概率分布集合，记为 $\{F_i^{s,\cdot}{}_{|N_i=n} \mid n = 1,2,\cdots\}$。

在不同风险单元损失频率和损失强度均值边缘分布信息基础上，本章借助 Copula 理论分别捕捉 HFLS 类型和 LFHS 类型损失频率相关性和损失强度均值相关性，如式（7-16）和式（7-17）所示：

损失频率相关性：

$$F(N_1^U,N_2^U,\cdots,N_d^U) = C^{f,U}\left[F_1^{f,U}(N_1^U),F_2^{f,U}(N_2^U),\cdots,F_d^{f,U}(N_d^U)\right]$$

$$F(N_1^L,N_2^L,\cdots,N_d^L) = C^{f,L}\left[F_1^{f,L}(N_1^L),F_2^{f,L}(N_2^L),\cdots,F_d^{f,L}(N_d^L)\right]$$

$$(7-16)$$

损失强度均值相关性：

$$F(\overline{X}_1^U,\overline{X}_2^U,\cdots,\overline{X}_d^U) = C^{s,U}\left[F_1^{s,U}{}_{|N_1^U}(\overline{X}_1^U),F_2^{s,U}{}_{|N_2^U}(\overline{X}_2^U),\cdots,F_d^{s,U}{}_{|N_d^U}(\overline{X}_d^U)\right]$$

$$F(\overline{X}_1^L,\overline{X}_2^L,\cdots,\overline{X}_d^L) = C^{s,L}\left[F_1^{s,L}{}_{|N_1^L}(\overline{X}_1^L),F_2^{s,L}{}_{|N_2^L}(\overline{X}_2^L),\cdots,F_d^{s,L}{}_{|N_d^L}(\overline{X}_d^L)\right]$$

$$(7-17)$$

这里，$C^{f,U}$ 和 $C^{f,L}$（$C^{s,U}$ 和 $C^{s,L}$）分别表示 LFHS 类型和 HFLS 类型损失频率（损失强度均值）相关性结构，即 Copula 函数。为了更好地捕捉不同风险单元之间的相关性关系，尤其是潜在的尾部相关性，本章采用 t – Copula 函数拟合风险损失频率相关性和损失强度均值相关性，d 维 t – Copula 概率分布函数和密度函数可以分别表示为

$$C(v_1, v_2, \cdots, v_d; \sum, v) = T_{\sum, v}[T^{-1}(v_1), T^{-1}(v_2), \cdots, T^{-1}(v_d)]$$

$$= \int_{-\infty}^{T_v^{-1}(v_1)} \int_{-\infty}^{T_v^{-1}(v_2)} \cdots \int_{-\infty}^{T_v^{-1}(v_d)} \frac{\Gamma\left(\frac{v+d}{2}\right)\left|\sum\right|^{-\frac{1}{2}}}{\Gamma\left(\frac{v}{2}\right)(v\pi)^{\frac{d}{2}}} \left(1 + \frac{1}{v}x'\sum^{-1}x\right)^{-\frac{v+d}{2}} dx_1 dx_2 \cdots dx_d$$

$$(7 - 18)$$

$$c(v_1, v_2, \cdots, v_d; \sum, v) = \left|\sum\right|^{-\frac{1}{2}} \frac{\Gamma\left(\frac{v+d}{2}\right)\left[\Gamma\left(\frac{v}{2}\right)\right]^{d-1}}{\left[\Gamma\left(\frac{v+d}{2}\right)\right]^d} \frac{\left(1 + \frac{1}{v}\omega'\sum\omega\right)^{-\frac{v+d}{2}}}{\prod_{n=1}^{d}\left(1 + \frac{\omega_n^2}{v}\right)^{-\frac{v+1}{2}}}$$

$$(7 - 19)$$

其中，$\sum$ 为相关系数矩阵，v 为 t – Copula 函数的自由度，$\{v_i\}$ 为服从 $[0,1]$ 均匀分布的随机变量，$T_{\sum,v}$ 和 T_v^{-1} 分别表示标准多元 t 分布函数和学生 t 分布逆函数。令 $\omega = (\omega_1, \omega_2, \cdots, \omega_d)^T$，且 $\omega_i = T_v^{-1}(v_i)$，$i = 1, 2, \cdots, d$。

本章将采用极大似然估计（MLE）来实现模型参数估计。针对样本 $(x_{1t}, x_{2t}, \cdots, x_{Nt})$，其中 $t = 1, 2, \cdots, T$，相应的对数似然函数为

$$\ln L(x_1, x_2, \cdots, x_d; \theta) =$$

$$\sum_{t=1}^{T}\left[\sum_{i=1}^{d}\ln f_i(x_{it}; \theta_i) + \ln c(F_1(x_{1t}; \theta_1), F_2(x_{2t}; \theta_2), \cdots, F_d(x_{dt}; \theta_d); \theta_c)\right]$$

$$(7 - 20)$$

$$\hat{\theta}_1 = \arg\max_{\theta_1 \in R^{m_1}} \sum_{t=1}^{T} \ln f_1(x_{1t};\theta_1)$$

$$\hat{\theta}_2 = \arg\max_{\theta_2 \in R^{m_2}} \sum_{t=1}^{T} \ln f_2(x_{2t};\theta_2) \qquad (7-21)$$

$$\vdots$$

$$\hat{\theta}_d = \arg\max_{\theta_d \in R^{m_d}} \sum_{t=1}^{T} \ln f_d(x_{dt};\theta_d)$$

$$\hat{\theta}_c = \arg\max_{\theta_c \in R^{m_c}} \sum_{t=1}^{T} c[F_1(x_{1t};\hat{\theta}_1), F_2(x_{2t};\hat{\theta}_2), \cdots, F_d(x_{dt};\hat{\theta}_d);\theta_c]$$

$$(7-22)$$

其中, $f_i(\cdot;\theta_i)$ 和 $F_i(\cdot;\theta_i)$ 分别表示边缘概率密度函数和边缘概率分布函数, 待估参数集 $\theta = \{\theta_1, \cdots, \theta_i, \cdots, \theta_d; \theta_c\}$ 包括 Copula 参数 θ_c 和边缘分布参数 $\{\theta_i\}, i = 1, \cdots, d$ 两部分, T 表示样本容量。

由于直接搜索式 (7-20) 的最优参数 θ 较为复杂, 因此本章采用边缘推断函数 (Inference Function for Margins, IFM) 来估计模型参数, 分两步实现参数估计:

第一步, 估计边缘分布的参数 $\theta_i, i = 1, \cdots, d$, 如式 (7-21) 所示, 记为 $\{\hat{\theta}_1, \cdots, \hat{\theta}_d\}$;

第二步, 将第一步估计得到的边缘分布参数 $\{\hat{\theta}_1, \cdots, \hat{\theta}_d\}$ 代入式 (7-22), 进一步估计得到 Copula 参数 θ_c。

为了确定待选 Copula 函数是否能准确刻画变量间的相依结构, 本章借鉴 Hu 的做法[275], 利用服从 χ^2 分布的 M 统计量评价 Copula 模型的拟合效果。下面以二元情景为例, 基于 M 统计量的 χ^2 检验实现算法见算法7.2。

算法 7.2   **基于 M 统计量的 χ^2 检验**

步骤 1. 以观测序列 $\{x_t\}$ 和 $\{y_t\}$ 为例，根据边缘分布信息，将观测序列 $\{x_t\}$ 和 $\{y_t\}$ 进行概率积分变换，得到服从 (0，1) 均匀分布的独立同分布序列 $\{u_t\}$ 和 $\{v_t\}$；

步骤 2. 构造包含 $k \times k$ 单元格的集合 $G(i,j)$，$i,j = 1,2,\cdots,k$；

步骤 3. 若 $(i-1)/k \leqslant u_t < i/k$ 且 $(j-1)/k \leqslant v_t < j/k$，则点 (u_t,v_t) 落入集合 $G(i,j)$，记为 (u_t,v_t) $\in G(i,j)$；

步骤 4. $n_{i,j}$ 表示落入集合 $G(i,j)$ 的实际观测点个数，$\hat{n}_{i,j}$ 表示由待验 Copula 函数预测的应落在集合 $G(i,j)$ 的预测点个数；

步骤 5. 计算 χ^2 检验的 M 统计量，服从自由度为 $(k-1)^2$ 的 χ^2 分布：

$$M = \sum_{i=1}^{k} \sum_{j=1}^{k} \frac{(n_{i,j} - \hat{n}_{i,j})^2}{\hat{n}_{i,j}} \qquad (7-23)$$

特别地，基于 M 统计量的 χ^2 检验中 k 值选取可以根据样本总数和样本具体分布而定，既要保证有足够的单元格用于模型拟合效果评价，又要保证每个单元格中有足够的观测点。在实证过程中，可视实际情况合并部分含观测点个数过少的单元格，相应地 χ^2 分布的自由度将减小为 $(k-1)^2 - p - q + 1$，其中 p 为模型参数个数，q 为合并的单元格个数。

7.2.3 数值实验技术

在 7.2 节兼具操作风险损失频率相关性和损失强度均值相关性的双重相关性风险度量模型构建以及从参数估计的基础上，本节运用蒙特卡洛模拟方法（Monte Carlo Simulation）还原给定时间区间内（一般取一年）操作风险损失情景，并在此基础上计算银行年度总损失风险价值（VaR）作为风险资本。参考巴塞尔新资本协议，本章将 VaR 的置信水平取为 99.9%。

在实现双重相关性风险度量模型数值模拟之前，本节首先给出如何产生一组服从多元 t – Copula 分布的随机变量。根据学生 t 分布性质，多元 t – Copula 数值模拟算法表示为

算法 7.3	多元 t – Copula 数值模拟

步骤 1. 产生一个随机向量服从 d 维 t 分布 $T_{\sum,v}(\cdot,\cdots,\cdot)$，记为 $(\omega_1,\omega_2,\cdots,\omega_d)$；

步骤 2. 计算 $v_n = T_v(\omega_n)$，因此 $(v_1,v_2,\cdots,v_d)$ 为服从 $C(v_1,v_2,\cdots,v_d;\sum,v)$ 的一个现实，这里 $n = 1,2,\cdots,d$。

由此，本章采用蒙特卡洛模拟技术实现双重相关性操作风险度量模型损失情景模拟，具体步骤见算法 7.4。

算法 7.4	双重相关性模型损失情景的蒙特卡洛模拟

步骤 1. 产生一组服从 $C^{f,U}$ 分布的随机向量 $v^{f,U} = (v_1^{f,U},\cdots,v_d^{f,U})$；

步骤 2. 根据 LFHS 类型风险损失频率的边缘分布信息，由 $v_i^{f,U} = F_i^{f,U}(n_i^U)$ 反解出 LFHS 类型损失频率向量 $N^U = (n_1^U,\cdots,n_d^U)$；

步骤 3. 产生一组服从 $C^{s,U}$ 分布的随机向量 $v^{s,U} = (v_1^{s,U},\cdots,v_d^{s,U})$；

步骤 4. 提取各个风险单元损失频率 $N^U = (n_1^U,\cdots,n_d^U)$ 条件下的 LFHS 类型损失强度均值经验分布集合，记为 $\{F_i^{s,U} \mid N_i^U = n_i^U\}$；

步骤 5. 根据 LFHS 类型风险损失强度均值的边缘经验分布信息，由 $v_i^{s,U} = F_i^{s,U} \mid N_i^U = n_i^U(\bar{x}_i^U)$ 反解出 LFHS 类型损失强度均值向量 $\bar{X}^U = (\bar{x}_1^U,\cdots,\bar{x}_d^U)^T$；

步骤 6. 同理可得 HFLS 类型损失频率向量 $N^L = (n_1^L,\cdots,n_d^L)$ 和 HFLS 类型损失强度均值向量 $\bar{X}^L = (\bar{x}_1^L,\cdots,\bar{x}_d^L)^T$；

步骤 7. 计算商业银行年度总累计损失 $L = N^U \bar{X}^U + N^L \bar{X}^L$；

步骤 8. 将步骤 1 至步骤 7 重复 1000000 次，获得集合 $\{L\}$ 并将其排序，使得 $L:L_{(1)} \leqslant L_{(2)} \leqslant \cdots \leqslant L_{(1000000)}$ 并获得年度总累计损失 L 的经验分布；

步骤 9. 计算置信水平为 α 的风险价值 $\mathrm{VaR}_\alpha = \inf\left\{L_{(p)} : \dfrac{p}{1000000} \geqslant \alpha\right\}$。

7.3　实证结果与分析

本章实证部分采用课题小组通过公开媒体披露收集的操作风险损失数据。在数据收集方面，鉴于较难收集我国商业银行操作风险完整内部数据，结合中国人民银行网站、银监会网站、国内几大网站的财经新闻专栏和法院案例及其他相关文献论文中所披露的我国商业银行操作风险案例，收集到了我国商业银行1994年至2014年被揭露出的操作风险损失事件，形成我国商业银行操作风险外部数据库。该外部数据库信息包括损失发生时间及地点、涉案银行、损失金额、所属的风险事件类型和业务条线、涉案人员职位以及所属部门和相关具体案情描述等。本章选取最具影响力的三种风险事件类型，包括内部欺诈、外部欺诈和执行、交割与流程管理。因此，本章提取1518个操作风险损失观测值，包括内部欺诈类型684个，外部欺诈类型266个以及执行、交割与流程管理类型123个。本章损失数据单位均为万元。

7.3.1 模型参数估计

本章首先利用POT模型拟合每个风险事件类型损失强度的边缘分布并分段定义，其中阈值的确定采用超额均值法（MEF法），图7.1～图7.3分别为三种风险事件类型的MEF图像。由图7.1～图7.3可知，根据MEF曲线的转折点选择阈值，内部欺诈类型损失阈值为20000（万元），外部欺诈类型损失阈值为15000（万元），执行、交割与流程管理类型阈值为15000（万元），阈值以上的数据分别为81个、62个和35个。由于阈值以上的样本数均大于25，POT模型的GPD参数估计的稳健性能够得到保证。

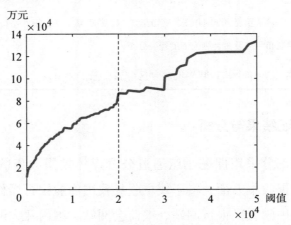

图7.1 超额均值函数（内部欺诈）

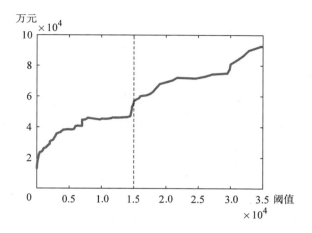

图 7.2　超额均值函数（外部欺诈）

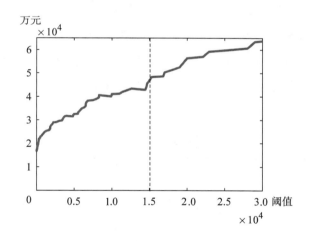

图 7.3　超额均值函数（执行、交割与流程管理）

由 7.2.1 节的相关定义可知，根据单次操作风险事件的损失金额是否超过阈值，可以将操作风险损失分为 Ordinary loss 和 Catastrophic loss 两种类型，接下来将分别对两种类型损失的频率和强度进行建模。首先对操作风险频率建模，本章假设这两类操作风险损失的发生服从齐次泊松过程，简记为 $N_i^U \sim \text{Poisson}(\lambda_i^U)$ 和 $N_i^L \sim \text{Poisson}(\lambda_i^L)$。根据泊松过程的可叠加性质，不区分 Ordinary loss 和 Catastrophic loss 的操作风险事件发生也服从频率参数为 $(\lambda_i^U + \lambda_i^L)$ 的齐次泊松过程，简记为 $N_i \sim$ Poisson$(\lambda_i^U + \lambda_i^L)$。本章采用极大似然法（MLE）对损失频率参数 λ 进行估计，参数估计结果见表7.1。

表7.1　　　　　　　　　损失频率边缘分布参数估计

风险事件类型	Ordinary Losses	Catastrophic Losses
内部欺诈	32.74	3.05
外部欺诈	11.63	2.16
执行、交割与流程管理	4.95	1.47

其次对操作风险强度建模：由 POT 模型可知，超过阈值的 Cata-strophic loss 强度将近似服从广义帕累托分布（GPD），实证过程中采用 W 统计量评价 GPD 分布的拟合效果；针对阈值以下的 Ordinary loss 强度，本章利用多种不同形态的分布（对数正态分布；Weibull 分布；指数分布；Gamma 分布）拟合，并采用 K - S 检验评价其拟合优度。操作风险损失强度参数估计也采用极大似然法（MLE），参数估计和相关检验结果见表7.2。

表7.2　　　　　　　　　损失强度边缘分布参数估计

事件类型	参数	Ordinary Losses				Catastrophic Losses
		Log – normal	Weibull	Exponential	Gamma	GPD
内部欺诈	Parameter 1	6.28	1.43×10^3	2.40×10^3	0.34	0.63
	Parameter 2	2.01	0.56	—	5.56×10^3	3.96×10^4
	Parameter 3	—	—	—	—	2×10^4
	D（K－S）值	0.068 *	0.079	0.302	0.105	—
	P（K－S）值	0.01	0.00	0.00	0.00	
外部欺诈	Parameter 1	5.78	1.07×10^3	2.26×10^3	0.35	0.69
	Parameter 2	2.53	0.47	—	6.53×10^3	2.30×10^4
	Parameter 3	—	—	—	—	1.5×10^4
	D（K－S）值	0.081 ***	0.083 **	0.379	0.121	—
	P（K－S）值	0.10	0.09	0.00	0.00	

事件类型	参数	Ordinary Losses				Catastrophic Losses
		Log – normal	Weibull	Exponential	Gamma	GPD
执行、 交割与 流程管理	Parameter 1	6.86	2.38×10^3	3.20×10^3	0.52	0.66
	Parameter 2	2.00	0.64	—	6.15×10^3	2.06×10^4
	Parameter 3	—	—	—	—	1.5×10^3
	D（K – S）值	0.095 ***	0.107 ***	0.237	0.096 ***	—
	P（K – S）值	0.34	0.21	0.00	0.32	

注：*** 代表 10% 显著性水平，** 代表 5% 显著性水平，* 代表 1% 显著性水平。

表 7.2 参数估计结果表明，针对 Ordinary loss，三种不同风险事件类型均显示对数正态分布的拟合效果最好：对于内部欺诈类型，只有对数正态分布通过了显著性水平为 1% 的 K – S 检验；对于外部欺诈类型，对数正态分布和 Weibull 分布均通过了显著性水平为 10% 的 K – S 检验，其中对数正态分布拥有最小的 D 值（最大的 P 值）；对于执行、交割与流程管理类型，除了指数分布，其他三种分布均通过了显著性水平为 10% 的 K – S 检验，其中对数正态分布同样拥有最小的 D 值（最大的 P 值）。综上所述，对于所选取的三种事件类型，对数正态分布对于 Ordinary loss 损失强度的拟合效果最好。

针对 Catastrophic loss，表 7.2 同样给出了 GPD 分布参数估计结果。为了进一步检验 GPD 分布对于 Catastrophic loss 损失强度的拟合效果，本章根据式（7 – 3）计算 W 统计量，并用 Q – Q 图验证是否服从单位指数分布，验证结果如图 7.4 ~ 图 7.6 所示。由图 7.4 ~ 图 7.6 可知，三个不同事件类型 GPD 分布对应的 W 统计量均近似服从单位指数分布，这也表明 GPD 分布能够较好地拟合 Catastrophic loss 损失强度。

基于对于 Ordinary loss 和 Catastrophic loss 损失强度分布的参数估计结果，本章将进一步计算获得损失强度均值的分布。不同于利用特定分布对损失强度进行拟合的做法，本章利用数值模拟技术根据算法 7.1，

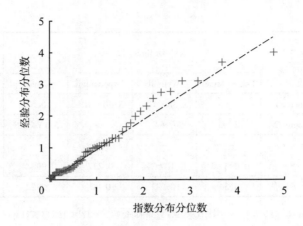

图 7.4　W 统计量的 Q – Q 图（内部欺诈）

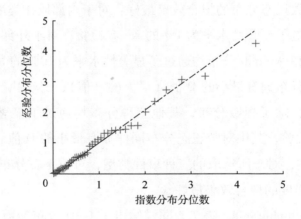

图 7.5　W 统计量的 Q – Q 图（外部欺诈）

获得特定风险频率 $N_i = n$ 条件下的损失强度均值分布 $F_{i}^{s,\cdot}{}_{\mid N_i = n}$。三种风险事件类型的 Ordinary loss 和 Catastrophic loss 损失强度均值累计概率分布如图 7.7～图 7.12 所示，其中图中 Ordinary loss 和 Catastrophic loss 的特定风险频率分别为 $N^L = 1,5,10,20,30,50,100$ 和 $N^U = 1,5,10,20,30,50$。

　　由图 7.7～图 7.12 可知，不论是阈值以下的 Ordinary loss（对数正态分布）还是阈值以上的 Catastrophic loss（GPD 分布），损失强度分布

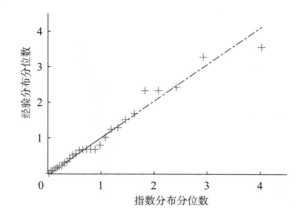

图 7.6　W 统计量的 Q – Q 图（执行、交割与流程管理）

（风险频率 $N = 1$ 的损失强度均值分布）和损失强度均值分布形态有明显的差异，不同风险频率条件下的损失强度均值分布形态也不尽相同；从分布形态上看，随着风险频率逐渐增加，损失强度均值分布的厚尾程度不同，并呈现逐渐减小的趋势，尤其是在 Ordinary loss 部分。对此本章进一步统计了不同风险频率下的上述两种损失强度均值的多阶矩，包括均值（一阶矩）、方差（二阶矩）、峰度（三阶矩）以及峰度（四阶矩），结果见图 7.13 ~ 图 7.18 所示。可以发现，在 Ordinary loss 部分，均值随着风险频率的提升逐渐收敛，方差、偏度和峰度都显著下降；而在 Catastrophic loss 部分呈显著的尖峰厚尾分布，相应的多阶矩无明显变化规律（呈无序波动状）。因此综上所述，在双重相关性模型的损失强度相关性建模过程中，不能简单地用损失强度分布代替特定风险频率条件下的损失强度均值分布。

在获得各个事件类型的 Ordinary loss 和 Catastrophic loss 损失频率边缘分布和不同频率下损失强度均值边缘分布信息后，将分别考察上述两种损失的频率相关性（ $C^{f,L}$ 和 $C^{f,U}$ ）和损失强度均值相关性（ $C^{s,L}$ 和 $C^{s,U}$ ）。考虑到不同风险单元之间损失频率与强度潜在的尾部相关性影响，本章采用 t – Copula 构建损失频率相关性和损失强度均值相关性，

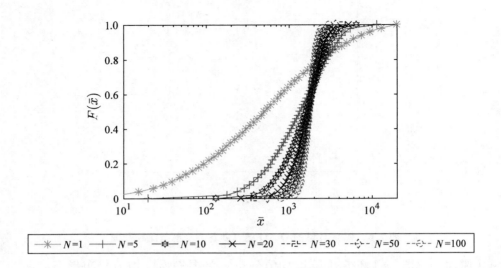

图7.7　不同损失频率条件下的风险损失均值概率分布函数

（内部欺诈；Ordinary Losses）

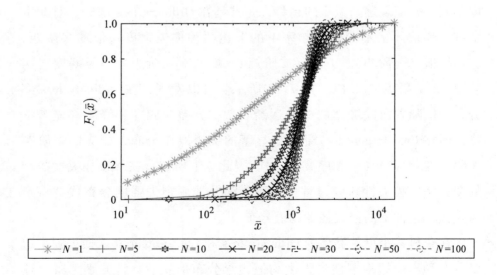

图7.8　不同损失频率条件下的风险损失均值概率分布函数

（外部欺诈；Ordinary Losses）

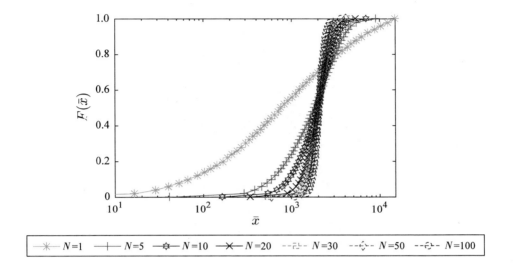

图 7.9　不同损失频率条件下的风险损失均值概率分布函数

（执行、交割与流程管理；**Ordinary Losses**）

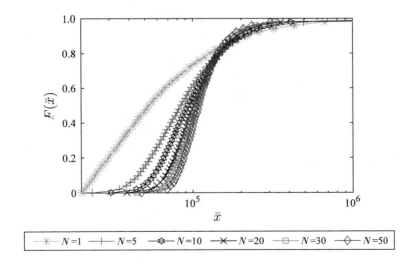

图 7.10　不同损失频率条件下的风险损失均值概率分布函数

（内部欺诈；**Catastrophic Losses**）

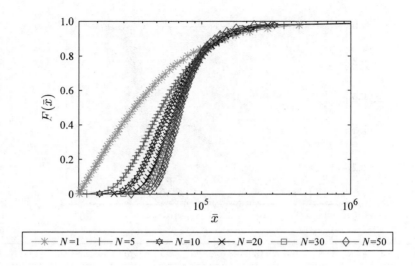

图 7. 11　不同损失频率条件下的风险损失均值概率分布函数

（外部欺诈；**Catastrophic Losses**）

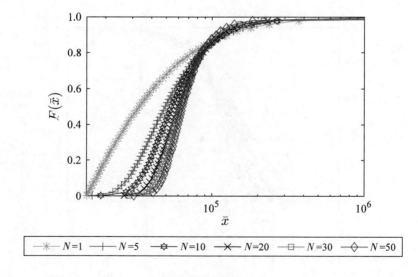

图 7. 12　不同损失频率条件下的风险损失均值概率分布函数

（执行、交割与流程管理；**Catastrophic Losses**）

154

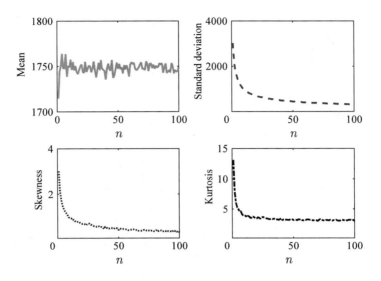

图 7.13　不同损失频率条件下的风险损失均值分布的多阶矩

（内部欺诈；**Ordinary Losses**）

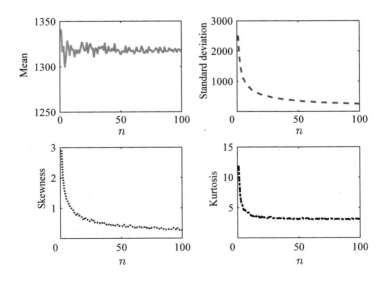

图 7.14　不同损失频率条件下的风险损失均值分布的多阶矩

（外部欺诈；**Ordinary Losses**）

155

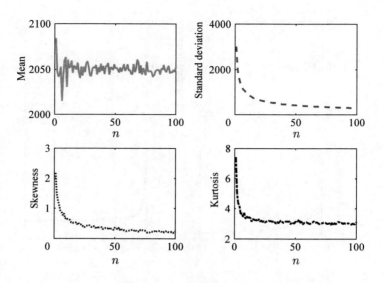

图 7.15　不同损失频率条件下的风险损失均值分布的多阶矩

（执行、交割与流程管理；Ordinary Losses）

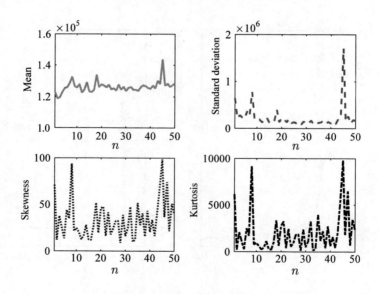

图 7.16　不同损失频率条件下的风险损失均值分布的多阶矩

（内部欺诈；Catastrophic Losses）

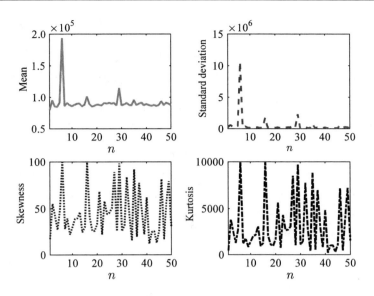

图 7.17　不同损失频率条件下的风险损失均值分布的多阶矩

（外部欺诈；**Catastrophic Losses**）

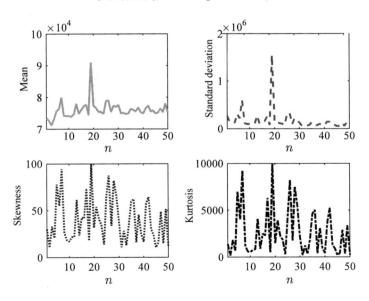

图 7.18　不同损失频率条件下的风险损失均值分布的多阶矩

（执行、交割与流程管理；**Catastrophic Losses**）

采用极大似然法（MLE）对 t – Copula 的参数进行估计，见式（7 –21）。作为参照组，本章同时也采用 Gaussian Copula 对上述四种相关性结构进行拟合，并根据算法 7.2 的基于 M 统计量的 χ^2 检验对上述两种 Copula 函数的拟合效果进行评价，相关性结构参数估计和相关检验结果见表7.3。

表 7.3 　　　　　　　　　　　　　　　　　**相关性结构**

相关性结构类型		t – Copula		Gaussian Copula	
$C^{f,L}$	$\sum$	$\begin{bmatrix} 1 & 0.52 & 0.36 \\ 0.52 & 1 & 0.57 \\ 0.36 & 0.57 & 1 \end{bmatrix}$	ρ	$\begin{bmatrix} 1 & 0.87 & 0.74 \\ 0.87 & 1 & 0.83 \\ 0.74 & 0.83 & 1 \end{bmatrix}$	
	υ	28			
	M 统计量	115.11	M 统计量	120.10	
	P 值	0.01*	P 值	0.01*	
$C^{f,U}$	$\sum$	$\begin{bmatrix} 1 & 0.45 & 0.40 \\ 0.45 & 1 & 0.48 \\ 0.40 & 0.48 & 1 \end{bmatrix}$	ρ	$\begin{bmatrix} 1 & 0.66 & 0.60 \\ 0.66 & 1 & 0.53 \\ 0.60 & 0.53 & 1 \end{bmatrix}$	
	υ	43			
	M 统计量	67.25**	M 统计量	437.91	
	P 值	0.05	P 值	0.00	
$C^{s,L}$	$\sum$	$\begin{bmatrix} 1 & 0.54 & 0.63 \\ 0.54 & 1 & 0.21 \\ 0.63 & 0.21 & 1 \end{bmatrix}$	ρ	$\begin{bmatrix} 1 & 0.41 & 0.28 \\ 0.41 & 1 & -0.27 \\ 0.28 & -0.27 & 1 \end{bmatrix}$	
	υ	5			
	M 统计量	51.54***	M 统计量	377.45	
	P 值	0.37	P 值	0.00	
$C^{s,U}$	$\sum$	$\begin{bmatrix} 1 & 0.4667 & 0.5774 \\ 0.4667 & 1 & 0.2853 \\ 0.5774 & 0.2853 & 1 \end{bmatrix}$	ρ	$\begin{bmatrix} 1 & 0.2622 & 0.0303 \\ 0.2622 & 1 & 0.3289 \\ 0.0303 & 0.3289 & 1 \end{bmatrix}$	
	υ	2			
	M 统计量	8.64***	M 统计量	47.25***	
	P 值	0.99	P 值	0.54	

注：***代表10%显著性水平，**代表5%显著性水平，*代表1%显著性水平。

表7.3实证结果表明：HFLS 类型损失频率相关性 t – Copula 和 Gaussian Copula 均通过显著性水平为1%的 χ^2 检验，但是 t – Copula 对应的 M 统计量更小（拟合效果更好）；LFHS 类型损失频率相关性只有 t – Copula通过了显著性水平为5%的 χ^2 检验，Gaussian Copula 则未通过检验；HFLS 类型损失强度均值相关性 t – Copula 通过了显著性水平为 10%的 χ^2 检验，Gaussian Copula 则未通过检验；LFHS 类型损失强度均值相关性 t – Copula 和 Gaussian Copula 均通过显著性水平为10%的 χ^2 检验，但是 t – Copula 对应的 M 统计量更小。综合上述结论，本章采用 t – Copula分别拟合两种类型损失的频率相关性和强度均值相关性是合理的。

7.3.2　风险资本计算

在7.3.1 节对双重相关性风险度量模型的参数进行估计后，根据算法7.4 通过蒙特卡洛模拟技术对双重相关性风险度量模型进行仿真模拟，从而还原各个风险事件类型损失情景，并在此基础上选取四个具有代表性的置信水平（90%、95%、99%和99.9%），计算相应置信水平下的 VaR 点估计以及相应的区间估计，计算结果如表7.4 所示。表7.4 中区间宽度为相对概念，为 VaR 区间估计上界与下界的差与 VaR 点估计的比值。实证结果表明：随着置信水平的提高，估计得到的 VaR 越大，呈加速增长的趋势，估计区间的宽度也显著增大。为了使操作风险不被低估，应选择较高置信水平下的 VaR 值作为计提资本。因此，这一结果验证了巴塞尔新资本协议中规定商业银行须以 99.9% 的置信水平计提资本的必要性。

表 7.4　　　　　　　　　　　不同置信水平下的 VaR

不同置信水平下的 VaR		0.9	0.95	0.99	0.999
点估计/亿元		132.41	185.42	442.28	1787.0
区间估计/亿元	下界	132.04	184.63	437.72	1707.6
	上界	132.78	186.21	446.84	1866.3
	区间宽度	0.56%	0.85%	2.06%	8.88%

由于不符合次可加性，VaR 不是一致性测度，并且未考虑超过 VaR 的极端值的潜在影响，可能会给操作风险度量（尤其是 LFHS 类型的极端风险）造成一定的偏误。为了解决这一问题，有学者提出一致性测度 CVaR 代替 VaR 测度。因此，本章将分别基于 VaR 测度和 CVaR 测度对双重相关性风险度量模型的风险资本进行测算和比较，测算结果如图 7.19 所示。由图 7.19 可知，基于双重相关性模型的 CVaR 和 VaR 均随着置信水平的提高呈增长趋势，其中 CVaR 的增长幅度更大；相比于 VaR 测度，CVaR 估计更加保守，并且在较高的置信水平下（大于99%）更明显；随着置信水平的提高，尤其当置信水平大于99%时，CVaR 估计误差将会急剧增加，其估计区间显著变宽，相比之下，VaR 估计要稳健许多（误差相对较小，估计区间较窄）。

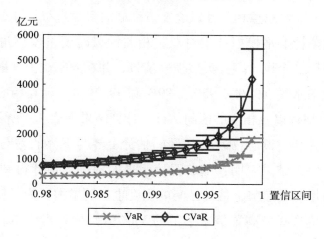

图 7.19 双重相关性模型的 VaR 和 CVaR

7.3.3 讨论：与其他相关性模型比较

在以往的操作风险研究中，尤其是多重操作风险度量研究，包含了多种相关性结构模型，譬如同单调模型，年度累计损失相关性模型以及损失频率相关性模型等。本节将通过双重相关性模型与其他几类传统相关性模型作对比，比较不同相关性结构假设下的操作风险度量效果。

除了本章介绍的双重相关性模型，选取的相关性结构有以下几类。

模型 1：频率相关性模型

在损失分布法 LDA 研究框架下，频率相关性模型假设不同风险单元之间风险损失发生的频率之间具有相关性结构，即 $corr(N_i, N_j) \neq 0$；单次风险损失发生强度服从独立同分布假设（IID）；为了更好地比较模型刻画效果，本节选取的频率相关性模型同时包含了 Ordinary Losses 之间的频率相关性和 Catastrophic Losses 之间的频率相关性，即

$$L = \sum_{i=1}^{d} \left(\sum_{p=1}^{N_i^U} X_{i,p}^U + \sum_{q=1}^{N_i^L} X_{i,q}^L \right) \tag{7-24}$$

$$F(N_1^U, N_2^U, \cdots, N_d^U) = C^{f,U}\left[F_1^{f,U}(N_1^U), F_2^{f,U}(N_2^U), \cdots, F_d^{f,U}(N_d^U) \right]$$

$$F(N_1^L, N_2^L, \cdots, N_d^L) = C^{f,L}\left[F_1^{f,L}(N_1^L), F_2^{f,L}(N_2^L), \cdots, F_d^{f,L}(N_d^L) \right]$$

$$\tag{7-25}$$

其中，$X_{i,p}^U$ 和 $X_{i,q}^L$ 均为独立同分布变量（IID）。根据 7.3.1 节实证结果，$C^{f,U}$ 和 $C^{f,L}$ 均采用 t – Copula 函数拟合，损失强度 $X_{i,p}^U$ 和 $X_{i,q}^L$ 分别采用广义帕累托分布（GPD）和对数正态分布拟合，损失频率 N_i^U 和 N_i^L 服从泊松分布。

模型 2：年度累计损失相关性模型

在损失分布法 LDA 研究框架下，年度累计损失相关性模型假设不同风险单元年度累计损失具有相关性结构，即 $corr(L_i, L_j) \neq 0$。因此，本节选取的年度累计损失相关性模型可以表示为

$$L = \sum_{i=1}^{d} L_i \tag{7-26}$$

$$L_i = \sum_{j=1}^{N_i} X_{i,j} = \sum_{p=1}^{N_i^U} X_{i,p}^U + \sum_{q=1}^{N_i^L} X_{i,q}^L \tag{7-27}$$

$$F(L_1, L_2, \cdots, L_d) = C^l\left[F_1^{emp}(L_1), F_2^{emp}(L_2), \cdots, F_d^{emp}(L_d) \right]$$

$$\tag{7-28}$$

其中，与模型1设定类似，损失强度 $X_{i,p}^U$ 和 $X_{i,q}^L$ 分别采用广义帕累托分布（GPD）和对数正态分布拟合，损失频率 N_i^U 和 N_i^L 服从泊松分布。根据式（7 - 27），利用数值模拟技术获得年度累计损失 $L_i = \sum_{j=1}^{N_i} X_{i,j}$ 经验分布，简记为 F_i^{emp}；根据式（7 - 28），利用 t - Copula 函数链接各个风险单元年度累计损失边缘分布形成联合分布。

模型3：同单调模型

同单调是一种特殊的相关性结构，假设不同风险单元之间的损失具有完美正相关关系，具体表现为同时发生或者同时不发生。因此在同单调假设下，模型2的相关性结构即式（7 - 28）可以进一步退化为：

$$F_1^{emp}(L_1) = F_2^{emp}(L_2) = , \cdots, = F_d^{emp}(L_d) \qquad (7 - 29)$$

同单调情形下可以推演出

$$\text{VaR}(L) = \text{VaR}\left(\sum_{i=1}^d L_i\right) = \sum_{i=1}^d \text{VaR}(L_i) \qquad (7 - 30)$$

需要特别说明的是，除了在个别情形下（同单调），式（7 - 30）并不成立；由于风险分散效应的存在，往往表现为 $\text{VaR}\left(\sum_{i=1}^d L_i\right) < \sum_{i=1}^d \text{VaR}(L_i)$；但是 VaR 不符合次可加性，在特定相关性结构或边缘分布下，符号将会发生逆转，即 $\text{VaR}\left(\sum_{i=1}^d L_i\right) > \sum_{i=1}^d \text{VaR}(L_i)$。在以往研究中，有学者直接拿 $\sum_{i=1}^d \text{VaR}(L_i)$ 代替 $\text{VaR}\left(\sum_{i=1}^d L_i\right)$ 的做法，其实暗含了风险单元之间的损失满足完美正相关假设，由于该假设过于苛刻，实际情况中并不满足，因此 $\sum_{i=1}^d \text{VaR}(L_i)$ 的估计结果有些过于保守。

模型4：VaR 上确界

由于 VaR 测度不是一致性测度，不满足次可加性，尤其是模型维数 $d \geq 3$ 时，$\text{VaR}\left(\sum_{i=1}^d L_i\right) < \sum_{i=1}^d \text{VaR}(L_i)$ 并不恒成立，因此 $\text{VaR}\left(\sum_{i=1}^d L_i\right)$

的上确界并不是同单调条件下的 $\sum_{i=1}^{d} \mathrm{VaR}(L_i)$。若只能获得边缘分布信息 $\{F_i^{emp}: i = 1, \cdots, d\}$ 而相关性结构信息 C^l 未知或部分未知，基于风险度量审慎性原则，计算相关性结构未知条件下的 VaR 上确界（最差情形下的 VaR）是十分必要的。

若 $\{L_i\}$ 的边缘分布信息简记为 $\{F_i^{emp}: i = 1, \cdots, d\}$，$\Im[\mathrm{F}_1^{emp}(\mathrm{L}_1), \cdots, \mathrm{F}_d^{emp}(\mathrm{L}_d)]$ 表示基于边缘分布信息 $\{F_i^{emp}\}$ 条件下的所有可能的联合概率分布 $F(L_1, L_2, \cdots, L_d)$ 集合，那么可以得出未知相关性结构下的 VaR 的上确界和下确界，即

$$\mathrm{VaR}_{UpBound}\left(\sum_{i=1}^{d} L_i\right) = \sup\left\{\mathrm{VaR}\left(\sum_{i=1}^{d} L_i\right): F \in \Im[\mathrm{F}_1^{emp}(\mathrm{L}_1), \cdots, \mathrm{F}_d^{emp}(\mathrm{L}_d)]\right\}$$

$$(7-31)$$

$$\mathrm{VaR}_{LowBound}\left(\sum_{i=1}^{d} L_i\right) = \inf\left\{\mathrm{VaR}\left(\sum_{i=1}^{d} L_i\right): F \in \Im[F_1^{emp}(L_1), \cdots, F_d^{emp}(L_d)]\right\}$$

$$(7-32)$$

因此通过上述定义，可以有 $\mathrm{VaR}_{LowBound}\left(\sum_{i=1}^{d} L_i\right) \leqslant \mathrm{VaR}\left(\sum_{i=1}^{d} L_i\right) \leqslant \mathrm{VaR}_{UpBound}\left(\sum_{i=1}^{d} L_i\right)$。在操作风险度量中，我们将更关注 VaR 的上确界 $\mathrm{VaR}_{UpBound}\left(\sum_{i=1}^{d} L_i\right)$。

借鉴 Embrechts 等[216]和 Bernard 等[226]的思路，本节利用 RA 算法（Rearrangement Algorithm）计算多维情形下的 VaR 上确界。RA 算法适用于任意类型的边缘分布，同时适用于较高的模型维度，并确保精度。首先定义向量 $a, b \in \mathbf{R}^N$，若对于任意 $1 \leqslant j, k \leqslant N$，向量 a, b 元素满足 $(a_j - a_k)(b_j - b_k) \leqslant 0$，则向量 a, b 互为逆序。对于 $N \times d$ 维矩阵 X，对算子 $s(X)$ 做如下定义：

$$s(X) = \min_{1 \leqslant i \leqslant N_1} \sum_{j \leqslant d} x_{ij} \tag{7-33}$$

算法 7.5   **RA 算法计算 VaR 上确界**

步骤 1. 设定某正整数 N 和期望精度 $\varepsilon > 0$；

步骤 2. 若置信水平定为 α，根据式（7-34）定义 $N \times d$ 维矩阵 $X^{lb} = (x_{ij}^{lb})$ 和 $X^{ub} = (x_{ij}^{ub})$：

$$\begin{cases} x_{ij}^{lb} = F_j^{-1}\left(\alpha + \dfrac{(1-\alpha)(i-1)}{N} \right) \\ x_{ij}^{ub} = F_j^{-1}\left(\alpha + \dfrac{(1-\alpha)i}{N} \right) \end{cases} \qquad (7-34)$$

其中，$1 \leqslant i \leqslant N$，$1 \leqslant j \leqslant d$。

步骤 3. 将矩阵 X^{lb} 和 X^{ub} 的每一列元素都打乱随机重排；

步骤 4. 对于 X^{lb} 的某一列（第 j 列），除去该列后的 $N \times (d-1)$ 维矩阵简记为 X_{-j}^{lb} 并按行求和得到列向量 $\left(\sum X \right)_{-j}^{lb}$；对第 j 列元素进行重新排列以满足重排后的列向量与列向量 $\left(\sum X \right)_{-j}^{lb}$ 互为逆序；X^{lb} 经上述重排后得到矩阵 Y^{lb}；

步骤 5. 重复步骤 4 直到满足 $s(Y^{lb}) - s(X^{lb}) < \varepsilon$，所得矩阵简记为 X^{lb*}；

步骤 6. 类似地，利用步骤 4 和步骤 5 处理 X^{ub}，所得矩阵简记为 X^{ub*}；

步骤 7. 定义 $s^{lb} = s(X^{lb*})$ 和 $s^{ub} = s(X^{ub*})$，当 $N \to \infty$ 时，存在式（7-35）从而得出 VaR 的上确界：

$$s^{lb} \simeq s^{ub} \simeq \text{VaR}_{UpBound}\left(\sum \right) \qquad (7-35)$$

综合上述五类相关性模型（包括四类传统相关性模型和本章重点介绍的双重相关性模型），本章进一步利用蒙特卡洛模拟技术实现不同相关性结构下的风险损失情景模拟，并在仿真情景基础上对多重操作风险进行度量，包括 VaR 测度的点估计和区间估计。不同相关性结构下的多重操作风险度量结果如表 7.5 和图 7.20 所示。

表 7.5   **不同相关性模型的 VaR**   单位：亿元

相关性模型	置信水平			
	0.9	0.95	0.99	0.999
双重相关性模型	132.41	185.42	442.28	1787.0
频率相关性模型	162.06	218.24	462.07	1692.6
年度累计损失相关性模型	162.39	223.48	511.97	1741.1

续表

相关性模型	置信水平			
	0.9	0.95	0.99	0.999
同单调模型	173.99	251.17	601.99	2318.4
VaR 上界	289.64	420.78	1053.3	4311.4

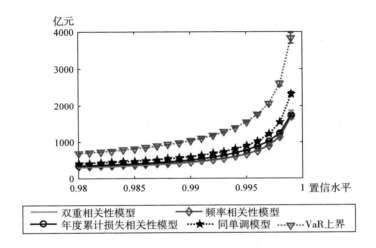

图 7.20　不同相关性模型的 VaR

　　图 7.20 和表 7.5 的实证结果表明：随着置信水平的提高，不同相关性结构下的 VaR 估计量均呈加速上升趋势；当置信水平超过 90% 时，同单调相关性结构下估计的风险资本 VaR 要大于其他风险相关性模型，但是并未超过 VaR 上界，表明不同风险单元间存在风险分散效应，即完美正相关假设下简单线性叠加 VaR 会一定程度上高估风险；当置信水平小于 99% 时，双重相关性模型 VaR 估计量要小于其他两类相关性模型（频率相关性和年度累计损失相关性）；当置信水平取 99.9% 时，双重相关性模型 VaR 估计量将略高于年度累计损失相关性模型，显著高于频率相关性模型。此外，几类不同相关性结构下计算得到的 VaR 估计量显著小于 VaR 上界，因此考虑不同风险单元之间相关性结构信息将会显著降低多重操作风险资本估计，并且忽略相关性结构信息而

直接采用 VaR 上界作为风险资本度量的做法显得有些保守；为了验证上述结果的稳健性，本章将不同模型 VaR 计算过程均重复了 100 次，发现其估计区间均较窄，实证结果通过稳健性检验。

7.4 本章小结

针对含不同风险单元的多重操作风险度量，除成熟的损失分布法 LDA 研究框架下损失频率建模和损失强度建模外，面临的核心问题便是不同风险单元之间相关性结构应如何构建以及相关性结构对多重操作风险度量的潜在影响。在保留 LDA 研究框架的条件下，将会衍生出累计损失相关性、损失频率相关性和损失强度相关性。由于在损失强度相关性结构建模过程中潜在的"损失强度时间错配"问题，学者关于操作风险相关性建模往往集中于前两者（累计损失相关性和频率相关性），并且假设损失强度服从独立同分布。本章在不破坏现有 LDA 研究框架的同时，为了解决损失强度相关性建模过程中的"损失强度时间错配"问题，引入风险损失强度均值概念，将损失强度均值相关性嵌入相关性建模，从而实现含频率相关性和强度相关性的双重相关性模型的构建。

基于此，本章利用中国商业银行操作风险损失外部数据库，首先在 LDA 研究框架和 EVT 理论的基础上，对不同风险事件类型（内部欺诈、外部欺诈和执行、交割与流程管理）的风险损失频率和损失强度边缘分布进行建模，并在此基础上利用数值技术获取特定风险频率下的损失强度均值条件边缘分布信息；基于已知频率和强度均值边缘分布信息，结合 Copula 理论，分别构建损失频率相关性和损失强度均值相关性，完成双重相关性模型的构建；本章同时给出与双重相关性模型配套的仿真模拟算法，并计算不同置信水平下的风险资本（如 VaR 和 CVaR）；最后，本章将双重相关性模型与几种传统相关性模型相比较（频率相关性模型、年度累计损失相关性模型、同单调模型以及 VaR 上界），就 VaR 测度比较了不同相关性结构下的风险度量效果。

实证结果表明：双重相关性模型能够在不破坏原有 LDA 研究框架的基础上，嵌入损失强度相关性并较好地解决了"损失强度时间错配"问题。在利用双重相关性模型进行总风险度量时，在高置信水平下（大于 99%），VaR 估计效果要比 CVaR 估计稳健许多（估计区间更窄）。在比较了几类相关性结构模型的度量效果后，可以发现：①考虑了相关性结构信息的几类模型，如双重相关性模型、频率相关性模型、年度损失相关性模型和同单调模型，其 VaR 估计量均未达到 VaR 上界，因此只考虑损失边缘分布信息而不考虑相关性结构的 VaR 上界估计过于保守，从而也反映了相关性建模在操作风险度量中的必要性。②同单调模型的 VaR 估计显著大于其他几类模型，说明风险分散效应的存在性，完美正相关假设会在一定程度上高估风险。③当置信水平小于99% 时，双重相关性模型 VaR 估计将会小于频率相关性模型和年度累计损失相关性模型，当置信水平上升到 99.9% 时，双重相关性模型 VaR 估计将会略高于年度累计损失相关性模型，显著大于频率相关性模型。④上述比较结果经过 100 次重复计算，验证了其结论的稳健性。

第 8 章　基于 Lévy 测度的
操作风险度量

8.1　引言

在商业银行操作风险度量研究中，主流建模方法是利用损失分布法（LDA）研究框架分别对风险损失发生的频率（Frequency）和强度（Severity）进行建模。当研究涉及不同风险单元的多重操作风险度量时，如何刻画不同风险单元损失之间的相关性关系将会成为研究考察的核心问题。在 LDA 框架下，多维操作风险度量的相关性关系可以细化为损失频率相关性和损失强度相关性。为了解决损失强度相关性建模中"损失强度时间错配"问题，本书第 7 章提出了损失强度均值变量代替损失强度，利用 Copula 理论分别对损失频率相关性和损失强度均值相关性进行建模，构建双重相关性模型，并在此基础上运用数值模拟技术实现耦合后的多重操作风险总资本度量。在基于 Copula 理论的相关性建模过程中，由于初始设定的 Copula 函数形式不同，会导致最终操作风险总资本度量结果差异很大，模型设定的偏误会导致总风险度量产生偏差，即存在模型设定风险。在本书第 7 章的双重相关性模型构建过程中，分别对低频高损（LFHS）类型和高频低损（HFLS）类型损失的频率相关性和强度均值相关性进行建模，这种分别设定多种 Copula 函数结构的处理方法会成倍放大潜在的模型设定风险。

为了降低潜在的模型设定风险，需要寻找一种形式相对简单，又能同时涵盖频率相关性和强度相关性内容的建模方法。基于此，本章引入 Lévy 测度代替传统概率测度[191-194,276]，构建兼具传统 Copula 模型优点的 Lévy Copula 操作风险度量模型，同时刻画操作风险损失频率相关性结构和损失强度相关性结构，并开发配套的数值实验技术。在此基础上，本章对 Lévy Copula 操作风险度量模型做了两个方向的模型拓展（模型动态化和模型多维化），分别开发含时变参数的动态 Lévy Copula 操作风险度量模型和基于嵌套技术的多维 Lévy Copula 操作风险度量模型，以适应银行操作风险损失特征和满足风险管理更高层次的要求。

8.2 研究方法

8.2.1 Lévy 测度与 Lévy Copula

根据操作风险损失特征，最常见的建模方法是损失分布法（LDA）。基于损失分布法（LDA）研究框架，对于不同风险单元 i（$i = 1, 2, \cdots, d$），都有：

$$L_i(t) = \sum_{j=1}^{N_i(t)} X_j^i, t \geq 0 \qquad (8-1)$$

这里，N_i 表示时间区间 $[0, t]$ 范围内风险单元 i 损失发生的次数，X_j^i 表示风险单元 i 发生第 j 次损失事件的损失强度，L_i 表示时间区间 $[0, t]$ 范围内风险单元 i 的累积损失大小，d 指的是业务条线或事件类型总数。若 N_i 服从泊松分布，即操作风险损失的发生服从泊松过程，同一风险单元内损失强度 X_k^i 服从独立同分布，则累积损失 $L_i(t)$ 可以被看作 d 维复合泊松点过程（Compound Poisson Process）。

由于不同风险单元之间损失并不相互独立，多重操作风险度量需要考虑不同风险单元之间损失的相依性结构，即 L_i 与 L_j 的相关性。第 7 章分析指出，在 LDA 研究框架下，操作风险建模包含了损失频率和损失强度两部分，因此相应地，相依性结构可能来源于损失频率相关性

（ N_i 与 N_j 的相关性），也可能来源于损失强度相关性（ X_i 与 X_j 的相关性）。特别地，由于不同风险单元的损失并不一定同时发生，不同于频率相关性建模，损失强度相关性结构存在"损失强度时间错配"问题，给建模造成困难。为了解决这类"损失强度时间错配"问题，第 7 章构建双重相关性模型，引入损失强度均值概念代替单次损失强度，兼顾损失频率相关性和损失强度均值相关性，结合 Copula 技术分别对其进行相关性结构拟合。研究发现，初始 Copula 函数形式设定不同，会造成最终操作风险度量结果存在较大的差异，即存在模型设定风险。在第 7 章双重相关性模型中，需要分别设定损失频率相关性和损失强度均值相关性两种 Copula 函数形式，无疑会成倍放大这种模型设定风险。因此，本章试图寻找一种形式较为简洁的相关性模型，既可以避免损失强度相关性建模中"损失强度时间错配"问题，又能够减少建模过程中潜在的模型设定风险。

由于操作风险损失 $L_i(t)$ 为复合泊松过程，本章采用 Lévy 测度代替传统概率测度，对多维复合泊松过程进行刻画，捕捉操作风险损失所具有的非连续跳跃行为。Lévy 过程可以分解为布朗运动、常数漂移、复合泊松过程与纯鞅跳的叠加，因此多维复合泊松过程可看作 Lévy 过程的一种特例。带跳的非连续 Lévy 过程具有非对称的尖峰厚尾性质，克服了正态分布只能描述对称性分布的缺点，可很好地描述突发事件带来的影响。作为 Lévy 过程理论的核心，Lévy 测度能够捕捉 Lévy 过程中的非连续跳跃行为，恰好符合操作风险损失的离散性质。在操作风险度量中，Lévy 测度（用 $\prod$ 表示）衡量了在一定损失强度下单位时间内发生损失次数的条件期望：

$$\prod{}_i([0,x)) := \lambda_i P(X_i \leqslant x) = \lambda_i F_i(x), \ x \in [0,\infty) \quad (8-2)$$

$$\overline{\prod}{}_i(x) := \prod{}_i([x,\infty)) = \lambda_i \overline{F}_i(x) \quad\quad (8-3)$$

其中， $\overline{F}_i(x) = 1 - F_i(x)$ 。由式（8-2）可知，Lévy 测度包含了损失频率

参数 λ_i 和损失强度分布 F_i 两部分，相应的尾部积分可以写作式（8 - 3）。进一步地，当 Lévy 过程拓展为多维情形，借鉴传统概率测度与 Copula 理论相结合的做法，可将 Lévy 测度多维尾部积分分解为边缘尾部积分和 Lévy Copula（相关性结构）两部分：

$$\overline{\prod}(x_1,\cdots,x_d) = \prod([x_1,\infty) \times \cdots \times [x_d,\infty))$$
$$= \hat{C}(\overline{\prod}_1(x_1),\cdots,\overline{\prod}_d(x_d)) \tag{8-4}$$

因此，基于 Lévy 测度，本章对 LDA 研究框架下的多维复合泊松过程操作风险模型重新进行定义：对于风险单元 i，操作风险损失发生服从尾部积分为 $\overline{\prod}_i(x) = \lambda_i \overline{F}_i(x)$ 的复合泊松过程；不同风险单元之间的操作风险损失相依性结构由 Lévy Copula 函数来构建，相应的多维尾部积分可以表示为 $\overline{\prod}(x_1,\cdots,x_d) = \hat{C}(\overline{\prod}_1(x_1),\cdots,\overline{\prod}_d(x_d))$。

8.2.2　基本模型：二维 Lévy Copula 操作风险度量模型

从本节开始，将会对 Lévy Copula 操作风险度量模型以及相关拓展模型逐一介绍和展示。首先，以最基本的二维情形为例（只包含两个不同的风险单元），本节将展示说明 Lévy Copula 操作风险度量模型是如何构建并刻画不同风险单元操作风险损失发生的过程。

首先，根据 Lévy - Ito 分解，本节基于 Lévy 测度将上述多维复合泊松过程的边缘尾部积分进行如下分解（以二维情形的风险单元 1 为例）：

$$\overline{\prod}_1(x) = \prod([x_1,\infty) \times [0,\infty))$$
$$= \prod([x_1,\infty) \times \{0\}) + \lim_{x_2 \to 0} \prod([x_1,\infty) \times [x_2,\infty))$$
$$= \prod([x_1,\infty) \times \{0\}) + \lim_{x_2 \to 0} \overline{\prod}(x_1,x_2)$$
$$= \prod([x_1,\infty) \times \{0\}) + \lim_{x_2 \to 0} \hat{C}(\overline{\prod}_1(x_1),\overline{\prod}_2(x_2))$$
$$= \prod([x_1,\infty) \times \{0\}) + \hat{C}(\overline{\prod}_1(x_1),\lambda_2)$$

$$= \overline{\prod}_{ip1}(x_1) + \overline{\prod}_{cs1}(x_1) \qquad (8-5)$$

其中，$\overline{\prod}_{ip1}(x_1)$ 主要衡量风险单元 1 独立发生的损失，$\overline{\prod}_{cs1}(x_1)$ 衡量两个风险单元同时作用发生损失时其中风险单元 1 引发的损失。同理，对于风险单元 2，可以得出：

$$\overline{\prod}_2(x) = \overline{\prod}_{ip2}(x_2) + \overline{\prod}_{cs2}(x_2) \qquad (8-6)$$

根据上述分解结果，本节可将操作风险损失发生的过程分解为两部分：相互独立损失部分（Independent Part，IP）和共同冲击损失部分（Common Shock，CS）。从定义上看，相互独立损失较好理解，指的是不同风险单元之间损失不具有相关性，损失过程独立发生。共同冲击事件主要是指包含多种风险事件类型或者业务条线的操作风险损失事件，这类损失的发生是多种业务条线或者风险类型共同作用的结果。譬如2016 年披露的中国北京农业银行 38 亿元票据案，若按风险事件类型进行划分，该案件既属于内部欺诈类型又属于外部欺诈类型，从风险成因角度上看是商业银行内部人员和外部人员相互勾结的结果，因此属于共同冲击事件。

更形象地，图 8.1 展示了包含两个风险单元的操作风险损失发生的过程，其中 N_1 和 N_2 代表两种风险单元的损失，N 代表不区分风险单元的损失过程，即 N_1 和 N_2 两个过程的叠加。由 Lévy – Ito 分解可得，N_{ip1} 和 N_{ip2} 代表两种风险单元相互独立损失过程（虚线和实线表示），N_{cs} 代表共同冲击损失过程（点画线表示）。

因此，由式（8 – 5）和式（8 – 6），相似地，上述二维操作风险损失发生过程的分解可以表达为

$$L_1 = L_{ip1} + L_{cs1} = \sum_{k=1}^{N_{ip1}} X_{ip(k)}^1 + \sum_{l=1}^{N_{cs}} X_{cs(l)}^1$$
$$L_2 = L_{ip2} + L_{cs2} = \sum_{m=1}^{N_{ip2}} X_{ip(m)}^2 + \sum_{l=1}^{N_{cs}} X_{cs(l)}^2 \qquad (8-7)$$

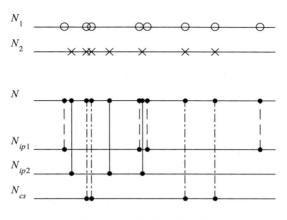

图 8.1　二维泊松过程分解

其中，L_{cs1} 与 L_{cs2} 分别表示由共同冲击事件所引发的风险单元 1 和单元 2 的损失，L_{ip1} 与 L_{ip2} 表示风险单元 1 和单元 2 各自独立发生的损失；N_{cs} 表示共同冲击事件发生的频率，$X_{cs(l)}^1$ 和 $X_{cs(l)}^2$ 分别表示第 l 次共同冲击事件引发两种风险单元对应的损失强度；N_{ip1} 和 N_{ip2} 分别代表两种风险单元各自独立损失发生的频率，$X_{ip(k)}^1$（$X_{ip(m)}^2$）表示风险单元 1 第 k 次（风险单元 2 第 m 次）独立发生的损失强度。

　　基于上述操作风险损失过程的分解，二维 Lévy Copula 操作风险度量模型的相关性结构构建将同时考虑操作风险损失发生频率相关性和损失强度相关性。为了方便读者理解，本节选择最常见的 Archimedean 族 Lévy Copula 中的 Lévy Clayton Copula 函数来刻画二元相关性结构：

$$\hat{C}_\theta(u,v) = (u^{-\theta} + v^{-\theta})^{-1/\theta}, \; u,v \geqslant 0 \qquad (8-8)$$

这里，θ 为 Lévy Copula 参数，决定风险单元间相关性大小：当 θ 趋近于 0 时，不同风险单元损失相互独立，此时损失不太可能同时发生；当 θ 趋近于 ∞ 时，不同风险单元呈完美正相关结构，此时 $\hat{C}(u,v) = \min(u,v)$。接下来，将分别展示损失频率相关性结构和损失强度相关性结构的构建过程。

　　首先是损失频率相关性：假设操作风险损失过程具有 $\hat{C}_\theta(u,v)$ 的相关性结构，操作风险损失频率的边缘分布服从泊松分布（简记为 $N_i \sim Poisso(\lambda_i)$，$i = 1,2$），共同冲击事件的频率分布同样服从泊松分布［简记为 $N_{cs} \sim Poisson(\lambda_{cs})$］，并满足式（8-9）：

$$\hat{C}_\theta(\lambda_1, \lambda_2) = \lim_{x \to 0} \overline{\prod}_{cs2}(x) = \lim_{x \to 0} \overline{\prod}_{cs1}(x)$$
$$= (\lambda_1^{-\theta} + \lambda_2^{-\theta})^{-1/\theta} = \lambda_{cs}$$

（8-9）

有 $0 \leq \lambda_{cs} \leq \min(\lambda_1, \lambda_2)$，当且仅当 θ 分别趋向于 0 和 ∞ 时等号成立。

图 8.2 展示了不同相关性参数 θ 下共同冲击事件频率分布的泊松强度 λ_{cs} 与风险单元 i 频率边缘分布的泊松强度 λ_i 之间的关系。由图 8.2 可知，不同风险单元之间相关性大小与共同冲击事件发生的频率密切相关，随着相关性参数 θ 的不断上升，就越有可能发生共同冲击事件。

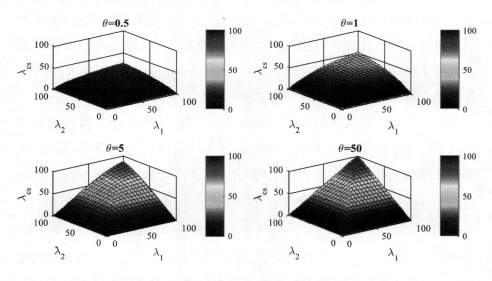

图 8.2　不同 θ 取值下的共同冲击事件频率

除了损失频率相关性，基本模型还将同时考虑共同冲击事件引发的不同风险单元之间损失强度的相关性关系，即 X_{cs}^1 与 X_{cs}^2 的相关性。由 Lévy Clayton Copula 模型，可得共同冲击损失联合生存函数：

$$\overline{F}_{cs}(x_1, x_2) := P(X_{cs}^1 > x_1, X_{cs}^2 > x_2)$$

$$= \frac{1}{\lambda_{cs}} \hat{C}_\theta \left[\overline{\prod}_1(x_1), \overline{\prod}_2(x_2) \right] \tag{8-10}$$

相应地，共同冲击损失边缘分布为：

$$\overline{F}_{cs:1}(x_1) = \lim_{x_2 \to 0} \overline{F}_{cs}(x_1, x_2) = \frac{1}{\lambda_{cs}} \hat{C}_\theta \left(\overline{\prod}_1(x_1), \lambda_2 \right)$$

$$\overline{F}_{cs:2}(x_2) = \lim_{x_1 \to 0} \overline{F}_{cs}(x_1, x_2) = \frac{1}{\lambda_{cs}} \hat{C}_\theta \left[\lambda_1, \overline{\prod}_2(x_2) \right] \tag{8-11}$$

由于 $\overline{F}_{cs}^1(x_1)$ 和 $\overline{F}_{cs}^2(x_2)$ 刻画的是尾部分布，本章采用生存 Copula 函数 $S_\theta(u, v)$ 来构建 X_{cs}^1 与 X_{cs}^2 的相关性，即

$$S_\theta(u, v) = (u^{-\theta} + v^{-\theta} - 1)^{-1/\theta} \tag{8-12}$$

图 8.3 表示不同相关性强度 θ 下的 $S_\theta(u, v)$ 的情景模拟。

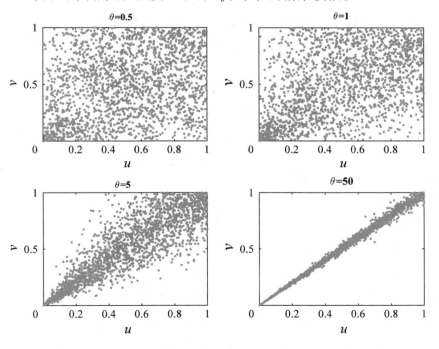

图 8.3　不同 θ 取值下的 $S_\theta(u, v)$ 模拟

相互独立损失的 Lévy 测度尾部积分为

$$\overline{\prod}_{ip1}(x_1) = \overline{\prod}_1(x_1) - \overline{\prod}_{cs1}(x_1) = \overline{\prod}_1(x_1) - \hat{C}_\theta[\overline{\prod}_1(x_1),\lambda_2]$$

$$\overline{\prod}_{ip2}(x_2) = \overline{\prod}_2(x_2) - \overline{\prod}_{cs2}(x_2) = \overline{\prod}_2(x_2) - \hat{C}_\theta[\lambda_1,\overline{\prod}_2(x_2)]$$

$$(8-13)$$

由式（8-13），进而可以推出独立损失的频率和强度分布：

$$\lambda_{ip1} = \lim_{x\to 0}\overline{\prod}_{ip1}(x) = \lambda_1 - \lambda_{cs}$$

$$\lambda_{ip2} = \lim_{x\to 0}\overline{\prod}_{ip2}(x) = \lambda_2 - \lambda_{cs}$$

$$(8-14)$$

$$\overline{F}_{ip:1}(x_1) = \frac{\lambda_1}{\lambda_{ip1}}\overline{F}_1(x_1) - \frac{1}{\lambda_{ip1}}\hat{C}_\theta[\overline{\prod}_1(x_1),\lambda_2]$$

$$\overline{F}_{ip:2}(x_2) = \frac{\lambda_2}{\lambda_{ip2}}\overline{F}_2(x_2) - \frac{1}{\lambda_{ip2}}\hat{C}_\theta[\lambda_1,\overline{\prod}_2(x_2)]$$

$$(8-15)$$

显然，上述 Lévy Clayton Copula 相关性结构估计的核心问题是相关性参数 θ 的确定。参数 θ 的估计依赖于式（8-16）非线性方程的求解：

$$(\hat{\lambda}_1^{-\theta} + \hat{\lambda}_2^{-\theta})^{-1/\theta} = \hat{\lambda}_{cs}$$

$$(8-16)$$

由于其中 $\hat{\lambda}_1$ 和 $\hat{\lambda}_2$ 为损失频率边缘分布的泊松参数估计量，$\hat{\lambda}_{cs}$ 为共同冲击事件发生频率分布的泊松参数估计量。式（8-16）无法给出参数 θ 的解析解，本章将通过数值方法求解，并将该方程的正实数根记为 $\hat{\theta}$。

已知二维 Lévy Clayton Copula 操作风险度量模型构建过程，本节还将重点研究如何实现上述基本模型的数值模拟。本节采用蒙特卡洛模拟方法来实现 Lévy Clayton Copula 模型的情景模拟。根据 Lévy - Ito 分解，上述二维静态 Lévy Clayton Copula 操作风险度量模型可以分解为三个齐次泊松标值点过程，即两个一维标值点过程（简记为 L_{ip1} 和 L_{ip2}）和一个二维标值点过程（简记为 L_{cs}）。因此，静态 Lévy Clayton Copula 操作风险度量模型仿真模拟的核心便是齐次泊松标值点过程模拟。具体地，静态模型仿真算法步骤如算法 8.1 所示。

算法 8.1　　二维静态 Lévy Clayton Copula 模型蒙特卡洛模拟

步骤 1. 确定各个风险单元损失强度的边缘分布，简记为 F_1 和 F_2；

步骤 2. 由式（8 – 11）产生共同冲击损失强度的边缘分布，简记为 $F_{cs;1}$ 和 $F_{cs;2}$；由式（8 – 15）产生相互独立损失强度分布，简记为 $F_{ip;1}$ 和 $F_{ip;2}$；

步骤 3. 产生服从参数为 λ_{cs} 的泊松分布的随机数，简记为 $N_{cs} \sim Poisson(\lambda_{cs})$，表示单位时间内共同冲击事件发生频率；

步骤 4. 分别产生服从参数为 $\lambda_1 - \lambda_{cs}$ 和 $\lambda_2 - \lambda_{cs}$ 的泊松分布的随机数，并简记为 $N_{ip1} \sim Poisson(\lambda_{ip1})$ 和 $N_2 \sim Poisson(\lambda_{ip2})$，表示单位时间内两个风险单元相互独立损失发生频率；

步骤 5. 由次序统计量法[170]在区间 $[0, T]$ 内构建三个仿真齐次泊松点过程 N_{ip1}、N_{ip2} 和 N_{cs}；

步骤 6. 相互独立损失强度模拟：产生 N_{ip1} 个服从损失强度边缘分布 $F_{ip;1}$ 的损失强度，记为 $X^1_{ip(1)}, \cdots, X^1_{ip(N_{ip1})}$；产生 N_{ip2} 个服从损失强度边缘分布 $F_{ip;2}$ 的损失强度，记为 $X^2_{ip(1)}, \cdots, X^2_{ip(N_{ip1})}$；

步骤 7. 共同冲击损失强度模拟：产生 N_{cs} 个服从 $S_\theta(u, v)$ 的随机数对 (u_i, v_i)，由 $X^1_{cs(i)} = F^{-1}_{cs;1}(u_i)$ 和 $X^2_{cs(i)} = F_{cs;2}{}^{-1}(v_i)$，计算得到 $(X^1_{cs(i)}, X^2_{cs(i)})$，这里 $i = 1, \cdots, N_{cs}$；

步骤 8. 累积损失计算：$L = L_1 + L_2 = \left(\sum\limits_{k=1}^{N_{ip1}} X^1_{ip(k)} + \sum\limits_{l=1}^{N_{cs}} X^1_{cs(l)} \right) + \left(\sum\limits_{m=1}^{N_{ip2}} X^2_{ip(m)} + \sum\limits_{l=1}^{N_{cs}} X^2_{cs(l)} \right)$；

步骤 9. 将步骤 3 至步骤 8 重复 10000 次，获得模拟累积损失情景集合 $\{L\}$。

8.2.3　模型拓展 I：动态 Lévy Copula 操作风险度量模型

在 8.2.2 节二维静态 Lévy Clayton Copula 模型构建的基础上，本节进一步放松操作风险损失的发生服从齐次泊松过程基本假设，令刻画损失频率的泊松参数 $\lambda(t)$ 为随机变量，即操作风险损失不再以常数 λ 的速率到达。由式（8 – 16）可知，相关性参数 $\theta(t)$ 也为随机变量。因此，上述二维静态 Lévy Copula 模型可以拓展为含时变相关性结构的动态模型，其中包括频率相关性结构变化与强度相关性结构变化。

首先，对时变损失频率参数 $\lambda_i(t)$ 进行刻画，一般的处理方法有两种：参数法（多项式回归法）和非参数法（样条插值法）。由于操作风险损失频率参数变化趋势形态未知，本节拟采用非参数样条插值法对频率参数 $\lambda_i(t)$ 进行拟合，如式（8 – 17）所示，其中 $h^{(Df)}(t)$ 为自由度为 Df 的样条插值函数：

$$\ln\hat{\lambda}_1(t) = h_{\lambda_1}^{(Df)}(t)$$

$$\ln\hat{\lambda}_2(t) = h_{\lambda_2}^{(Df)}(t) \qquad (8-17)$$

$$\ln\hat{\lambda}_{cs}(t) = h_{\lambda_{cs}}^{(Df)}(t)$$

进而，与 8.2.2 节处理方法类似，时变相关性结构 $\theta(t)$ 可由求解含时变参数的非线性方程式

$$\left[\hat{\lambda}_1(t)^{-\theta(t)} + \hat{\lambda}_2(t)^{-\theta(t)}\right]^{-1/\theta(t)} = \hat{\lambda}_{cs}(t) \qquad (8-18)$$

将式（8-17）代入式（8-18），可以转化含时变参数的非线性方程式为

$$e^{-h_{\lambda_1}^{(Df)}(t)\theta(t)} + e^{-h_{\lambda_2}^{(Df)}(t)\theta(t)} = e^{-h_{\lambda_{cs}}^{(Df)}(t)\theta(t)} \qquad (8-19)$$

与 8.2.2 节处理方法相似，在二维动态 Lévy Copula 操作风险度量模型构建基础上，进一步给出与模型配套的仿真模拟方法。不同于静态模型仿真算法，动态 Lévy Copula 模型仿真首先需要克服的一个难题就是处理如何对非齐次泊松过程进行仿真模拟。由于泊松点过程具有叠加和稀释的性质，本节将采用基于稀释性质的稀疏序列法来实现对非齐次泊松过程的仿真模拟[170]。

稀疏序列法。首先对非齐次泊松点过程做出定义：假设某一非齐次泊松过程 $\{N(t), t \geq 0\}$ 的泊松强度为 $\lambda(t)$；则累积强度函数可以记作 $m(x)$，其中 $m(x) = \int_0^t \lambda(s)\mathrm{d}s$；$T_i$ 表示第 i 个事件发生（到达）的时刻。依据上述定义，稀疏序列法基本思想可以表述为：假设 $\lambda(t) \leqslant \lambda^{\max}$ 总是成立，其中上确界 $\lambda^{\max}$ 为某一常数；$T_1, T_2, \cdots, T_n, \cdots$ 为泊松强度为 λ 的齐次泊松过程的事件发生的时刻，对于每个时刻 T_i 依据概率进行筛选（具体做法是以 $\lambda(T_i)/\lambda^{\max}$ 的概率保留 T_i，以 $1 - \lambda(T_i)/\lambda^{\max}$ 的概率舍弃），由此筛选所得到稀疏后序列 $T_{(1)}, T_{(2)}, \cdots, T_{(n)}, \cdots$ 便是具有时变泊松强度 $\lambda(t)$ 的非齐次泊松过程的一个现实。具体地，基于稀疏序列法的非齐次泊松过程仿真算法步骤如算法 8.2 所示。

算法 8.2　　　　　　　　　　　　　**稀疏序列法**

步骤 1. 在区间 $[0,T]$ 内利用次序统计量法产生具有泊松强度 $\lambda^{\max}$ 的齐次泊松过程，将相应损失事件发生的时刻简记为 $T_1,T_2,\cdots,T_n$；

步骤 2. 产生 n 个服从 $[0,1]$ 均匀分布的随机数，记为 $p_i,\ i=1,2,\cdots,n$，对应每个时刻 T_i；

步骤 3. 对每个时刻 T_i 依概率取舍：若 $p_i \leqslant \lambda(t)/\lambda^{\max}$，保留 T_i；若 $p_i > \lambda(t)/\lambda^{\max}$，舍弃 T_i；

步骤 4. 将经步骤 3 筛选后保留的 T_i 重新记为 $T_{(1)},T_{(2)},\cdots,T_{(m)}$，所得 $T_{(i)}$ 便是具有泊松强度 $\lambda(t)$ 的非齐次泊松过程的一个现实。

　　了解如何对非齐次泊松点过程进行仿真模拟后，本节将进一步给出二维动态 Lévy Copula 操作风险度量模型配套的仿真模拟方法。根据 Lévy – Ito 分解，二维动态 Lévy Copula 模型同样可分解为两个一元非齐次泊松标值点过程（简记为 L_{ip1} 和 L_{ip2}）和一个二维非齐次泊松标值点过程（简记为 L_{cs}）。因此与 8.2.2 节介绍的静态情形类似，该动态模型的仿真模拟其实可以转化为三个非齐次泊松标值点过程叠加过程的仿真模拟。具体地，动态模型的仿真算法步骤如算法 8.3 所示。

算法 8.3　　　　　**二维动态 Lévy Clayton Copula 模型蒙特卡洛模拟**

步骤 1. 利用次序统计量法产生三个齐次泊松过程，泊松参数分别为 $\lambda_{ip1}^{\max}=\max[\lambda_{ip1}(t)]$、$\lambda_{ip2}^{\max}=\max(\lambda_{ip2}(t))$ 与 $\lambda_{cs}^{\max}=\max(\lambda_{cs}(t))$；

步骤 2. 利用稀疏序列法产生相应的非齐次泊松过程，泊松参数分别为 $\lambda_{ip1}(t)$、$\lambda_{ip2}(t)$ 与 $\lambda_{cs}(t)$；

步骤 3. 时变相关性结构求解：利用数值方法求解方程 $[\hat{\lambda}_1(t)^{-\theta(t)}+\hat{\lambda}_2(t)^{-\theta(t)}]^{-1/\theta(t)}=\hat{\lambda}_{cs}(t)$，记为 $\hat{\theta}(t)$；

步骤 4. 损失强度模拟：对三个非齐次过程分别进行标值，其中相互独立部分记为 $X_{ip(1)}^1,\cdots,$ $X_{ip(N_{ip1})}^1$ 与 $X_{ip(1)}^2,\cdots,X_{ip(N_{ip1})}^2$，共同冲击部分记为 $X_{cs(1)}^1,\cdots,X_{cs(N_{cs})}^1$ 与 $X_{cs(1)}^2,\cdots,X_{cs(N_{cs})}^2$，标值方法与算法 8.1 的步骤 6 与步骤 7 类似；

步骤 5. 累积损失计算：$L=L_1+L_2=\left(\sum_{k=1}^{N_{ip1}}X_{ip(k)}^1+\sum_{l=1}^{N_{cs}}X_{cs(l)}^1\right)+\left(\sum_{m=1}^{N_{ip2}}X_{ip(m)}^2+\sum_{l=1}^{N_{cs}}X_{cs(l)}^2\right)$；

步骤 6. 将步骤 1 至步骤 5 重复 10000 次，获得集合 $\{L\}$。

8.2.4　模型拓展Ⅱ：多维 Lévy Copula 操作风险度量模型

由第 6 章~第 8 章研究结果可知，不同风险单元之间操作风险损失存在一定的相关性，并且这种相关性结构的存在对耦合后操作风险总的风险资本度量影响很大。本章 8.2.2 节和 8.2.3 节研究的主要还是集中于最基本的二维模型构建以及拓展，相关性结构构建也不涉及复杂的建模技术。但是，在商业银行实操过程中，根据《巴塞尔资本协议》，银行活动可根据风险事件类型和所属业务条线，分类为事件类型/业务条线的组合矩阵。若一个典型银行拥有 8 个业务条线和 7 个事件类型，那么该银行就得处理具有理论上最多 56 个元素（风险单元）的组合矩阵。此时，操作风险度量模型不再只关注最基本的二元相关性了，应考虑包含了更多风险单元的更为复杂的相关性结构。所以，操作风险度量模型构建，尤其是处理不同风险单元之间相关性结构时，不能只局限于最基本的二维情形，需要进一步考虑和讨论当模型维度上升至三维甚至更高维时该操作风险度量模型的适用性和可行性。

8.2.4.1　多维 Lévy Copula 模型

本节首先讨论多维 Lévy Copula 模型的构建及应用。当模型维度上升至三维或者更高维度时，Lévy Copula 操作风险度量模型依旧适用。本节以三维模型为例对模型构建进行说明：根据 Lévy – Ito 分解，本节依旧将操作风险损失过程分解为相互独立损失部分（IP）和共同冲击损失部分（CS）。与 8.2.2 节介绍的基本二维模型有所区别的是，多维模型将对共同冲击损失部分（CS）进行进一步细分：以三维情形为例，有些共同冲击事件损失仅涉及两个不同的风险单元，有些则可能是由三个风险单元同时共同作用发生风险所导致的[200]。所以根据 Lévy – Ito 分解，三维 Lévy Copula 操作风险度量模型可以拆分为 3 类（共 7 个）相互独立的复合泊松点过程：

$$L_1 = L_{ip1} + L_{cs12;1} + L_{cs13;1} + L_{cs123;1}$$

$$= \sum_{k=1}^{N_{ip1}} X_{ip(k)}^1 + \sum_{l=1}^{N_{cs12}} X_{cs12(l)}^1 + \sum_{q=1}^{N_{cs13}} X_{cs13(q)}^1 + \sum_{j=1}^{N_{cs123}} X_{cs123(j)}^1$$

$$L_2 = L_{ip2} + L_{cs12;2} + L_{cs23;2} + L_{cs123;2}$$

$$= \sum_{m=1}^{N_{ip2}} X_{ip(m)}^2 + \sum_{l=1}^{N_{cs12}} X_{cs12(l)}^2 + \sum_{p=1}^{N_{cs23}} X_{cs23(p)}^2 + \sum_{j=1}^{N_{cs123}} X_{cs123(j)}^2$$

$$L_3 = L_{ip3} + L_{cs13;3} + L_{cs23;3} + L_{cs123;3}$$

$$= \sum_{n=1}^{N_{ip3}} X_{ip(n)}^3 + \sum_{q=1}^{N_{cs13}} X_{cs13(q)}^3 + \sum_{p=1}^{N_{cs23}} X_{cs23(p)}^3 + \sum_{j=1}^{N_{cs123}} X_{cs123(j)}^3 \qquad (8-20)$$

其中，下标 cs 表示由共同冲击事件所引发的损失，下标 ip 表示相互独立发生的损失；上述损失发生过程中涉及的变量说明如下：

· N_{cs} 表示共同冲击损失发生的频率；

· N_{csij} 表示涉及两个风险单元（风险单元 i 和风险单元 j）的共同冲击损失发生频率；

· N_{cs123} 表示三种风险单元共同作用导致的共同冲击损失发生频率；

· $X_{csij(l)}^i$ 表示第 l 次涉及两个风险单元（风险单元 i 和风险单元 j）的共同冲击事件引发风险单元 i 损失的强度；

· $X_{cs123(l)}^i$ 表示三种风险单元共同作用导致的共同冲击损失引发风险单元 i 损失的强度；

· N_{ip1}、N_{ip2} 和 N_{ip3} 表示相互独立损失发生的频率，$X_{ip(k)}^i$ 表示风险单元 i 第 k 次独立损失的强度。

由式（8-20）可知，根据操作风险损失成因划分，三维 Lévy Copula 操作风险度量模型所刻画的损失发生过程可以分为相互独立损失过程（简记为 L_{ip1}、L_{ip2} 和 L_{ip3}）和共同冲击损失过程，而后者又可以继续细分为两单元共同冲击损失过程（简记为 L_{cs12}、L_{cs23} 和 L_{cs13}）和三单元共同冲击损失过程（简记为 L_{cs123}）。本节将分别讨论如何对上述三类操作风险损失过程的损失频率和损失强度进行建模。

首先对三类操作风险损失发生的频率进行建模。假设三维操作风

险损失过程具有 $\hat{C}_\theta(u_1, u_2, u_3)$ 的相关性结构，并且各个风险单元损失频率的边缘分布服从泊松参数为 λ_i 的泊松分布（$i = 1, 2, 3$），上述三类操作风险损失过程的频率参数分别满足式（8 – 21）、式（8 – 22）和式（8 – 23）：

$$\lambda_{cs123} = \hat{C}_\theta(\lambda_1, \lambda_2, \lambda_3) \qquad (8 – 21)$$

$$\lambda_{cs12} = \hat{C}_\theta(\lambda_1, \lambda_2, \infty) - \lambda_{cs123}$$

$$\lambda_{cs13} = \hat{C}_\theta(\lambda_1, \infty, \lambda_3) - \lambda_{cs123} \qquad (8 – 22)$$

$$\lambda_{cs23} = \hat{C}_\theta(\infty, \lambda_2, \lambda_3) - \lambda_{cs123}$$

$$\lambda_{ip1} = \lambda_1 - \lambda_{cs12} - \lambda_{cs13} - \lambda_{cs123}$$

$$\lambda_{ip2} = \lambda_2 - \lambda_{cs12} - \lambda_{cs23} - \lambda_{cs123} \qquad (8 – 23)$$

$$\lambda_{ip3} = \lambda_3 - \lambda_{cs13} - \lambda_{cs23} - \lambda_{cs123}$$

其中，λ_{csij} 表示只涉及两个风险单元（风险单元 i 和风险单元 j）的共同冲击事件发生的频率参数，λ_{cs123} 表示三个风险单元共同作用导致的共同冲击事件发生的频率参数，λ_{ipi} 表示风险单元 i 独立发生的损失的频率参数。

同样地，本章也将分别讨论上述三类操作风险损失过程的损失强度建模：

独立损失过程。基于相互独立损失过程的各个风险单元产生的操作风险损失强度分布函数如式（8 – 24）、式（8 – 25）和式（8 – 26）所示，其中 $\overline{F}(x) = 1 - F(x)$：

$$\overline{F}_{ip;1} = \frac{1}{\lambda_{ip1}}(\lambda_1 \overline{F}_1(x) - \hat{C}_\theta(\lambda_1 \overline{F}_1(x), \lambda_2, \infty)$$

$$- \hat{C}_\theta(\lambda_1 \overline{F}_1(x), \infty, \lambda_3) + \hat{C}_\theta(\lambda_1 \overline{F}_1(x), \lambda_2, \lambda_3)) \qquad (8 – 24)$$

$$\overline{F}_{ip;2} = \frac{1}{\lambda_{ip2}}(\lambda_2 \overline{F}_2(x) - \hat{C}_\theta(\lambda_1, \lambda_2 \overline{F}_2(x), \infty)$$

$$- \hat{C}_{\theta}(\infty, \lambda_2 \overline{F}_2(x), \lambda_3) + \hat{C}_{\theta}(\lambda_1, \lambda_2 \overline{F}_2(x), \lambda_3)) \qquad (8-25)$$

$$\overline{F}_{ip;3} = \frac{1}{\lambda_{ip3}}(\lambda_3 \overline{F}_3(x) - \hat{C}_{\theta}(\lambda_1, \infty, \lambda_3 \overline{F}_3(x))$$

$$- \hat{C}_{\theta}(\infty, \lambda_2, \lambda_3 \overline{F}_3(x)) + \hat{C}_{\theta}(\lambda_1, \lambda_2, \lambda_3 \overline{F}_3(x))) \qquad (8-26)$$

两单元共同冲击损失过程。以风险单元 1 和风险单元 2 为例，由上述两种风险单元共同冲击产生的操作风险损失强度边缘分布函数为

$$F_{cs12;1}(x) = \frac{1}{\lambda_{cs12}}(\hat{C}_{\theta}(\lambda_1 \overline{F}_1(x), \lambda_2, \infty) - \hat{C}_{\theta}(\lambda_1 \overline{F}_1(x), \lambda_2, \lambda_3))$$

$$(8-27)$$

$$F_{cs12;2}(y) =$$

$$\left. \left(\frac{\dfrac{\partial}{\partial u_1}\hat{C}_{\theta}(u_1, \lambda_2 \overline{F}_2(y), \infty) - \dfrac{\partial}{\partial u_1}\hat{C}_{\theta}(u_1, \lambda_2 \overline{F}_2(y), \lambda_3)}{\dfrac{\partial}{\partial u_1}\hat{C}_{\theta}(u_1, \lambda_2, \infty) - \dfrac{\partial}{\partial u_1}\hat{C}_{\theta}(u_1, \lambda_2, \lambda_3)} \right) \right|_{u_1 = \lambda_1 \overline{F}_1(x)}$$

$$(8-28)$$

同理，风险单元 1 与风险单元 3、风险单元 2 与风险单元 3 的情况类似，相应的两单元共同冲击损失强度的边缘分布函数为

$$F_{cs13;1}(x) = \frac{1}{\lambda_{cs13}}(\hat{C}_{\theta}(\lambda_1 \overline{F}_1(x), \infty, \lambda_3) - \hat{C}_{\theta}(\lambda_1 \overline{F}_1(x), \lambda_2, \lambda_3))$$

$$(8-29)$$

$$F_{cs13;3}(z) =$$

$$\left. \left(\frac{\dfrac{\partial}{\partial u_1}\hat{C}_{\theta}(u_1, \infty, \lambda_3 \overline{F}_3(z)) - \dfrac{\partial}{\partial u_1}\hat{C}_{\theta}(u_1, \lambda_2, \lambda_3 \overline{F}_3(z))}{\dfrac{\partial}{\partial u_1}\hat{C}_{\theta}(u_1, \infty, \lambda_3) - \dfrac{\partial}{\partial u_1}\hat{C}_{\theta}(u_1, \lambda_2, \lambda_3)} \right) \right|_{u_1 = \lambda_1 \overline{F}_1(x)}$$

$$(8-30)$$

$$F_{cs23;2}(y) = \frac{1}{\lambda_{cs23}}(\hat{C}_{\theta}(\infty, \lambda_2 \overline{F}_2(y), \lambda_3) - \hat{C}_{\theta}(\lambda_1, \lambda_2 \overline{F}_2(y), \lambda_3))$$

$$(8-31)$$

$$F_{cs23;3}(z) =$$

$$\left.\left(\frac{\frac{\partial}{\partial u_2}\hat{C}_\theta(\infty, u_2, \lambda_3\overline{F}_3(z)) - \frac{\partial}{\partial u_2}\hat{C}_\theta(\lambda_1, u_2, \lambda_3\overline{F}_3(z))}{\frac{\partial}{\partial u_2}\hat{C}_\theta(\infty, u_2, \lambda_3) - \frac{\partial}{\partial u_2}\hat{C}_\theta(\lambda_1, u_2, \lambda_3)}\right)\right|_{u_2 = \lambda_2\overline{F}_2(y)}$$

$$(8-32)$$

三单元共同冲击损失过程。由三个风险单元共同作用引发的共同冲击损失强度的边缘分布函数为

$$\overline{F}_{cs123;1}(x) = \frac{1}{\lambda_{cs123}}(\hat{C}_\theta(\lambda_1\overline{F}_1(x), \lambda_2, \lambda_3)) \qquad (8-33)$$

$$\overline{F}_{cs123;2}(y) = \left.\left(\frac{\frac{\partial}{\partial u_1}\hat{C}_\theta(u_1, \lambda_2\overline{F}_2(y), \lambda_3)}{\frac{\partial}{\partial u_1}\hat{C}_\theta(u_1, \lambda_2, \lambda_3)}\right)\right|_{u_1 = \lambda_1\overline{F}_1(x)} \qquad (8-34)$$

$$\overline{F}_{cs123;3}(z) = \left.\left(\frac{\frac{\partial^2}{\partial u_1\partial u_2}\hat{C}_\theta(u_1, u_2, \lambda_3\overline{F}_3(z))}{\frac{\partial^2}{\partial u_1\partial u_2}\hat{C}_\theta(u_1, u_2, \lambda_3)}\right)\right|_{u_1 = \lambda_1\overline{F}_1(x), u_2 = \lambda_2\overline{F}_2(y)}$$

$$(8-35)$$

与 8.2.2 节二维 Lévy Copula 操作风险度量模型处理方法相似，多维（三维）Lévy Copula 操作风险度量模型同样可以采用蒙特卡洛模拟实现其损失情景仿真。根据 Lévy – Ito 分解，三维静态 Lévy Clayton Copula 操作风险度量模型可以分解为七个齐次泊松标值点过程，即三个一维标值点过程（简记为 L_{ip1}、L_{ip2} 和 L_{ip3}）、三个二维标值点过程（简记为 L_{cs12}、L_{cs23} 和 L_{cs13}）和一个三维标值点过程（简记为 L_{cs123}）。具体地，静态模型仿真算法步骤如算法 8.4 所示。

算法 8.4　　　三维 Lévy Clayton Copula 模型蒙特卡洛模拟

步骤 1. 确定各个风险单元损失强度的边缘分布，简记为 F_1、F_2 和 F_3；

步骤 2. 三单元共同冲击损失发生频率模拟：产生服从参数为 λ_{cs123} 的泊松分布的随机数，简记为 $N_{cs123} \sim Poisson(\lambda_{cs123})$，其中 λ_{cs123} 由式（8 – 21）确定；

步骤 3. 两单元共同冲击损失发生频率模拟：分别产生服从参数为 λ_{cs12}、λ_{cs13} 和 λ_{cs23} 的泊松分布的随机数，并分别简记为 $N_{cs12} \sim Poisson(\lambda_{cs12})$、$N_{cs13} \sim Poisson(\lambda_{cs13})$ 和 $N_{cs23} \sim Poisson(\lambda_{cs23})$，其中 λ_{cs12}、λ_{cs13} 和 λ_{cs23} 由式（8 – 22）确定；

步骤 4. 相互独立损失发生频率模拟：分别产生服从参数为 λ_{ip1}、λ_{ip2} 和 λ_{ip3} 的泊松分布的随机数，并简记为 $N_{ip1} \sim Poisson(\lambda_{ip1})$、$N_{ip2} \sim Poisson(\lambda_{ip2})$ 和 $N_{ip3} \sim Poisson(\lambda_{ip3})$，其中 λ_{ip1}、λ_{ip2} 和 λ_{ip3} 由式（8 – 23）确定；

步骤 5. 利用次序统计量法在区间 $[0, T]$ 内构建七个仿真齐次泊松点过程（N_{ip1}、N_{ip2}、N_{ip3}、N_{cs12}、N_{cs13}、N_{cs23} 和 N_{cs123}）；

步骤 6. 相互独立损失强度模拟：根据式（8 – 24）、式（8 – 25）和式（8 – 26）分别对一维齐次泊松点过程 N_{ip1}、N_{ip2} 和 N_{ip3} 进行标值，得到标值点过程简记为 L_{ip1}、L_{ip2} 和 L_{ip3}；

步骤 7. 两单元共同冲击损失强度模拟：根据式（8 – 27）和式（8 – 28）对二维齐次泊松点过程 N_{cs12} 进行标值，得到标值点过程简记为 $L_{cs12} = (L_{cs12;1}, L_{cs12;2})$；$N_{cs13}$ 和 N_{cs23} 标值方法类似，分别得到标值点过程 L_{cs13} 和 L_{cs23}；

步骤 8. 三单元共同冲击损失强度模拟：根据式（8 – 33）、式（8 – 34）和式（8 – 35）对三维齐次泊松点过程 N_{cs123} 进行标值，得到标值点过程 $L_{cs123} = (L_{cs123;1}, L_{cs123;2}, L_{cs123;3})$；

步骤 9. 累积总损失计算：$L = L_1 + L_2 + L_3$，其中 L_i 由式（8 – 20）确定；

步骤 10. 将步骤 2 至步骤 9 重复 10000 次，获得模拟累积损失情景集合 $\{L\}$。

在上述多维（三维）Lévy Copula 操作风险度量模型损失频率与损失强度构建的基础上，本节接下来将探讨模型核心问题——相关性结构 $\hat{C}_\theta(u_1, u_2, u_3)$，即 Lévy Copula 函数形式。若延续 8.2.2 节的 Lévy Copula 建模方法，当模型维度从二维提升至三维甚至更高维度时，从数学角度上讲 Archimedean 族 Lévy Copula 中的 Lévy Clayton Copula 函数结构依旧适用。以三维模型为例，三维 Lévy Clayton Copula 操作风险度量模型的相关性结构 $\hat{C}_\theta(u_1, u_2, u_3)$ 可以表述为

$$\hat{C}_\theta(u_1, u_2, u_3) = (u_1^{-\theta} + u_2^{-\theta} + u_3^{-\theta})^{-1/\theta}, \ u_i \geqslant 0 \ i = 1, 2, 3$$

$$(8-36)$$

由于上述三维 Lévy Copula 模型涉及参数较多（损失频率参数集 $\lambda = \{\lambda_1, \lambda_2, \lambda_3\}$、损失强度参数集以及 Lévy Copula 相关性参数集 θ），若采用常见的极大似然估计不容易求解上述最优化问题。为了简化参数估计过程，本节采用 IFM 估计方法分别对损失频率、损失强度和 Lévy Copula 相关性结构的相关参数进行估计。

在描述和刻画多维相关性结构时，相比于多风险单元之间复杂的相关性耦合结构，通常更关注且更容易描述不同风险单元两两之间操作风险损失的相关性关系。因此根据式（8-36），可以进一步求解每两个风险单元之间操作风险损失过程的偏相关性结构，即边缘相关性结构：

$$\begin{cases} \hat{C}_{\theta:12}(u_1, u_2) = \hat{C}_\theta(u_1, u_2, \infty) = (u_1^{-\theta} + u_2^{-\theta})^{-1/\theta} \\ \hat{C}_{\theta:13}(u_1, u_3) = \hat{C}_\theta(u_1, \infty, u_3) = (u_1^{-\theta} + u_3^{-\theta})^{-1/\theta} \\ \hat{C}_{\theta:23}(u_2, u_3) = \hat{C}_\theta(\infty, u_2, u_3) = (u_2^{-\theta} + u_3^{-\theta})^{-1/\theta} \end{cases} \quad (8-37)$$

由式（8-37）可以看出，在基于 Archimedean 族的多维 Lévy Clayton Copula 相关性结构构建过程中，任意两个风险单元之间操作风险损失过程都具有相同的偏相关性结构，即该相关性结构具有变量可交换性（Exchangeable）和对称性（Symmetric）两大特征。也就是说，在上述相关性结构下，任意两个随机变量 u_i 和 u_j 之间相关性结构是相同的。当将多维 Archimedean 族 Lévy Clayton Copula 相关性结构运用于操作风险度量与管理，且模型只包含两个风险单元，即二维情形，此时相关性结构的可交换性与对称性并不会对模型构建产生实质影响；若模型包含三个或者更多风险单元时，即模型维数上升为三维或者更高维度时，多维 Archimedean 族 Lévy Clayton Copula 相关性结构暗含了任意两个风险单元损失过程都具有相同的相关性结构的假设。显然，这一相关性结构假设过于苛刻，在操作风险管理实操过程中，不同风险单元之间损失过程的相关性结构和相关性程度要求完全一致并不符合实际情况。

综上所述，Archimedean 族 Lévy Copula 模型能够较好地刻画二维操作风险损失发生的过程；当模型维数上升时，具有 Archimedean 族相关性结构的 Lévy Copula 模型对于不同风险单元之间不对称的相关性结构捕捉能力较弱，模型假设存在明显的缺陷。因此，如何刻画不同风险单元之间具有不对称性和不可交换性的相关性结构，成为高维操作风险相关性建模的一个难点。

鉴于 Archimedean 族 Lévy Copula 模型在刻画二维操作风险损失发生过程的良好表现，本节尝试采取"降维"的思路处理高维模型，将三维甚至更高的维度的相关性结构拆分为若干个二维的相关性子结构，在此基础上利用 Archimedean 族 Lévy Copula 模型分别对二维相关性子结构进行刻画。在 Copula 相关理论中，通常采用嵌套 Copula 技术（Nesting Copula Approach）来实现模型"降维"的效果，本书将在 8.2.4.2 节介绍嵌套 Copula 降维技术以及其在高维操作风险度量模型中的相关应用。

8.2.4.2　基于嵌套 Copula 技术的 Lévy Copula 模型

由上一节分析可知，当模型维数上升至较高维数（通常大于等于 3）时，用单一高维 Lévy Copula 函数来拟合不同风险单元之间复杂的相关性结构是非常困难的，并且 Archimedean 族 Lévy Copula 函数无法处理非对称相关性结构。为了解决这一问题，本节采取模型"降维"思路，引入嵌套 Copula 技术（Nesting Copula Approach）处理高维相关性建模，将高维相关性结构拆分为若干个二维相关性子结构，通过"降维"处理后得到的相关性子结构依旧采用二维 Archimedean 族 Copula 进行刻画。嵌套技术通常用于处理多元相关性以及复杂相关性问题，其中主流嵌套结构有两种：FNAC 方法（Fully Nested Archimedean Construction）

和 PNAC 方法（Partially Nested Archimedean Construction）。下面将分别介绍 FNAC 方法和 PNAC 方法的建模思路。

首先是 FNAC 方法，其建模的基本思路是：首先挑选两个随机变量 u_1 和 u_2 构建二维 Copula 联合分布并将其看成一个新的随机变量，然后与下一个随机变量 u_3 继续构建二维 Copula 联合分布，以此类推直到所有随机变量都被合并。图 8.4 和图 8.5 分别展示了三维 FNAC 模型和四元 FNAC 模型的相关性结构图，其中 C_{ij} 表示由下至上第 i 层第 j 个相关性子结构。

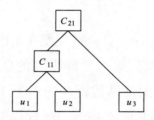

图 8.4　三维 FNAC 模型相关性结构

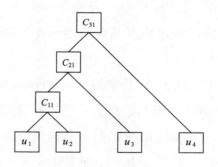

图 8.5　四维 FNAC 模型相关性结构

另一种嵌套结构是 PNAC 方法，其建模的基本思路是：先将所有随机变量两两分组，如 u_1 和 u_2 一组、u_3 和 u_4 一组等，分别建立二维 Copula 联合分布并将其看成新的随机变量，然后将这些新的随机变量继续两两分组进一步构建二维 Copula 联合分布，以此类推直到将所有随机变量合并为一个联合分布函数为止，四元 PNAC 模型的相关性结构如图

8.6 所示。

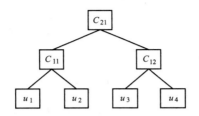

图 8.6　四维 PNAC 模型相关性结构

　　综合图 8.5 和图 8.6 可知，上述 FNAC 和 PNAC 两种嵌套方法针对的是不同的相关性结构。在实际建模过程中，需要通过对现实问题中高维相关性结构的分析，从而选择适合的嵌套方法进行建模。

　　接下来，将嵌套 Copula 技术运用于本节的多维 Lévy Clayton Copula 操作风险建模过程。与以往主流嵌套 Copula 方法不同的是，本节采用 Lévy Clayton Copula 函数代替了传统的 Clayton Copula 函数。当模型维度等于 3 时，可以发现 FNAC 和 PNAC 两种嵌套方法在三元相关性结构构建中并没有实质区别，其相关性结构如图 8.4 所示。因此，基于 FNAC 方法的三维嵌套 Lévy Clayton Copula 操作风险度量模型的相关性结构可以表示为

$$\hat{C}_\theta(u_1,u_2,u_3) = \hat{C}_{\theta_{11},\theta_{21}}(u_1,u_2,u_3)$$
$$= \left[\left(u_1^{-\theta_{11}} + u_2^{-\theta_{11}}\right)^{\frac{\theta_{21}}{\theta_{11}}} + u_3^{-\theta_{21}}\right]^{-\frac{1}{\theta_{21}}}, \ u_i \geq 0 \ i = 1,2,3 \tag{8-38}$$

其中，θ_{11} 和 θ_{21} 均为二维 Lévy Clayton Copula 函数相关性参数。

　　在式（8-38）中，由于 $\hat{C}_\theta(u_1,u_2,u_3)$ 具有不对称相关性结构，因此随机变量 u_1、u_2 和 u_3 的放置顺序并不是任意随机的，而是满足关于参数 θ_{11} 和 θ_{21} 一定约束条件的。在三维嵌套 Lévy Clayton Copula 模型中，对式（8-38）中的复合 Lévy 生成元函数 $f(t)$ 进行定义：

$$f(t) = t^{\frac{\theta_{21}}{\theta_{11}}}, t > 0 \tag{8-39}$$

　　其一阶导数可以表示为

$$f^{'}(t) = \frac{\theta_{21}}{\theta_{11}} t^{\frac{\theta_{21}}{\theta_{11}} - 1}, t > 0 \qquad (8 - 40)$$

根据 Lévy Copula 性质，复合 Lévy 生成元函数 k 阶导数 $f^{(k)}(t)$ 将满足式（8-41）。

$$(-1)^{k} f^{(k)}(t) < 0, t > 0, k = 1, \cdots, d \qquad (8 - 41)$$

根据式（8-40），可知一阶导数 $f^{'}(t)$ 是非负的，为了保证二阶导数非正，t 的指数项必须为非正，即

$$\frac{\theta_{21}}{\theta_{11}} - 1 \leqslant 0 \qquad (8 - 42)$$

因此，参数 θ_{11} 和 θ_{21} 须满足约束条件式（8-42）：

$$\theta_{11} \geqslant \theta_{21} > 0 \qquad (8 - 43)$$

根据约束条件式（8-43），构建嵌套相关性结构时应遵循如下原则：随机变量的放置顺序并不是任意的，应首先耦合相关性较大的随机变量，再耦合相关性较小的随机变量，以此类推直至所有随机变量都被合并。

特别地，当满足 $\theta_{11} = \theta_{21} = \theta$ 时，三维嵌套 Lévy Clayton Copula 模型将会退化为具有对称相关性结构的三维 Lévy Clayton Copula 模型。

8.3　实证结果与分析

与第 7 章实证做法相似，本章实证部分也采用课题小组通过公开媒体披露收集的操作风险损失数据。由于我国商业银行操作风险内部数据难以完整获取，课题组结合中国人民银行网站、银监会网站、国内几大网站的财经新闻专栏和法院案例及其他相关文献论文中所披露的我国商业银行操作风险案例，收集我国商业银行 1994 年至 2014 年被揭露出的操作风险损失事件，形成我国商业银行操作风险外部数据库。该外部数据库信息包括损失发生时间及地点、涉案银行、损失金额、所属的风险事件类型和业务条线、涉案人员职位以及所属部门和相关具体案

情描述等。由于《巴塞尔资本协议 II》在收集数据时选取阈值为 10000 欧元，本章设定数据收集的阈值为 10 万元。按照风险事件类型划分，我国商业银行操作风险事件中内部欺诈与外部欺诈事件发生频率所占比重为 72.33%，总损失金额所占比重为 76.77%，如表 8.1 所示。因此，内部欺诈和外部欺诈是我国商业银行操作风险最主要的两种事件类型。本章将基于 Lévy 测度理论，首先选取内部欺诈和外部欺诈两种事件类型，对其相关性结构和总风险度量方法进行探究。

表 8.1　　　　操作风险损失描述性统计（内部欺诈与外部欺诈）　　单位：万元

	均值	标准差	最大值	最小值	偏度	峰度	样本量
内部欺诈	15437	72668	1000000	10	8.8479	92.4615	830
外部欺诈	20487	86730	1000000	10	7.8504	72.7776	376

8.3.1　二维 Lévy Copula 操作风险度量模型

在构建 Lévy Copula 操作风险度量模型之前，本章实证部分将首先构造各个风险单元损失频率和损失强度边缘分布。借鉴本书第 7 章对于损失频率和损失强度边缘分布的处理方法以及参数估计结果（见表 7.1 和表 7.2），本章假设各个风险单元操作风险损失的发生均服从齐次泊松过程［即损失频率 $N_i \sim Poisson(\lambda_i)$］，并且采用极值理论的 POT 模型对各个风险单元单次操作风险损失强度进行建模，POT 模型中的阈值参数通过构造超额均值函数（MEF）或者 Hill 图方法来确定；根据损失强度是否高于阈值，损失事件可以分为高频低损类型（HFLS）和低频高损类型（LFHS），并考虑用不同类型的分布去拟合上述两种类型损失强度，其中低于阈值的 HFLS 损失采用对数正态分布去拟合，高于阈值的 LFHS 损失采用广义帕累托分布（GPD）去拟合。式（8-44）和式（8-45）分别为对数正态分布的概率密度函数和 GPD 分布的概率分布函数：

$$f_{LN}(x;\mu,\sigma) = \begin{cases} \dfrac{1}{\sigma x \sqrt{2\pi}} e^{-\frac{(\ln x - \mu)^2}{2\sigma^2}}, & x > 0 \\ 0, & x \leq 0 \end{cases} \qquad (8-44)$$

$$F_{GPD}(x;\xi,u,\beta) = \begin{cases} 1 - \left(1 + \xi \dfrac{x-u}{\beta}\right)^{-\frac{1}{\xi}}, & \xi \neq 0 \\ 1 - e^{-\frac{(x-u)}{\beta}}, & \xi = 0 \end{cases} \qquad (8-45)$$

其中，μ 和 σ 分别为对数正态分布的均值参数和方差参数，ξ、u 和 β 分别为 GPD 分布的形状参数、位置参数（阈值）和尺度参数。与第 7 章处理方法类似，阈值的选取采用超额均值函数法（MEF），其中 $MEF(u) = E(X - u \mid X > u)$，$X$ 为损失观测值。根据第 7 章的实证结果（图 7.1 和图 7.2），内部欺诈类型损失阈值为 20000（万元），外部欺诈类型损失阈值为 15000（万元）。在阈值 u 选择基础上，本书采用极大似然法（MLE）对上述边缘分布的其他参数进行估计，表 8.2 表示各个风险单元损失频率和损失强度边缘分布的参数估计结果。

表 8.2　　　　　　损失频率和强度边缘分布参数估计（二维模型）

	内部欺诈	外部欺诈
广义帕累托分布	（LFHS 损失强度）	
ξ	0.63	0.69
β	39600	23000
u	20000	15000
对数正态分布	（HFLS 损失强度）	
μ	6.28	5.78
σ	2.01	2.53
泊松分布	（损失频率）	
λ	39.52	17.90

在本节二维 Lévy Copula 操作风险度量模型中，共同冲击事件指的是商业银行内外部勾结事件（按照事件类型划分，既属于内部欺诈又属于外部欺诈）。同样地，由极大似然估计方法可得共同冲击事件发生频率的泊松参数 $\hat{\lambda}_{cs} = 5.4$，进而利用数值方法求解非线性方程 $(\hat{\lambda}_1^{-\theta} + \hat{\lambda}_2^{-\theta})^{-1/\theta} = \hat{\lambda}_{cs}$ 可得 $\hat{\theta} = 0.4443$，从而实现了对相关性结构参数的刻画。

风险度量方面，基于 VaR 和 CVaR 测度（展望期为一年），本书选取了五个具有代表性的置信水平（90%、95%、99%、99.5% 和 99.9%），对内部欺诈事件和外部欺诈事件引发的年度操作风险进行度量，并比较了三种不同相关性模型的风险度量效果（同单调模型、传统 Copula 模型和 Lévy Clayton Copula 模型）。同单调模型假设不同风险单元之间的损失具有完美正相关关系，在该假设下存在 $F_1(L_1) = F_2(L_2)$。传统 Copula 模型利用 Copula 函数连接不同风险单元边缘分布，从而构造操作风险年度累计损失相关性结构，即 $F(L_1, L_2) = C[F_1(L_1), F_2(L_2)]$。为了便于比较风险度量效果，传统 Copula 模型采用 Clayton Copula 相关性结构，其中 $C = (u_1^{-\theta} + u_2^{-\theta} - 1)^{-1/\theta}$，$u_i \sim U(0,1)$，$i = 1, 2$。特别地，鉴于《巴塞尔资本协议Ⅱ》将 VaR 的置信水平定为 99.9%，本章将特别关注 99.9% 置信水平下的 VaR 和 CVaR 度量。结果如表 8.3 所示。

表8.3			VaR 与 CVaR（二维模型）		单位：亿元
置信水平	内部欺诈	外部欺诈	相关性结构		
			同单调	传统 Copula	Lévy Copula
VaR					
0.9	73.02	94.99	168.01	154.59	144.54
0.95	90.83	112.61	203.44	178.72	168.74
0.99	162.10	192.13	354.23	290.71	274.56
0.995	220.17	259.71	479.87	402.96	342.28
0.999	601.00	797.91	1398.91	899.70	606.26
CVaR					
0.9	121.08	121.08	281.09	236.26	205.56
0.95	161.80	161.80	379.52	307.69	256.39
0.99	348.61	348.61	889.55	686.30	474.12
0.995	508.52	508.52	1364.76	1026.20	644.25
0.999	1104.54	1104.54	3549.37	2684.69	1416.20

在得到各个相关性模型的风险度量结果后，需要对其进行回顾测试。目前，对于 VaR 回顾测试最为常见的做法是 Kupiec 提出的 LR 统计量检

验[277]。Kupiec 检验的基本思路可以概括为：将实际观测值和测定的 VaR 值（置信水平为 $1-p$）进行比较，超过测定的 VaR 值的例外情形可视为服从二项分布的独立事件，该事件发生的概率被称为失败概率 $\hat{p} = N/T$，其中 N 为例外情形发生次数，T 为观测样本容量。Kupiec 检验零假设为 $\hat{p} = p$，由此得出的似然率 LR 统计量将服从自由度为 1 的卡方分布：

$$LR = -2\ln\left[(1-p)^{T-N}p^{N}\right] + 2\ln\left[(1-\hat{p})^{T-N}\hat{p}^{N}\right] \sim \chi^{2}(1)$$

$$(8-46)$$

由于操作风险历史数据并不充足，本章利用操作风险年度累计总损失经验分布产生的情景模拟数据，对 VaR 进行 Kupiec 检验。本章对三类相关性模型计算所得的高置信水平下 VaR 进行回测，测试结果如表 8.4 所示（括号内为 LR 统计量对应的 P 值）。若将 Kupiec 检验显著性水平设为 5%，在 99% 和 99.5% 置信水平上只有 Lévy Copula 模型通过了 Kupiec 检验（不能拒绝零假设）；在 99.9% 置信水平上，只有 Lévy Copula 模型和传统 Copula 模型通过了 Kupiec 检验。此外，表 8.4 表明，在三个不同置信水平上，Lévy Copula 模型的 LR 似然率统计量均为最小，说明 Lévy Copula 模型估计出的 VaR 最贴近真实损失情景。

表 8.4 　　　　　　　　　Kupiec 检验（二维模型；LR 统计量）

置信水平	同单调模型	传统 Copula 模型	Lévy Copula 模型
0.99	24.1202	21.9880	0.3798
	(0.0000)	(0.0000)	(0.5377)
0.995	10.9110	3.8881	0.7146
	(0.0000)	(0.0486)	(0.3979)
0.999	5.0994	2.0010	0.7736
	(0.0239)	(0.1572)	(0.3791)

注：表内数值为 LR 统计量，括号内为对应的 P 值。

在 99.9% 的置信水平下，Lévy Clayton Copula 模型总风险度量 VaR 值为 606.26（亿元），CVaR 值为 1416.20（亿元），通过与国内同类优秀研究成果对比[159]，发现风险度量结果在同一数量级上。图 8.7 和图 8.8 展示了随着置信水平的变化，三个相关性模型的 VaR 和 CVaR 的变化趋势。从图 8.7 和图 8.8 可以看出，Lévy Clayton Copula 模型所对应的 VaR 和 CVaR 均显著低于其他两个模型，尤其是在高置信水平上（大于 99%），并且该结论通过了表 8.4 的 Kupiec 检验验证；考虑风险单元之间的相关性结构能够克服同单调假设下的简单线性叠加方法对总风险高估的缺点；通过对风险事件微观结构的进一步探究，获得更为细致的相关性结构刻画能够降低总的风险资本度量，从而达到节约资本的目的。

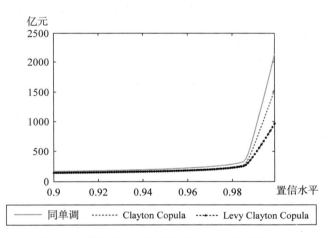

图 8.7　不同置信水平下的 VaR（二维模型）

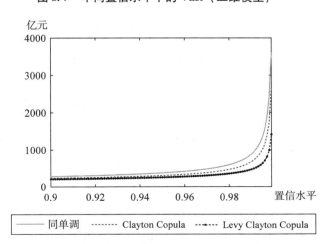

图 8.8　不同置信水平下的 CVaR（二维模型）

　　相关性结构的变化会影响到操作风险总的风险资本度量，相关性系数小范围内变化可能会导致总风险度量发生突变从而风险度量结果不稳健。因此需就相关性结构（θ）做稳健性检验，选取 99.9% 的置信水平，探究 Lévy Clayton Copula 模型总风险资本对于相关性结构参数 θ 的敏感程度，如图 8.9 所示。由图 8.9 可得，随着风险单元间相关性关系增强（θ 上升），风险测度 VaR 和 CVaR 均呈平缓上升趋势，并未发生明显突变，这说明相关性结构参数 θ 在小范围内变化并不会带来 VaR 和 CVaR 的突然上升和下降，因此 VaR 和 CVaR 对于相关性结构参数 θ 的微小变化表现较为稳健。

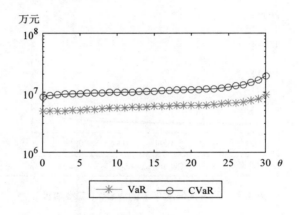

图 8.9　θ 的稳健性检验

8.3.2　动态 Lévy Copula 操作风险度量模型

　　动态 Lévy Clayton Copula 模型进一步放松了操作风险损失的发生服从齐次泊松过程的假设，本节采用非参数样条插值法来拟合时变损失频率参数 $\lambda(t)$。依据 AIC 法则确定样条插值函数的自由度 $Df = 3^{[22,129]}$，拟合结果如图 8.10 和图 8.11 所示（虚线表示拟合结果，实线表示仿真计算结果）。

　　根据本章算法 8.3 的数值实验技术实现动态 Lévy Clayton Copula 模型操作风险损失情景模型，并在此基础上计算相应的时变 VaR 和时变

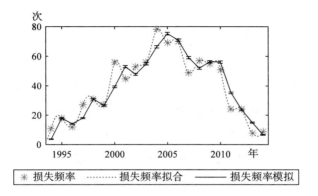

图 8.10　非齐次泊松过程拟合（内部欺诈）

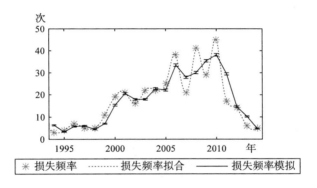

图 8.11　非齐次泊松过程拟合（外部欺诈）

CVaR。为了更好地比较三类相关性模型动态情形的风险度量效果，本节分别考虑了含时变参数 $\lambda(t)$ 的动态同单调模型和含时变参数 $\lambda(t)$ 和 $\theta(t)$ 的传统动态 Copula 模型，计算相应的 VaR 和 CVaR，并与对应的静态模型估计结果进行对比。

图 8.12 和图 8.13 分别表示在 99.9% 置信水平下三类动态模型在 1994 年至 2014 年 VaR 与 CVaR 的变化趋势。图 8.14 表示在上述时间段内操作风险年度累计总损失的历史数据。实证结果表明，三类动态模型的 VaR 和 CVaR 都随着时间的变化有显著的变化，并且变化趋势一致，说明 VaR 与 CVaR 受到时变泊松参数以及时变相关性结构的影响较大；

当静态模型拓展为动态情形时，Lévy Clayton Copula 模型的 VaR 与 CVaR 估计结果显著低于其他两类相关性模型的结论依然成立，证明该结论具有稳健性；依据课题组收集得到的我国商业银行操作风险外部数据库，操作风险年度累计损失历史数据具有明显的波动性和时变性，本节提出的动态模型能够较好地捕捉到这种操作风险的变化趋势；若采用静态模型，忽略了操作风险潜在的时变特征，可能会给风险度量结果带来偏误。由于历史数据较不充足，本节仅仅采用了非参数的样条插值函数来拟合泊松强度 $\lambda(t)$ 的变化趋势，观测样本内动态操作风险模型的度量效果。若要观测时变泊松强度的变化规律或者对其进行建模预测，需要更长的时间区间内完整的操作风险损失历史数据做支持。

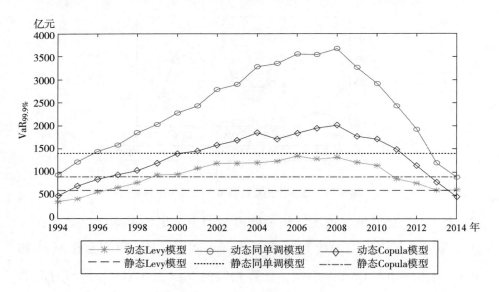

图 8.12　动态 VaR（置信水平：99.9%）

8.3.3　多维 Lévy Copula 操作风险度量模型

在商业银行实际经营过程中，操作风险的来源并不局限于内部欺诈和外部欺诈两种，因此操作风险的度量不仅仅局限于二维基本模型。当操作风险度量涉及两种以上风险单元时，有必要对多维操作风险度

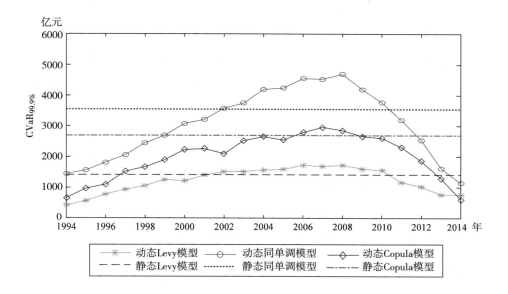

图 8.13　动态 CVaR（置信水平：99.9%）

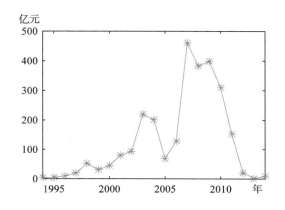

图 8.14　操作风险年度损失历史数据

量模型构建和应用进行进一步深入研究。本节以三维模型为例，构建多维 Lévy Clayton Copula 操作风险度量模型，并以中国商业银行操作风险损失数据进行实证研究。

在构造多维 Lévy Clayton Copula 相关性结构前，首先对商业银行操作风险损失频率和强度边缘分布进行补充说明：在原有事件类型基础上，补充第三种事件类型（执行、交割与流程管理），对其操作风险损失频率和损失强度进行建模，处理方法同8.3.1节：操作风险损失频率服从泊松分布；将损失强度分布进行分段定义，高于阈值的损失强度服从广义帕累托分布，低于阈值的损失强度服从对数正态分布，阈值根据超额均值函数图（MEF）确定；其余参数估计采用极大似然估计法（MLE）。根据第7章的实证结果（图7.3），执行、交割与流程管理类型阈值设定为15000（万元）。在二维模型基础上，将三维模型的损失频率和损失强度边缘分布参数估计结果整理为表8.5。

表8.5　　　　　损失频率和强度边缘分布参数估计（三维模型）

	内部欺诈	外部欺诈	执行、交割与流程管理
广义帕累托分布	（LFHS 损失强度）		
ξ	0.63	0.69	0.66
β	39600	23000	20600
u	20000	15000	15000
对数正态分布	（HFLS 损失强度）		
μ	6.28	5.78	6.86
σ	2.01	2.53	2.00
泊松分布	（损失频率）		
λ	39.52	17.90	7.71

完成了各个风险单元损失频率和损失强度边缘分布参数估计后，将重点研究三维操作风险度量模型相关性结构的刻画。对于多维操作风险建模，仍采用Lévy Copula的研究框架进行高维拓展，采用的三维操作风险模型相关性结构有两种：基本三维Lévy Copula模型和基于嵌套Copula技术的Lévy Copula模型。其中，前者为二维Lévy Copula模型的直接升级，暗含任意两个风险单元之间具有相同偏相关性结构的假设；后者利用"降维"思想，采用了嵌套Copula技术将高维相关性结构拆分为若干个二维相关性子结构，解决了高维相关性建模过程中基本Lévy Copula模型无法刻画非对称相关性结构问题，允许风险单元之

间具有异质的相关性关系。为了保持研究的延续性，本节所有 Lévy Copula 生成元函数依旧采用 Clayton 类型。

在高维相关性建模的应用中，主流的嵌套 Copula 构造方法有 FNAC 方法和 PNAC 方法，但在三维模型中，两种构造方法并无实质差别。本节以 FNAC 方法为例，构建基于嵌套 Copula 技术的三维 Lévy Clayton Copula 操作风险度量模型，嵌套结构如图 8.4 所示。针对三维模型，理论上将存在以下三种 FNAC 嵌套结构，分别为：

$$结构 1: \hat{C}_\theta(u_1, u_2, u_3) = \left[\left(u_1^{-\theta_{11}} + u_2^{-\theta_{11}} \right)^{\frac{\theta_{21}}{\theta_{11}}} + u_3^{-\theta_{21}} \right]^{-\frac{1}{\theta_{21}}} \quad (8-47)$$

$$结构 2: \hat{C}_\theta(u_1, u_2, u_3) = \left[\left(u_1^{-\theta_{11}} + u_3^{-\theta_{11}} \right)^{\frac{\theta_{21}}{\theta_{11}}} + u_2^{-\theta_{21}} \right]^{-\frac{1}{\theta_{21}}} \quad (8-48)$$

$$结构 3: \hat{C}_\theta(u_1, u_2, u_3) = \left[\left(u_2^{-\theta_{11}} + u_3^{-\theta_{11}} \right)^{\frac{\theta_{21}}{\theta_{11}}} + u_1^{-\theta_{21}} \right]^{-\frac{1}{\theta_{21}}} \quad (8-49)$$

针对嵌套结构的选择和随机变量 u_i 的放置顺序，应遵循优先合并相关性关系较强的随机变量的原则，并满足式（8-43），即 $\theta_{11} \geqslant \theta_{21} > 0$。对于基本三维 Lévy Clayton Copula 模型和基于嵌套 Copula 技术的三维 Lévy Clayton Copula 模型的参数估计均采用极大似然估计方法（MLE），参数 θ 的估计结果如表 8.6 所示。

表 8.6　　　　　　　　　　相关性结构参数估计

	Lévy Copula 模型	FNAC Lévy Copula 模型		
		结构 1	结构 2	结构 3
θ	0.3737			
θ_{11}		0.4306	0.3207	0.3993
θ_{21}		0.3488	0.4270	0.3531

由表 8.6 可知，基于嵌套 Copula 技术的 Lévy Clayton Copula 模型的三种嵌套结构中，结构 2 的参数估计结果不满足式（8-43），舍去；剩下的结构 1 和结构 3 中，可以发现，风险单元 1 和风险单元 2 之间的相关性关系（结构 1）强于风险单元 2 和风险单元 3 之间的相关性关系（结构 3），故选择结构 1 作为 FNAC Lévy Clayton Copula 模型的嵌套结

构，即首先耦合风险单元1（内部欺诈类型）和风险单元2（外部欺诈类型），再耦合风险单元3（执行、交割与流程管理类型）。

获得了操作风险上述三个风险单元损失边缘分布信息（包括频率和强度）和相关性结构信息后，根据算法8.4，通过蒙特卡洛仿真模拟方法可以还原特定时间区间内（展望期一般为一年）三个风险单元操作风险损失情景，在此基础上计算获得操作风险年度总累计损失。通过多次仿真模拟，可以推断出操作风险年度总累计损失的分布信息，进而计算相应的风险资本大小。本节选择了VaR和CVaR两种风险测度，并选取了五个具有代表性的置信水平（90%、95%、99%、99.5%和99.9%）。特别地，本节除了介绍上述两种Lévy Clayton Copula相关性结构模型外，还将具有完美正相关性假设的同单调模型作为参照组。风险度量的计算结果如表8.7所示。

表8.7　　　　　　　　　　VaR 与 CVaR（三维模型）　　　　　　　　单位：亿元

置信水平	相关性结构		
	同单调	Lévy Copula	FNAC Lévy Copula
VaR			
0.9	173.99	182.61	175.11
0.95	251.17	227.55	218.40
0.99	601.99	400.20	390.10
0.995	855.77	558.21	494.70
0.999	2318.40	2020.83	1246.60
CVaR			
0.9	426.14	319.03	295.62
0.95	588.65	436.59	397.98
0.99	1390.13	1054.42	918.57
0.995	2084.92	1639.93	1388.25
0.999	5064.80	4489.75	3953.03

为了检验风险度量结果的有效性，本节对不同相关性结构下计算所得的 VaR 结果进行回顾测试。与8.3.1节处理方法类似，由于操作

风险数据不充足，本节利用操作风险年度累计总损失经验分布产生的情景模拟数据，对 VaR 进行 Kupiec 检验。因此，本节对上述三类相关性模型计算所得的高置信水平下 VaR 进行回测，回顾测试结果如表 8.8 所示（括号内为 LR 统计量对应的 P 值）。

表 8.8　　　　　　　　**Kupiec 检验（三维模型；LR 统计量）**

置信水平	同单调	Lévy Copula	FNAC Lévy Copula	双重相关性
0.99	19.9292	14.2214	1.0156	4.0910
	（0.0000）	（0.0000）	（0.3136）	（0.0431）
0.995	7.0606	3.8881	0.7146	0.9391
	（0.0079）	（0.0486）	（0.3979）	（0.3325）
0.999	2.0010	2.0010	2.0010	2.0010
	（0.1572）	（0.1572）	（0.1572）	（0.1572）

注：表内数值为 LR 统计量，括号内为对应的 P 值。

表 8.8 回顾测试结果表明：若将 Kupiec 检验显著性水平设为 5%，在 99% 和 99.5% 置信水平上只有 FNAC Lévy Copula 模型通过了 Kupiec 检验；在 99.9% 置信水平上，上述三种相关性模型均通过了 Kupiec 检验；在三个不同置信水平上，Lévy Copula 模型的 LR 似然率统计量均为最小，说明相比于同单调模型和 Lévy Copula 模型，FNAC Lévy Copula 操作风险度量模型估计出的 VaR 更加具有有效性和贴近损失情景。

图 8.15 和图 8.16 展示的是随着置信水平的变化三个相关性模型计算所得的 VaR 和 CVaR 变化趋势。从图 8.15 和图 8.16 可以看出，无论是 Lévy Clayton Copula 模型还是 FNAC Lévy Clayton Copula 模型，对应的 VaR 和 CVaR 均显著低于同单调情形，并且结论有效性通过了表 8.8 的 Kupiec 检验验证，也从侧面证明了同单调假设下的 VaR 简单线性叠加的处理方法对总体风险度量存在一定程度的高估。通过比较 Lévy Clayton Copula 模型和 FNAC Lévy Clayton Copula 模型，可以发现后者的风险度量结果将会略低于前者，并且 VaR 的回顾测试结果更佳，说明在多维操作风险度量引入不对称相关性结构可以提高 VaR 估计的精度，并

且可以在一定程度上节省风险资本。

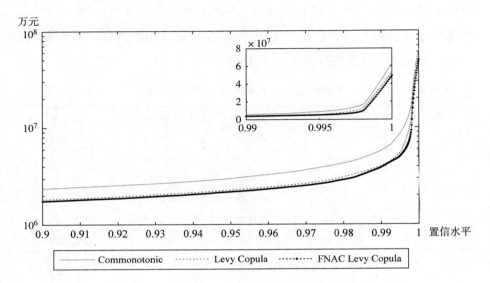

图 8.15　不同置信水平下的 VaR（三维模型）

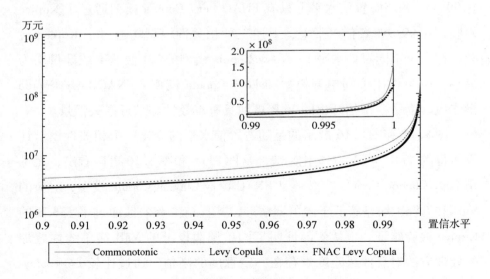

图 8.16　不同置信水平下的 CVaR（三维模型）

为了进一步检验上述结论的稳健性，本节补充第 7 章介绍的双重相关性模型对应 VaR 的 Kupiec 检验结果（见表 8.8）。实证结果表明，引入不对称相关性结构的模型（FNAC Lévy Clayton Copula 模型和双重相关性模型）估计得到 VaR 对应的 LR 统计量显著小于对称相关性结构模型（Lévy Clayton Copula 模型），因此"多维操作风险度量中不对称相关性结构建模可提高总风险 VaR 估计精度"这一结论具有稳健性。此外，拥有更为简洁的相关性结构的 FNAC Lévy Clayton Copula 模型在 VaR 估计精度方面表现要好于第 7 章提出的相关性结构更为复杂的双重相关性模型。

8.4　本章小结

如何刻画不同风险单元之间的相关性结构一直是商业银行多重操作风险度量的核心和难点。多数学者选择通过线性相关系数或者 Copula 理论来刻画操作风险年度损失、损失频率和损失强度的相关性结构并在此基础上实现多重操作风险的耦合，其中 Copula 理论在非线性相关性建模中有较好的表现。在损失分布法（LDA）研究框架下，不同风险单元之间的相关性来源于损失频率相关性和损失强度相关性，若用不同 Copula 模型分别描述上述两种相关性结构，便会成倍放大模型设定风险，并且在损失强度相关性建模中存在"损失强度时间错配"问题。

为了减小这类模型设定风险以及解决"损失强度时间错配"问题，本章引入 Lévy 测度代替传统概率测度，描述操作风险损失所具有的非连续跳跃行为，构建 Lévy Copula 操作风险度量模型，同时考虑损失频率相关性和强度相关性。首先以二维基本模型为例，本章结合中国操作风险损失情景，以共同冲击事件为重点研究对象，利用 Lévy Clayton Copula 构建操作风险相关性结构，其中兼顾频率相关性和强度相关性；在此基础上，本章根据银行风险管理实操需求，对二维 Lévy Clayton Copula 基本模型进行了动态情形和多维情形的拓展：①动态模型，放松了对操作风险损失事件的发生服从齐次泊松过程的假设，将静态的

Lévy Clayton Copula 风险度量模型嵌入时变参数，拓展为更一般的含时变相关性结构的动态 Lévy Clayton Copula 风险度量模型；②多维模型，将二维基本模型做了多维化升级，构建多维 Lévy Clayton Copula 风险度量模型，并且为了解决多维模型中不对称相关性结构刻画难题，借鉴"降维"思想，引入嵌套 Copula 技术将多维模型分解为若干个二维相关性子结构，从而建立基于嵌套 Copula 技术的多维 Lévy Clayton Copula 风险度量模型；最后，本章给出二维基本模型以及动态模型和多维模型的配套数值实验技术，计算不同置信水平下的 VaR 与 CVaR，从而实现操作风险度量，并对实证结果进行回顾测试。

研究结果表明：①Lévy Clayton Copula 风险度量模型能在尽可能少地估计参数（减少模型设定风险）的同时，较好地描述操作风险不同单元间的相关性结构，包括频率相关性结构和强度相关性结构。②二维 Lévy Clayton Copula 风险度量模型所对应的 VaR 和 CVaR 均显著低于同单调模型和传统 Copula 模型，并通过 Kupiec 检验，这说明在二维情形中考虑风险单元之间的相关性能够克服 VaR 简单线性叠加方法对于总体风险高估的缺点，并通过对风险事件微观结构的进一步探究获得更为细致的相关性结构刻画并降低总风险资本度量。③二维 Lévy Clayton Copula 模型通过了对相关性结构的鲁棒性检验，对于相关性参数在微小范围内的变动，模型表现出稳健性。④当放松风险损失发生服从齐次泊松过程的假设后，Lévy Clayton Copula 模型计算所得的动态 VaR 和 CVaR 依旧低于其他两类相关性模型，该结论具有一定的稳健性。⑤相比于静态模型，动态模型更能捕捉到操作风险损失变化趋势，减少了静态模型由于时变泊松强度与时变相关性结构引起的风险资本估计偏差，更具有实践意义。⑥当模型上升为更高维度（大于 2）时，嵌套 Copula 技术可以较好地解决多维 Lévy Clayton Copula 模型无法捕捉不对称相关性结构的问题。⑦在多维相关性建模中，引入不对称相关性结构可以一定程度上提高 VaR 的估计精度，并且该结论通过稳健性检验。⑧包含不对称相关性结构的多维 FNAC Lévy Clayton Copula 风险度量模型估计得到的风险资本金（VaR 和 CVaR）均显著低于多维 Lévy Clayton Copula 风险度量模型，这也说明对高维相关性结构的细致刻画能够有效降低风险资本成本。

第9章 主要工作、结论与政策建议

9.1 主要工作

作为国家经济和金融体系的重要组成部分，商业银行能否安全、平稳地运营对于国家经济平稳发展非常关键，因此商业银行风险管理是具有十分重要的意义和价值的。传统商业银行风险管理的重点是市场风险管理和信用风险管理。而近年来，随着银行操作风险事件频繁发生，操作风险已经逐渐成为商业银行风险管理工作的热点问题，与前两者并称为"银行三大风险"。鉴于《巴塞尔资本协议》的要求和商业银行风险管理需求，国内商业银行也逐步开展对于商业银行操作风险的量化建模研究。本书从商业银行操作风险管理精细化的角度入手，针对风险管理实践中存在的问题，如内部损失数据不足、厚尾损失数据如何拟合、风险单元之间的相关性结构如何刻画等，提出相应的操作风险量化建模方法和技术。本书的主要工作可以简单概括如下：

（1）基于银行操作风险管理工作中存在内部损失数据不足的问题，本书结合中国人民银行网站、银监会网站、国内几大门户网站的财经新闻专栏和法院案例及其他相关期刊论文或学位论文中所披露和整理的我国商业银行操作风险案例，构建形成中国商业银行操作风险外部数据库。在此基础上，从时间尺度分布、空间地域分布、损失事件类型分布以及银行层级分布等进行多视角、多维度的特征分析，最大限度地挖掘和还原中国商业银行操作风险发展现状。

（2）根据操作风险损失发生的特征，本书介绍了操作风险管理中最主流的损失分布法（LDA）和极值理论（EVT），并就其在操作风险中的应用做简单演示和拓展。构建 POT – LDA 操作风险度量模型，利用极大似然法对模型参数进行估计，以 VaR 风险测度为例计算操作风险储备，并检验其关于 GPD 形状参数变化的敏感程度。

（3）为了解决含参数量化模型在拟合操作风险损失时存在的模型设定风险，本书引入基于厚尾分布的非参数方法度量操作风险：利用 Hill 指数建立线性方程模型确定阈值，提出不同于简单算术平均的基于厚尾分布样本均值求法，构造了基于非参数的 VaR 点估计方法和三种区间估计方法。

（4）针对多重操作风险度量中如何考察不同时刻风险单元之间的相互影响问题，本书提出了描述操作风险损失演化机制的动力学模型，将不同损失事件类型之间相关关系转化为不对称的风险相关性矩阵，代入动力学方程，从自发产生的损失、不同事件类型之间相互影响关系以及覆盖预期损失的资本金储备三个角度对操作风险损失产生和演化的机制进行刻画，给出相应的参数估计方法和模型稳健性检验方法。通过对损失演化动力学方程的蒙特卡洛模拟和迭代计算获得不同事件类型的非预期损失情景模拟，计算相应的风险资本 VaR 并与简单线性叠加 VaR 进行对比。

（5）在多重操作风险度量中，核心问题便是不同风险单元之间的相关性结构如何构建以及相关性结构对风险度量结果产生的潜在影响。在经典损失分布法研究框架下，累计损失相关性结构可以进一步细化为损失频率相关性和损失强度相关性。为了解决损失强度相关性构建过程中存在的"损失强度时间错配"问题，本书引入风险损失强度均值概念，利用数值方法获取特定风险频率下的损失强度均值条件边缘分布信息，结合 Copula 理论，分别构建损失频率相关性和损失强度均值相关性，实现双重相关性模型的构建。此外，本书给出了与双重相关性模型配套的仿真模拟算法，计算风险资本 VaR 和 CVaR，并与几种传统相关性模型就 VaR 测度比较风险度量效果。

（6）除了含损失频率相关性和损失强度均值相关性的双重相关性模型，在多重操作风险度量研究中，本书引入 Lévy 测度代替传统概率测度，描述操作风险损失所具有的非连续跳跃行为，构建 Lévy Copula 操作风险度量模型，同时考虑损失频率相关性和强度相关性，并减小由于复杂相关性结构带来的模型设定风险和解决"损失强度时间错配"问题。以二维基本模型为例，以共同冲击事件为重点研究对象，利用 Lévy Clayton Copula 构建操作风险相关性结构，并在此基础上根据银行风险管理实操需求将基本模型进行了动态情形和多维情形的扩展：①动态模型，放松了对损失发生服从齐次泊松过程假设，将模型嵌入时变参数，拓展为更一般的动态 Lévy Clayton Copula 风险度量模型。②多维模型，为了解决模型多维化升级后不对称相关性结构刻画难题，借鉴"降维"思想，利用嵌套 Copula 技术将多维模型分解为若干个二维相关性子结构。最后，给出二维基本模型以及动态模型和多维模型的配套数值实验技术，计算不同置信水平下的 VaR 与 CVaR，并对实证结果进行回顾测试。

9.2 主要结论

本书结合中国人民银行网站、银监会网站、国内几大门户网站的财经新闻专栏和法院案例及其他相关期刊论文或学位论文中所披露和整理的我国商业银行操作风险案例，获取了 1994 年至 2014 年发生的共 1518 起操作风险损失事件，并就损失事件相关信息进行记录，其中包括损失发生时间及地点、涉案银行、损失金额、所属的风险事件类型和业务条线、涉案人员职位以及所属部门和相关具体案情描述等内容，构建形成中国商业银行操作风险外部数据库。通过对上述我国商业银行操作风险外部数据的多维度分析，可以发现：操作风险损失在时间尺度上来看具有波动性；操作风险损失在空间地域分布上主要集中在东部和中部地区，经济发展程度越高的地区引发操作风险的可能性越大；我国商业银行操作风险主要集中在欺诈类型损失；操作风险损失发生次数最多的是支行，损失总金额最大的是总行。

在操作风险量化建模研究中，损失分布法（LDA）和极值理论（EVT）是最为常见的方法。POT – LDA 实证结果表明：POT – LDA 能够契合操作风险损失发生服从具有离散性质的随机点过程的特征，并且能捕捉由于"黑天鹅"事件存在导致的损失强度"厚尾"性质；计算测得风险资本 VaR 随着置信水平提高有加速上升趋势，并且受 GPD 形状参数影响较大，表现为损失强度厚尾程度越明显，VaR 呈指数上涨趋势，并且估计精度有所下降。

为了解决含参数量化模型在拟合厚尾分布时存在的模型设定风险，本书采用基于厚尾分布的非参数方法度量操作风险，其中更强调右偏态厚尾特征的均值求法比简单算术平均法更能反映样本特征；非参数方法计算获得的高置信度 VaR 随着置信水平的提高呈指数增加状态；针对厚尾分布的分位数估计，三种 VaR 的区间估计方法中，更关注分布尾部的 DT 方法的区间估计是最为准确的；与参数估计方法相比，考虑了尾部指数的非参数方法计算得到的 VaR 能更好地度量厚尾风险。

对于操作风险损失产生、传导及演化机制研究，本书建立基于离散时间的损失演化动力学模型，从自发产生损失、不同事件类型之间相互影响及银行覆盖预期损失的资本金储备三个不同的视角进行刻画，并且模型通过了稳健性检验；不同于以 Copula 理论为首的统计精算模型，动力学模型在描述不同事件类型之间的风险相依结构时考虑了不同时点的相互影响关系；可以通过对损失演化动力学方程的仿真计算，获得完整的非预期损失情景模拟，计算年度总体累计非预期损失的风险资本 VaR；将含不同时点相关性结构的动力学模型计算所得 VaR 与同单调假设下的简单线性叠加 VaR 作对比，发现简单线性叠加 VaR 会一定程度上高估风险，并且随着置信水平的提高，风险高估效果更加明显。

在商业银行操作风险度量中，常常包含多个风险单元（业务条线/事件类型），因此如何刻画不同风险单元之间相关性结构将会成为多重操作风险度量的核心内容之一。在本书第 7 章和第 8 章中针对多重操作风险度量中相关性构建存在的不同问题，提出相应的相关性建模技术，并做了相应的实证研究。在第 7 章中，双重相关性模型能够在不破坏原有 LDA 研究框架的基础上，嵌入损失强度均值相关性并较好地解决了"损失强度时间错配"问题；通过比较几类相关性结构模型的度量效果可以发现，不考虑相关性结构的 VaR 上确界和同单调模型存在不同程度的风险高估，说明相关性建模在多重操作风险度量的必要性以及风险分散效应的存在性；在置信水平上升至 99.9% 时，双重相关性模型估计得到的 VaR 略高于年度累计损失相关性模型，显著大于频率相关性模型。

在第 8 章中，本书为了减少由于同时对多种相关性结构进行建模而放大的模型设定风险以及解决"损失强度时间错配"问题，引入 Lévy 测度，以共同冲击事件为重点研究对象，构建 Lévy Clayton Copula 风险度量模型，在尽可能少地估计参数（减少模型设定风险）的同时，较好地描述操作风险不同单元间的相关性结构（包括频率相关性结构和强度相关性结构）；通过对比 Lévy Clayton Copula 风险度量模型与其他相关性结构模型的风险度量效果，发现在二维情形中考虑风险单元之间的相关性能够克服 VaR 简单线性叠加方法对于总体风险高估的缺点，并通过对风险事件微观结构的进一步探究获得更为细致的相关性结构刻画并降低总风险资本度量；当模型拓展为动态情形时，上述结论依旧成立以及具有一定的稳健性，并且动态模型更能捕捉操作风险损失变化趋势，减少了基本（静态）模型由于时变泊松强度与时变相关性结构引起的风险资本估计偏差；当模型拓展为高维情形时，嵌套 Copula

技术可以较好地解决多维 Lévy Clayton Copula 模型无法捕捉不对称相关性结构的问题；在多维相关性建模中，引入不对称相关性结构可以一定程度上提高 VaR 的估计精度，并且该结论通过稳健性检验；在高维情形中，通过对高维相关性结构的细致刻画同样能够有效降低风险资本成本。

9.3　政策与建议

随着《巴塞尔资本协议》对操作风险的重点关注，操作风险在商业银行风险管理的权重逐渐增加，在未来将扮演越来越重要的角色。在多种操作风险度量模型开发和实证的基础上，在本书的最后，我们将立足于中国商业银行，对其操作风险管理内容未来潜在发展方向做出几点政策与建议。

首先，加强商业银行内部控制建设。通过对本书中国商业银行操作风险总损失数据的分析，可以发现我国操作风险事件主要集中于内部欺诈、外部欺诈以及两者相互勾结。这种现象的发生，探究其根本原因就是银行内部控制过于薄弱，制度不完善不健全，上下级之间、前后台之间缺乏有效的监督，并且操作风险意识较为淡薄，因此导致近年来操作风险事件频繁发生。针对上述情况，银行应根据自身情况，加强和完善内部控制机制，建立起包含决策、执行以及监督的"三位一体"控制体系，并根据业务特点对操作风险"重灾区"进行重点监控。

其次，加强操作风险内部数据库建设。《巴塞尔资本协议》所推荐的几种操作风险计量方法，无论是初级计量法、高级计量法，还是最新推出的标准计量法，都需要完整的内部历史损失数据作为支撑。我国商业银行操作风险计量才刚刚起步，完善的操作风险内部数据库建设还任重道远。基于课题组对于操作风险损失数据收集、清洗和整理的经验，我们认为应根据操作风险建模要求，尽可能对包含数据信息的字段进行完善，确保数据收集和清洗能一次性达到建模要求，避免重复工作。在银行日常经营活动和业务流程中，加强数据收集意识，并且与负责模型开发的人员及时沟通以满足对数据质量的要求。此外，以人工智能和区块链为代表的新兴信息技术可以合理地运用到操作风险量化管理中去。

再次，做到量化建模与定性分析相结合。相比于成熟的市场风险和信用风险建模，操作风险度量研究还处于不成熟的起步阶段。由于损失数据质量不高、多数为外部数据、模型开发不成熟等因素存在，单纯量化建模得到的风险度量结果可能与现实有出入或者精度不高。因此在现阶段，在量化分析的基础上需要有专业管理人员和专家对其进行定性的评估和把控，必要时需要人为对模型或风险度量结果进行修正。特别需要指出的是，尽管《巴塞尔资本协议Ⅲ》建议商业银行用计算更为简单、度量更为刻板的标准计量法代替高级计量法，但是笔者仍坚信随着操作风险内部损失数据库的完善和操作风险建模技术的成熟，量化建模依旧是操作风险度量的重要组成部分。

最后，培养专业的操作风险管理人员和队伍。相比市场风险和信用风险，专业的操作风险管理人员相对较少，因此组建一支专业的操作风险管理队伍对于银行来说是十分必要的。由于操作风险自身特征以及遍布银行几乎所有业务环节，需要操作风险管理人员拥有不同部门的管理经验并且熟知银行各个业务流程。特别地，针对操作风险模型开发的部门，相关人员需要有丰富的量化建模经验以及坚实的数理基础。除此之外，银行应积极开展与高校和研究机构的合作，将其优秀研究成果进行实践落地，同时加强与高校研究机构的优秀人才的交流。

参考文献

［1］de Fontnouvelle P, DeJesus – Rueff V, Jordan J S, et al. Capital and risk: new evidence on implications of large operational losses ［J］. *Journal of Money, Credit and Banking*, 2006, 38（7）: 1819 – 1846.

［2］Basel Committee on Banking Supervision. International convergence of capital measurement and capital standards: a revised framework ［R］. Switzerland: Bank for International Settlements, 2004.

［3］Basel Committee on Banking Supervision. Operational risk – Revisions to the simpler approaches ［R］. Switzerland: Bank for International Settlements, 2014.

［4］Basel Committee on Banking Supervision. Standardised Measurement Approach for operational risk ［R］. Switzerland: Bank for International Settlements, 2016.

［5］Basel Committee on Banking Supervision. Core principles for effective banking supervision ［R］. Switzerland: Bank for International Settlements, 1997.

［6］Basel Committee on Banking Supervision. Sound practices for the management and supervision of operational risk ［R］. Switzerland: Bank for International Settlements, 1997.

［7］Basel Committee on Banking Supervision. Principles for the sound management of operational risk ［R］. Switzerland：Bank for International Settlements，2011.

［8］Basel Committee on Banking Supervision. Operational risk － Supervisory guidelines for the advanced measurement approaches ［R］. Switzerland：Bank for International Settlements，2011.

［9］Peters G W，Shevchenko P V，Hassani B，et al. Should theAdvanced Measurement Approach be replaced with the Standardized Measurement Approach for operational risk? ［J］. Journal of Operational Risk，2016，11（3）：1－49.

［10］Cruz M G，Peters G W，Shevchenko P V. Fundamental aspects of operational risk and insurance analytics：A handbook of operational risk ［M］. Hoboken：John Wiley & Sons，2015.

［11］Pezier J. A constructive review of Basel's proposals on operational risk ［R］. Uinted Kingdom：University of Reading，2002.

［12］Cornalba C，Giudici P. Statistical models for operational risk management ［J］. *Physica A：Statistical Mechanics and its Applications*，2004，338（1）：166－172.

［13］Kühn R，Neu P. Functional correlation approach to operational risk in banking organizations ［J］. *Physica A：Statistical Mechanics and its Applications*，2003，322：650－666.

［14］陈珏宇，谢红丽，沈沛龙. 商业银行操作风险内部衡量法及其应用研究 ［J］. 经济管理，2008，30（10）：41－47.

［15］Mori T，Harada E. Internal measurement approach to operational risk capital charge ［R］. Tokyo：Bank of Japan，2001.

［16］刘睿，詹原瑞. 操作风险管理的记分卡法框架研究 ［J］. 中国地质大学学报（社会科学版），2007，7（3）：40－46.

［17］刘家鹏，詹原瑞，刘睿. 基于记分卡的操作风险管理研究

[J]. 西南交通大学学报（社会科学版），2007, 8 （3）：129 – 135.

[18] Frachot A, Moudoulaud O, Roncalli T. *Loss distribution approach in practice* [M] //The Basel Handbook：A Guide for Financial Practitioners, London：Risk Books, 2004：527 – 554.

[19] Aue F, Kalkbrener M. LDA at work：Deutsche Bank's approach to quantifying operational risk [J]. Journal of Operational Risk, 2006, 1 （4）：49 – 93.

[20] Zhou X, Durfee A V, Fabozzi F J. On stability of operational risk estimates by LDA：From causes to approaches [J]. *Journal of Bankingand Finance*, 2016, 68：266 – 278.

[21] Shevchenko P V. Calculation of aggregate loss distributions [J]. *Journal of Operational Risk*, 2010, 5 （2）：3 – 40.

[22] Chavez – Demoulin V, Embrechts P, Hofert M. An extreme value approach for modeling operational risk losses depending on covariates [J]. *The Journal of Risk and Insurance*, 2016, 83 （3）：735 – 776.

[23] 张宏毅，陆静. 运用损失分布法的计量商业银行操作风险 [J]. 系统工程学报，2008, 23 （4）：411 – 416.

[24] Nešlehová J, Embrechts P, Chavez – Demoulin V. Infinite mean models and the LDA for operational risk [J]. *Journal of Operational Risk*, 2006, 1 （1）：3 – 25.

[25] Cummins J D, Embrechts P. Introduction：special section on operational risk [J]. *Journal of Banking and Finance*, 2006, 30 （10）：2599 – 2604.

[26] Chernobai A S, Rachev S T, Fabozzi F J. *Operational risk：a guide to Basel II capital requirements, models and analysis* [M]. Hoboken：John Wiley & Sons, 2007.

[27] 巴曙松. 巴塞尔新资本协议框架下的操作风险衡量与资本金

约束［J］．经济理论与经济管理，2003（2）：17－24.

［28］田玲，蔡秋杰．中国商业银行操作风险度量模型的选择与应用［J］．中国软科学，2003（8）：38－42.

［29］周效东，汤书昆．金融风险新领域：操作风险度量与管理研究［J］．中国软科学，2003（12）：38－42.

［30］高丽君，李建平，陈建明，等．操作风险度量模型与方法研究［J］．管理评论，2006，18（9）：8－16.

［31］阎庆民，蔡红艳．商业银行操作风险管理框架评价研究［J］．金融研究，2006（6）：61－70.

［32］樊欣，杨晓光．从媒体报道看我国商业银行业操作风险状况［J］．管理评论，2003，15（11）：43－47.

［33］万杰，苗文龙．国内外商业银行操作风险现状比较及成因分析［J］．国际金融研究，2005（7）：10－15.

［34］卢安文，任玉珑．商业银行操作风险形成机理研究——基于行为经济学视角［J］．重庆大学学报（社会科学版），2009，15（6）：46－51.

［35］顾京圃．中国商业银行操作风险管理［M］．北京：中国金融出版社，2006.

［36］Mignola G，Ugoccioni R，Cope E. Comments on the Basel Committee on Banking Supervisionproposal for a new standardized approach for operational risk［J］．*Journal of Operational Risk*，2016，11（3）：51－69.

［37］巴曙松，王思奇，金玲玲．巴塞尔Ⅲ下的银行操作风险计量及监管框架［J］．大连理工大学学报（社会科学版），2017，38（1）：36－42.

［38］Wilson D. VaR in operation［J］．*Risk*，1995，12：32－34.

［39］Cruz M G. *Modeling，measuring and hedging operational risk*［M］．New York：John Wiley & Sons，2002.

［40］ Chapelle A, Crama Y, Hübner G, et al. Practical methods for measuring and managing operational risk in the financial sector: a clinical study ［J］. *Journal of Banking and Finance*, 2008, 32 （6）: 1049 – 1061.

［41］ Bee M. On maximum likelihood estimation of operational loss distributions ［Z］. Trento: University of Trento, 2005.

［42］ Cruz M G. *Operational risk modeling and analysis: theory and practice* ［M］. London: Risk Books, 2004.

［43］ Panjer H H. *Operational risk: modeling analytics* ［M］. Hoboken: John Wiley & Sons, 2006.

［44］ McNeil A J, Frey R, Embrechts P. *Quantitative risk management: concepts, techniques and tools* ［M］. Princeton: Princeton University Press, 2005.

［45］樊欣, 杨晓光. 我国银行业操作风险的蒙特卡洛模拟估计 ［J］. 系统工程理论与实践, 2005, 25 （5）: 12 – 19.

［46］ Lu Z. Modeling the yearly Value – at – Risk for operational risk in Chinese commercial banks ［J］. *Mathematicsand Computers in Simulation*, 2011, 82 （4）: 604 – 616.

［47］ Feng J, Li J, Chen J, et al. Operational risk measurement: a nonparametric approach using Cornish – Fisher expansion ［C］//Business Intelligence and Financial Engineering (BIFE), 2011 Fourth International Conference on. IEEE, 2011: 105 – 109.

［48］ Zhu X, Li J, Chen J, et al. Anonparametric operational risk modeling approach based on Cornish – Fisher expansion ［J］. Discrete Dynamics in Nature and Society, 2014, Article ID 839731.

［49］施武江, 丰吉闯. 银行操作风险度量的非参数估计方法——基于最大熵原理 ［J］. 工业技术经济, 2011, 30 （7）: 115 – 122.

［50］汪冬华, 徐驰. 基于非参数方法的银行操作风险度量 ［J］.

管理科学学报, 2015, 18 (3): 104 - 113.

[51] Kennett R. *How to introduce an effective operational risk management framework* [M] // Hübner R. Advances in operational risk: firm - wide issues for financial institutions. London: A Division of Risk Waters Group Ltd, 2003: 73 - 92.

[52] Grody A, Harmantzis F, Kaple G. Operational risk and reference data: Exploring costs, capital requirements and risk mitigation [Z]. Working Papers, Stevens Institute of Technology, Hoboken, New Jersey, 2005: 1 - 88.

[53] Embrechts P, Furrer H, Kaufmann R. Quantifying regulatory capital for operational risk [J]. Derivatives Use, Trading and Regulation, 2003, 9 (3): 217 - 233.

[54] Wei L, Li J, Zhu X. Operational loss data collection: A literature review [J]. Annals of Data Science, 2018, 5 (3): 313 - 337.

[55] Mandelbrot B B, Stewart I. Fractals and scaling in finance [J]. Nature, 1998, 391: 758 - 758.

[56] Rachev S T, Menn C, Fabozzi F J. *Fat - tailed and skewed asset return distributions: implications for risk management, portfolio selection, and option pricing* [M]. Hoboken: John Wiley & Sons, 2005.

[57] Baud N, Frachot A, Roncalli T. Internal data, external data and consortium data for operational risk measurement: How to pool data properly? [Z]. Working Papers, Groupe de Recherche Opérationelle, Crédit Lyonnais, France, 2002: 1 - 18.

[58] Frachot A, Roncalli T. Mixing internal and external data for managing operational risk [Z]. Working Papers, Groupe de Recherche Opérationelle, Crédit Lyonnais, France, 2002: 1 - 7.

[59] Lawrence M. The LDA - based advanced measurement for opera-

tional risk – current and in progress practice [C] //RMG conference. 2003 , 3: 6 – 12.

[60] Ergashev B A. A theoretical framework for incorporating scenarios into operational risk modeling [J] . Journal of Financial Services Research, 2012, 41 (3): 145 – 161.

[61] Dutta K K, Babbel D F. Scenario analysis in the measurement of operational risk capital: a change of measure approach [J] . The Journal of Risk and Insurance, 2013, 81 (2): 303 – 334.

[62] Bolancé C, Guillén M, Gustafsson J, et al. Adding prior knowl-edge to quantitative operational risk models [J] . Journal of Operational Risk, 2013, 8 (1): 17 – 32.

[63] Guillen M, Gustafsson J, Nielsen J P, et al. Using external data in operational risk [J] . The Geneva Papers on Risk and Insurance – Issues and Practice, 2007, 32 (2): 178 – 189.

[64] Mitra S. Scenario generation for operational risk [J] . Intelligent Systems in Accounting, Finance and Management, 2013, 20 (3): 163 – 187.

[65] Shevchenko P V, Peters G W. Loss distribution approach for opera-tional risk capital modelling under Basel II: combining di erent data sources for risk estimation [J] . Journal of Governance and Regulation, 2013, 2 (3): 33 – 57.

[66] Shih J, Samad – Khan A, Medapa P. Is the size of an operational loss related to firm size [J] . Operational Risk, 2000, 2 (1): 21 – 22.

[67] Wei R. Quantification of operational losses using firm – specific in-formation and external databases [J] . Journal of Operational Risk, 2006, 1 (4): 3 – 34.

[68] Na H S, Van Den Berg J, Miranda L C, et al. An econometric

model to scale operational losses ［J］. Journal of Operational Risk, 2006, 1 (2): 11 –31.

［69］高丽君, 高翔. 基于混合数据的银行操作风险参数混合模型分析［J］. 中国管理科学, 2017, 25 (5): 11 – 16.

［70］Valle L D, Giudici P. A Bayesian approach to estimate the marginal loss distributions in operational risk management ［J］. Computational Statisticsand Data Analysis, 2008, 52 (6): 3107 – 3127.

［71］Alexander C. Bayesian methods for measuring operational risk ［R］. Reading: ISMA Center of the University of Reading, 2001: 1 – 22.

［72］Lambrigger D D, Shevchenko P V, Wuthrich M V. The quantification of operational risk using internal data, relevant external data and expert opinion ［J］. Journal of Operational Risk, 2007, 2 (3): 3 – 27.

［73］Valle L D. Bayesian copulae distributions, with application to operational risk management ［J］. Methodology and Computing in Applied Probability, 2009, 11 (1): 95 – 115.

［74］Ergashev B, Mittnik S, Sekeris E. A Bayesian approach to extreme value estimation in operational risk modeling ［J］. Journal of Operational Risk, 2013, 8 (4): 55 – 81.

［75］Zhou X, Giacometti R, Fabozzi F J, et al. Bayesian estimation of truncated data with applications to operational risk measurement ［J］. Quantitative Finance, 2014, 14 (5): 863 – 888.

［76］卢安文, 任玉珑, 唐浩阳. 基于贝叶斯推断的操作风险度量模型研究［J］. 系统工程学报, 2009, 24 (3): 286 – 292.

［77］周艳菊, 彭俊, 王宗润. 基于 Bayesian – Copula 方法的商业银行操作风险度量［J］. 中国管理科学, 2011, 19 (4): 17 – 25.

［78］高丽君, 丰吉闯. 基于变位置参数贝叶斯预测银行内部欺诈研究［J］. 中国管理科学, 2012, 20 (2): 20 – 25.

［79］高丽君，杨丰睿．基于贝叶斯推断模型的中国商业银行内部欺诈研究［J］．山东财政学院学报，2013（1）：12 – 18.

［80］Cope E, Labbi A. Operational loss scaling by exposure indicators: Evidence from the ORX database［J］. *Journal of Operational Risk*, 2008, 3 (4): 25 – 45.

［81］Bühlmann H, Shevchenko P V, Wüthrich M V. A "toy" model for operational risk quantification using credibility theory［J］. *Journal of Operational Risk*, 2007, 2 (1): 3 – 19.

［82］Bühlmann H, Gisler A. *A course in credibility theory and its applications*［M］. Berlin Heidelberg: Springer Science & Business Media, 2005.

［83］Degen M, Embrechts P, Lambrigger D D. The quantitative modeling of operational risk: between g – and – h and EVT［J］. *ASTIN Bulletin: The Journal of the IAA*, 2007, 37 (2): 265 – 291.

［84］田华，童中文．操作风险测度的内外部数据混合方法［J］．系统工程，2008，26（10）：52 – 55.

［85］张宏毅，陆静．用信度理论解决操作风险频度数据不足问题［J］．中南财经政法大学学报，2006（6）：54 – 57.

［86］陆静，郭蕾．商业银行操作风险计量研究——基于极值理论和信度因子模型［J］．山西财经大学学报，2012，34（9）：45 – 57.

［87］陆静，张佳．基于信度理论的商业银行操作风险计量研究［J］．管理工程学报，2013，27（2）：160 – 167.

［88］高丽君，宋汉鲲．外部数据度量中国商业银行操作风险的样本量研究［J］．山东财经大学学报，2015，27（3）：68 – 75.

［89］Fisher R A, Tippett L H C. Limiting forms of the frequency distribution of the largest or smallest member of a sample［C］. Mathematical Proceedings of the Cambridge Philosophical Society. Cambridge University Press, 1928, 24 (2): 180 – 190.

［90］Gnedenko B. Sur La Distribution Limite Du Terme Maximum D'Une Serie Aleatoire ［J］. *Annals of Mathematics*, 1943, 44（3）: 423 – 453.

［91］Gumbel E J. *Statistics of extremes* ［M］. New York: Columbia University Press, 1958.

［92］Galambos J. *The asymptotic theory of extreme order statistics* ［M］. New York: John Wiley & Sons, 1978.

［93］Kotz S, Nadarajah S. *Extreme value distributions: theory and applications* ［M］. London: Imperial College Press, 2000: 17 – 84.

［94］Coles S, Bawa J, Trenner L, et al. *An introduction to statistical modeling of extreme values* ［M］. London: Springer Science & Business Media, 2001.

［95］Beirlant J, Goegebeur Y, Segers J, et al. *Statistics of extremes: theory and applications* ［M］. Hoboken: John Wiley & Sons, 2004.

［96］De Haan L, Ferreira A. *Extreme value theory: an introduction* ［M］. New York: Springer Science & Business Media, 2006.

［97］Resnick S I. *Heavy – tail phenomena: probabilistic and statistical modeling* ［M］. New York: Springer Science & Business Media, 2007.

［98］Resnick S I. *Extreme values, regular variation and point processes* ［M］. New York: Springer Science & Business Media, 1987.

［99］Falk M, Hüsler J, Reiss R D. *Laws of small numbers: extremes and rare events* ［M］. Basel: Birkhäuser, 2010.

［100］Leadbetter M R, Lindgren G, Rootzén H. *Extremes and related properties of random sequences and processes* ［M］. New York: Springer Science & Business Media, 2012.

［101］Embrechts P, Klüppelberg C, Mikosch T. *Modelling extremal events: for insurance and finance* ［M］. New York: Springer Science & Business Media, 1997.

[102] Danielsson J, de Vries C G. Value – at – Risk and extreme returns [J]. *Annales Déconomie et de Statistique*, 2000, 60: 239 – 270.

[103] Longin F M. From value at risk to stress testing: The extreme value approach [J]. *Journal of Bankingand Finance*, 2000, 24 (7): 1097 – 1130.

[104] Longin F M, Pagliardi G. Tail relation between return and volume in the US stock market: an analysis based on extreme value theory [J]. *Economics Letters*, 2016, 145: 252 – 254.

[105] Gencay R, Selcuk F. Extreme value theory and Value – at – Risk: relative performance in emerging markets [J]. *International Journal of Forecasting*, 2004, 20 (2): 287 – 303.

[106] Gençay R, Selçuk F, Uluğülyagci A. High volatility, thick tails and extreme value theory in Value – at – Risk estimation [J]. *Insurance: Mathematics and Economics*, 2003, 33 (2): 337 – 356.

[107] Byström H N E. Managing extreme risks in tranquil and volatile markets using conditional extreme value theory [J]. *International Review of Financial Analysis*, 2004, 13 (2): 133 – 152.

[108] Bekiros S D, Georgoutsos D A. Estimation of Value – at – Risk by extreme value and conventional methods: a comparative evaluation of their predictive performance [J]. *Journal of International Financial Markets, Institutions and Money*, 2005, 15 (3): 209 – 228.

[109] Brooks C, Clare A D, Dalle Molle J W, et al. A comparison of extreme value theory approaches for determining value at risk [J]. *Journal of Empirical Finance*, 2005, 12 (2): 339 – 352.

[110] Koliai L. Extreme risk modeling: An EVT – pair – copulas approach for financial stress tests [J]. *Journal of Banking and Finance*, 2016,

70：1 - 22.

[111] Fiala T, Havranek T. The sources of contagion risk in a banking sector with foreign ownership [J]. *Economic Modelling*, 2017, 60：108 - 121.

[112] Singh A K, Allen D E, Powell R J. Tail dependence analysis of stock markets using extreme value theory [J]. *Applied Economics*, 2017, 49 (45)：4588 - 4599.

[113] 詹原瑞，田宏伟. 极值理论（EVT）在汇率在险价值（VaR）计算中的应用 [J]. 系统工程学报，2000，15 (1)：44 - 53.

[114] 邓兰松，郑丕锷. 平稳收益率序列的极值 VaR 研究 [J]. 数量经济技术经济研究，2004，21 (9)：52 - 57.

[115] 魏宇. 金融市场的收益分布与 EVT 风险测度 [J]. 数量经济技术经济研究，2006，23 (4)：101 - 110.

[116] 魏宇. 股票市场的极值风险测度及后验分析研究 [J]. 管理科学学报，2008，11 (1)：78 - 88.

[117] 周孝华，张燕. 一种新的风险价值（VaR）计算方法及其应用研究 [J]. 管理学报，2008，5 (6)：819 - 823.

[118] 周孝华，张保帅，董耀武. 基于 Copula - SV - GPD 模型的投资组合风险度量 [J]. 管理科学学报，2012，15 (12)：70 - 78.

[119] 叶五一，缪柏其. 应用复合极值理论估计动态流动性调整 VaR [J]. 中国管理科学，2008，16 (3)：44 - 49.

[120] 傅强，邢琳琳. 基于极值理论和 Copula 函数的条件 VaR 计算 [J]. 系统工程学报，2009，24 (5)：531 - 537.

[121] 花拥军，张宗益. 极值 BMM 与 POT 模型对沪深股市极端风险的比较研究 [J]. 管理工程学报，2009，23 (4)：104 - 108.

[122] 杨青，曹明，蔡天晔. CVaR - EVT 和 BMM 在极端金融风险管理中的应用研究 [J]. 统计研究，2010，27 (6)：78 - 86.

［123］林宇，黄迅，淳伟德，等. 基于 ODR – ADASYN – SVM 的极端金融风险预警研究［J］. 管理科学学报，2016，19（5）：87 – 101.

［124］Medova E A，Kyriacou M N. *Extremes in operational risk management*［M］. Cambridge：Cambridge University Press，2001.

［125］Chavez – Demoulin V，Embrechts P. Smoothextremal models in finance and insurance［J］. *Journal of Risk and Insurance*，2010，71（2）：183 – 199.

［126］Embrechts P，Kaufmann R，Samorodnitsky G. Ruin theory revisited：stochastic models for operational risk［C］//Risk management for central bank foreign reserves，European Central Bank，Frankfurt：Bernadell C，Cardon P，Coche J et al，2004：243 – 261.

［127］Moscadelli M. The Modelling of operational risk：Experience with the analysis of the data collected by the Basel Committee［R］. Italy：Banca d'Italia，2004.

［128］陆静. 基于分块极大值模型的商业银行操作风险计量研究［J］. 管理工程学报，2012，26（3）：136 – 145.

［129］Chavez – Demoulin V，Embrechts P，Nešlehová J. Quantitative models for operational risk：extremes，dependence and aggregation［J］. Journal of Bankingand Finance，2006，30（10）：2635 – 2658.

［130］McNeil A J，Frey R. Estimation of tail – related risk measures for heteroscedastic financial time series：an extreme value approach［J］. Journal of Empirical Finance，2000，7（3）：271 – 300.

［131］陈学华，杨辉耀，黄向阳. POT 模型在商业银行操作风险度量中的应用［J］. 管理科学，2003，16（1）：49 – 52.

［132］周好文，杨旭，聂磊. 银行操作风险度量的实证分析［J］. 统计研究，2006，23（6）：47 – 51.

［133］高丽君，李建平，徐伟宣，等. 基于 POT 方法的商业银行操

作风险极端值估计 ［J］. 运筹与管理, 2007, 16（1）: 112 – 117.

[134] 陈倩. 基于极值理论的商业银行操作风险度量研究 ［J］.中国管理科学, 2012, 20（SI）: 332 – 339.

[135] Han J, Wang W, Wang J. POT model for operational risk: experience with the analysis of the data collected from Chinese commercial banks ［J］. *China Economic Review*, 2015, 36: 325 – 340.

[136] Hill B M. A simple general approach to inference about the tail of a distribution ［J］. *The Annals of Statistics*, 1975, 3（5）: 1163 – 1174.

[137] Huisman R, Koedijk K, Kool C, et al. Tail index estimates in small samples ［J］. *Journal of Business and Economic Statistics*, 2001, 19（2）: 208 – 216.

[138] 高丽君, 李建平, 徐伟宣, 等. 基于 HKKP 估计的商业银行操作风险估计 ［J］. 系统工程, 2006, 24（6）: 58 – 63.

[139] Tursunalieva A, Silvapulle P. Nonparametric estimation of operationalValue – at – Risk（OpVaR）［J］. *Insurance: Mathematics and Economics*, 2016, 69: 194 – 201.

[140] 司马则茜, 蔡晨, 李建平. 度量银行操作风险的 POT 幂律模型及其应用 ［J］. 中国管理科学, 2009, 17（1）: 36 – 41.

[141] de Fontnouvelle P, Jesus – Rueff D, Jordan J S, et al. Using loss data to quantify operational risk ［Z］. Working Papers, Federal Reserve Bank of Boston, 2003.

[142] Shevchenko P V, Temnov G. Modeling operational risk data reported above a time – varying threshold ［J］. *Journal of Operational Risk*, 2009, 4（2）: 19 – 42.

[143] 莫建明, 周宗放. LDA 下操作风险价值的置信区间估计及敏感性 ［J］. 系统工程, 2007, 25（10）: 33 – 39.

[144] Gourier E, Farkas W, Abbate D. Operationalrisk quantification

using extreme value theory and Copulas: from theory to practice [J]. *Journal of Operational Risk*, 2009, 4 (3): 3 - 26.

[145] Mignola G, Ugoccioni R. Sources of uncertainty in modeling operational risk losses [J]. *Journal of Operational Risk*, 2006, 1 (2): 33 - 50.

[146] 莫建明, 周宗放. 重尾性操作风险监控参数识别 [J]. 系统工程, 2008, 26 (8): 65 - 70.

[147] 莫建明, 周宗放. 重尾性操作风险的风险价值置信区间的灵敏度 [J]. 系统工程理论与实践, 2009, 29 (6): 59 - 67.

[148] Degen M. The calculation of minimum regulatory capital using single - loss approximations [J]. *Journal of Operational Risk*, 2010, 5 (4): 541 - 545.

[149] 莫建明, 周宗放, 贺炎林. 重尾性操作风险度量模型与管理模型的连接参数 [J]. 系统工程理论与实践, 2011, 31 (6): 1021 - 1028.

[150] 张明善, 唐小我, 莫建明. Weibull 分布下操作风险监管资本及度量精度灵敏度 [J]. 系统工程理论与实践, 2014, 34 (8): 1932 - 1943.

[151] 莫建明, 吕刚, 卿树涛. Weibull 分布下操作风险度量精度变动规律 [J]. 系统工程, 2015, 33 (8): 70 - 77.

[152] 莫建明, 刘锡良, 卿树涛. 损失分布法下操作风险度量精度变动规律 [J]. 统计研究, 2015, 32 (1): 79 - 87.

[153] 莫建明, 吕刚, 高翔, 等. Pareto 分布下损失分布法度量误差变动规律 [J]. 中国管理科学, 2017, 25 (11): 134 - 142.

[154] 刘睿, 詹原瑞, 刘家鹏. 基于贝叶斯 MCMC 的 POT 模型——低频高损的操作风险度量 [J]. 管理科学, 2007, 20 (3): 76 - 83.

[155] 高丽君. 我国商业银行系统操作风险资本金的度量——基于拔靴法和极值理论的研究 [J]. 山东财政学院学报, 2007 (6):

42 – 45.

［156］徐明圣．极值理论（EVT）在金融机构操作风险建模中的应用与改进［J］．数量经济技术经济研究，2007（4）：76 – 83.

［157］司马则茜，蔡晨，李建平．我国银行操作风险的分形特征［J］．中国管理科学，2008，16（1）：42 – 47.

［158］司马则茜，蔡晨，李建平．基于 g – h 分布度量银行操作风险［J］．系统工程理论与实践，2011，31（12）：2321 – 2327.

［159］Li J, Feng J, Chen J. A piecewise – defined severity distribution – based loss distribution approach to estimate operational risk：evidence from Chinese national commercial banks［J］. *International Journal of Information Technology and Decision Making*, 2009, 8（4）：727 – 747.

［160］Wang Z, Wang W, Chen X, et al. Using BS – PSD – LDA approach to measure operational risk of Chinese commercial banks［J］. *Economic Modelling*, 2012, 29（6）：2095 – 2103.

［161］王宗润，汪武超，陈晓红，等．基于 BS 抽样与分段定义损失强度操作风险度量［J］．管理科学学报，2012，15（12）：58 – 69.

［162］丰吉闯，李建平，陈建明．基于左截尾数据的损失分布法度量操作风险：以中国商业银行为例［J］．管理评论，2011，23（7）：171 – 176.

［163］丰吉闯，李建平，高丽君．商业银行操作风险度量模型选择分析［J］．国际金融研究，2011（8）：88 – 96.

［164］杨青，张亮亮，魏立新．宏观经济变量影响下的银行极端操作风险研究［J］．管理科学学报，2012，15（6）：82 – 96.

［165］Feng J, Li J, Gao L, et al. A combination model for operational risk estimation in a Chinese banking industry case［J］. *Journal of Operational Risk*, 2012, 7（2）：17 – 39.

［166］Dimakos X K, Aas K. Integrated risk modelling［J］. *Statistical*

Modelling，2004，4（4）：265 – 277.

［167］宋加山，张鹏飞，王利宏，等．基于 EVT – Copula 的操作风险度量［J］．预测，2015，34（3）：70 – 73.

［168］Frachot A，Roncalli T，Salomon E. The correlation problem in operational risk［Z］．Working Papers，Groupe de Recherche Opérationelle，Crédit Lyonnais，France，2004，1 – 13.

［169］Martin，J. *Pointprocess theory and applications*［M］．Boston：Birkhäuser，2005.

［170］Daley D J，Vere – Jones D. *An Introduction to the Theory of Point Processes：Volume I：Elementary Theory and Methods*［M］．New York：Springer Science & Business Media，2003.

［171］Daley D J，Vere – Jones D. *An introduction to the theory of Point Processes：Volume II：General Theory and Structure*［M］．New York：Springer Science& Business Media，2007.

［172］蒋志明，王汉兴．一类多险种风险过程的破产概率［J］．应用数学与计算数学学报，2000，14（1）：9 – 16.

［173］赵晓芹，王国宝，刘再明．一类索赔到达计数过程相依的二元风险模型［J］．数学的实践与认识，2006，36（2）：42 – 45.

［174］Chernobai A，Yildirim Y. The dynamics of operational loss clustering［J］．*Journal of Banking and Finance*，2008，32（12）：2655 – 2666.

［175］Sklar M. *Fonctions de répartition à n dimensions etleursmarges*［M］．Paris：Publication de Statistique de L'Université de Paris，1959.

［176］Sklar A. Random variables，joint distribution functions，and copulas［J］．*Kybernetika*，1973，9（6）：449 – 460.

［177］Joe H. *Multivariate models and multivariate dependence concepts*［M］．London：CRC Press，1997.

［178］Cherubini U，Luciano E，Vecchiato W. *Copula methods in fi-*

nance [M] . Chichester: John Wiley & Sons, 2004.

[179] Embrechts P, McNeil A J, Straumann D. Correlation: pitfalls and alternatives [J] . Risk, 1999, 12 (5): 69 – 71.

[180] Chavez – Demoulin V, Davison A C. Generalized additive modelling of sample extremes [J] . *Journal of the Royal Statistical Society: Series C (Applied Statistics)*, 2005, 54 (1): 207 – 222.

[181] Fantazzini D, Valle L D, Giudici P. Copulae and operational risks [J] . *International Journal of Risk Assessment and Management*, 2008, 9 (3): 238 – 257.

[182] Pfeifer D, Nešlehová J. Modeling and generating dependent risk processes for IRM and DFA [J] . *ASTIN Bulletin: The Journal of the IAA*, 2004, 34 (2): 333 – 360.

[183] Chen X, Fan Y. Estimation of copula – based semiparametric time series models [J] . Journal of Econometrics, 2006, 130 (2): 307 – 335.

[184] Chen X, Fan Y. Estimation and model selection of semiparametric copula – based multivariate dynamic models under copula misspecification [J]. *Journal of econometrics*, 2006, 135 (1): 125 – 154.

[185] Kim G, Silvapulle M J, Silvapulle P. Comparison of semiparametric and parametric methods for estimating copulas [J] . *Computational Statistics and Data Analysis*, 2007, 51 (6): 2836 – 2850.

[186] Kole E, Koedijk K, Verbeek M. Selecting copulas for risk management [J] . *Journal of Bankingand Finance*, 2007, 31 (8): 2405 – 2423.

[187] Bee M. Copula – based multivariate models with applications to risk management and insurance [Z] . Working Papers, University of Trento, Italy, 2005.

[188] Di Clemente A, Romano C. A copula – Extreme Value Theory approach for modelling operational risk [M] // Cruz M G. Operational Risk

Modelling and Analysis: Theory and Practice. London: Risk Books, 2004: 189 – 208.

[189] Aas K, Dimakos X K, Øksendal A. Risk capital aggregation [J]. *Risk Management*, 2007, 9 (2): 82 – 107.

[190] Rosenberg J V, Schuermann T. A general approach to integrated risk management with skewed, fat – tailed risks [J] . *Journal of Financial economics*, 2006, 79 (3): 569 – 614.

[191] Böcker K, Klüppelberg C. Modelling and measuring multivariate operational risk with Lévy copulas [J] . *Operational Risk*, 2008, 3 (2): 3 – 27.

[192] Böcker K, Klüppelberg C. First order approximations to opera-tional risk – dependence and consequences [M] //Gregorious G N. Operational Risk Towards Basel III: Best Practices and Issues in Model-ing, Management, Regulation. Hoboken: John Wiley & Sons, 2009: 219 – 245.

[193] Böcker K, Klüppelberg C. Multivariate models for operational risk [J] . *Quantitative Finance*, 2010, 10 (8): 855 – 869.

[194] Esmaeili H, Klüppelberg C. Parameter estimation of a bivariate compound Poisson process [J] . *Insurance: mathematics and economics*, 2010, 47 (2): 224 – 233.

[195] Esmaeili H, Klüppelberg C. Parametric estimation of a bivariate stable Lévy process [J] . *Journal of Multivariate Analysis*, 2011, 102 (5): 918 – 930.

[196] Esmaeili H, Klüppelberg C. Two - Step estimation of a multi - variate Lévy process [J] . *Journal of Time Series Analysis*, 2013, 34 (6): 668 – 690.

[197] Avanzi B, Cassar L C, Wong B. Modelling dependence in insur-

ance claims processes with Lévy copulas [J]. *ASTIN Bulletin: The Journal of the IAA*, 2011, 41 (2): 575 – 609.

[198] van Velsen J L. Parameter estimation of a Lévy copula of a discretely observed bivariate compound Poisson process with an application to operational risk modelling [Z]. Working Papers, arXiv preprint arXiv: 1212.0092, 2012.

[199] Grothe O, Hofert M. Construction and sampling of Archimedean and nested Archimedean Lévy copulas [J]. *Journal of Multivariate Analysis*, 2015, 138: 182 – 198.

[200] Avanzi B, Tao J, Wong B, et al. Capturing non – exchangeable dependence in multivariate loss processes with nested Archimedean Lévy copulas [J]. *Annals of Actuarial Science*, 2016, 10 (1): 87 – 117.

[201] Grothe O, Nicklas S. Vine constructions of Lévy copulas [J]. *Journal of Multivariate Analysis*, 2013, 119: 1 – 15.

[202] 杨旭. 多变量极值理论在银行操作风险度量中的运用 [J]. 数学的实践与认识, 2006, 36 (12): 193 – 197.

[203] 吴恒煜, 赵平, 严武, 等. 运用 Student T – Copula 的极值理论度量我国商业银行的操作风险 [J]. 运筹与管理, 2011, 20 (1): 157 – 163.

[204] 张宏毅, 陆静. 基于损失分布模型的操作风险相关性及算法 [J]. 重庆大学学报, 2007, 30 (5): 131 – 134.

[205] 陆静, 张佳. 基于极值理论和多元 Copula 函数的商业银行操作风险计量研究 [J]. 中国管理科学, 2013, 21 (3): 11 – 19.

[206] 刘广应, 张维. 基于 Cox 过程的操作风险度量方法 [J]. 统计与决策, 2010 (13): 32 – 34.

[207] 李建平, 丰吉闯, 宋浩, 等. 风险相关性下的信用风险、市场风险和操作风险集成度量 [J]. 中国管理科学, 2010, 18 (1):

18 – 25.

［208］Li J, Zhu X, Lee C F, et al. On the aggregation of credit, market and operational risks［J］. *Review of Quantitative Financeand Accounting*, 2015, 44（1）: 161 – 189.

［209］汪冬华, 黄康, 龚朴. 我国商业银行整体风险度量及其敏感性分析——基于我国商业银行财务数据和金融市场公开数据［J］. 系统工程理论与实践, 2013, 33（2）: 284 – 295.

［210］明瑞星, 谢铨. 尾相关 Copula 在操作风险计量中的应用［J］. 统计与决策, 2013（1）: 86 – 88.

［211］Embrechts P, Höing A, Juri A. Using copulae to bound the value – at – risk for functions of dependent risks［J］. *Finance and Stochastics*, 2003, 7（2）: 145 – 167.

［212］Embrechts P, Höing A, Puccetti G. Worst VaR scenarios［J］. *Insurance: Mathematics and Economics*, 2005, 37（1）: 115 – 134.

［213］Embrechts P, Puccetti G. Bounds for functions of dependent risks［J］. *Finance and Stochastics*, 2006, 10（3）: 341 – 352.

［214］Embrechts P, Puccetti G. Aggregating risk capital, with an application to operational risk［J］. *The Geneva Risk and Insurance Review*, 2006, 31（2）: 71 – 90.

［215］Embrechts P, Puccetti G. Bounds for the sum of dependent risks having overlapping marginal［J］. *Journal of Multivariate Analysis*, 2010, 101（1）: 177 – 190.

［216］Embrechts P, Puccetti G, Rüschendorf L. Model uncertainty and VaR aggregation［J］. *Journal of Bankingand Finance*, 2013, 37（8）: 2750 – 2764.

［217］Puccetti G, Rüschendorf L. Bounds for joint portfolios of dependent risks［J］. *Statistics & Risk Modeling with Applications in Finance and In-*

surance, 2012, 29（2）：107 – 132.

［218］Puccetti G, Rüschendorf L. Computation of sharp bounds on the distribution of a function of dependent risks［J］. *Journal of Computational and Applied Mathematics*, 2012, 236（7）：1833 – 1840.

［219］Puccetti G, Rüschendorf L. Sharp bounds for sums of dependent risks［J］. *Journal of Applied Probability*, 2013, 50（1）：42 – 53.

［220］Puccetti G, Rüschendorf L, Small D, et al. Reduction of Value – at – Risk bounds via independence and variance information［J］. *Scandinavian Actuarial Journal*, 2017, 2017（3）：245 – 266.

［221］Wang R, Peng L, Yang J. Bounds for the sum of dependent risks and worst Value – at – Risk with monotone marginal densities［J］. *Finance and Stochastics*, 2013, 17（2）：395 – 417.

［222］Bernard C, Rüschendorf L, Vanduffel S. Value - at - Risk bounds with variance constraints［J］. *Journal of Risk and Insurance*, 2017, 84（3）：923 – 959.

［223］Li L, Shao H, Wang R, et al. Worst – caserange Value – at – Risk with partial information［J］. *SIAM Journal on Financial Mathematics*, 2018, 9（1）：190 – 218.

［224］Rüschendorf L, Witting J. VaR bounds in models with partial dependence information on subgroups［J］. *Dependence Modeling*, 2017, 5（1）：59 – 74.

［225］Puccetti G, Wang B, Wang R. Advances in complete mixability［J］. *Journal of Applied Probability*, 2012, 49（2）：430 – 440.

［226］Bernard C, Bondarenko O, Vanduffel S. Rearrangement algorithm and maximum entropy［J］. *Annals of Operations Research*, 2018, 261（1 – 2）：107 – 134.

［227］Li J, Zhu X, Chen J, et al. Operational risk aggregation across

business lines based on frequency dependence and loss dependence [J].
Mathematical Problems in Engineering, 2014, Article ID 404208.

[228] Peters G W, Shevchenko P V, Wüthrich M V. Dynamic operational risk: modeling dependence and combining different sources of information [J]. *Journal of Operational Risk*, 2014, 4 (2): 69 – 104.

[229] Patton A J. Modeling asymmetric exchange rate dependence [J].
International Economic Review, 2006, 47 (2): 527 – 556.

[230] Patton A J. Estimation of multivariate models for time series of possibly different lengths [J]. *Journal of Applied Econometrics*, 2006, 21 (2): 147 – 173.

[231] 龚朴, 黄荣兵. 次贷危机对中国股市影响的实证分析——基于中美股市的联动性分析 [J]. 管理评论, 2009, 21 (2): 21 – 32.

[232] Joe H. Families of m – variate distributions with given margins and m (m – 1) /2 bivariate dependence parameters [J]. *Lecture Notes – Monograph Series*, 1996, 28: 120 – 141.

[233] Bedford T, Cooke R M. Probability density decomposition for conditionally dependent random variables modeled by vines [J]. *Annals of Mathematics and Artificial Intelligence*, 2001, 32 (1 – 4): 245 – 268.

[234] Bedford T, Cooke R M. Vines: a new graphical model for dependent random variables [J]. *The Annals of Statistics*, 2002, 30 (4): 1031 – 1068.

[235] Aas K, Czado C, Frigessi A, et al. Pair – copula constructions of multiple dependence [J]. *Insurance: Mathematics and Economics*, 2009, 44 (2): 182 – 198.

[236] Guegan D, Hassani B K. Multivariate VaRs for operational risk capital computation: a vine structure approach [J]. *International Journal of Risk Assessment and Management*, 2013, 17 (2): 148 – 170.

[237] Brechmann E, Czado C, Paterlini S. Flexible dependence modeling of operational risk losses and its impact on total capital requirements [J]. *Journal of Bankingand Finance*, 2014, 40: 271 –285.

[238] Whelan N. Sampling fromArchimedean copulas [J] . *Quantitative Finance*, 2004, 4 (3): 339 –352.

[239] Hofert M. Sampling Archimedean copulas [J] . *Computational Statistics and Data Analysis*, 2008, 52 (12): 5163 –5174.

[240] Hofert M. Efficiently sampling nested Archimedean copulas [J]. *Computational Statistics and Data Analysis*, 2011, 55 (1): 57 –70.

[241] Hofert M. *Construction and sampling of nested Archimedean copulas* [M] // Jaworski P, Durante F, Härdle W K, et al. Copula theory and its applications, Berlin, Heidelberg: Springer Science & Business Media, 2010: 147 –160.

[242] McNeil A J. Sampling nested Archimedean copulas [J] . *Journal of Statistical Computation and Simulation*, 2008, 78 (6): 567 –581.

[243] McNeil A J, Nešlehová J. Multivariate Archimedean copulas, d – monotone functions and $\ell 1$ – norm symmetric distributions [J] . *The Annals of Statistics*, 2009, 37 (5B): 3059 –3097.

[244] Savu C, Trede M. Hierarchies of Archimedean copulas [J]. *Quantitative Finance*, 2010, 10 (3): 295 –304.

[245] Hering C, Hofert M, Mai J F, et al. Constructing hierarchical Archimedean copulas with Lévy subordinators [J] . *Journal of Multivariate Analysis*, 2010, 101 (6): 1428 –1433.

[246] Aas K, Berg D. Models for construction of multivariate dependence – a comparison study [J] . *The European Journal of Finance*, 2009, 15 (7 –8): 639 –659.

[247] Anand K, Kühn R. Phase transitions in operational risk [J].

Physical Review E, 2007, 75: 016111.

[248] Neil M, Häger D, Andersen B. Modelling operational risk in financial institutions using hybrid dynamic Bayesian networks [J]. *Journal of Operational Risk*, 2009, 4 (1): 3 – 33.

[249] Mittnik S, Starobinskaya I. Modeling dependencies in operational risk with hybrid Bayesian networks [J]. *Methodology and Computing in Applied Probability*, 2010, 12: 379 – 390.

[250] Aquaro V, Bardoscia M, Bellotti R, et al. A Bayesian networks approach to operational risk [J]. *Physica A: Statistical Mechanics and its Applications*, 2010, 389 (8): 1721 – 1728.

[251] Sanford A D, Moosa I A. A Bayesian network structure for operational risk modelling in structured finance operations [J]. *Journal of the Operational Research Society*, 2012, 63 (4): 431 – 444.

[252] 陆静, 唐小我. 基于贝叶斯网络的操作风险预警机制研究 [J]. 管理工程学报, 2008, 22 (4): 56 – 61.

[253] Allen L, Bali T G. Cyclicality in catastrophic and operational risk measurements [J]. *Journal of Banking and Finance*, 2007, 31 (4): 1191 – 1235.

[254] Yi S, Li J, Zhu X, et al. Mutual information based copulas to aggregate banking risks [C] //2012 Fifth International Conference on Business Intelligence and Financial Engineering, 2012: 323 – 327.

[255] Li J, Zhu X, Xie Y, et al. The mutual – information – based variance – covariance approach: An application to operational risk aggregation in Chinese banking [J]. *Journal of Operational Risk*, 2014, 9 (3): 3 – 19.

[256] Wang W, Shi L, Zhu X. Operational risk aggregation based on business line dependence: A mutual information approach [J]. *Discrete Dynamics in Nature and Society*, 2016, Article ID 546318.

［257］Bardoscia M, Bellotti R. A dynamical approach to operational risk measurement ［J］. Journal of Operational Risk, 2011, 6（1）: 3 – 19.

［258］Bardoscia M, Bellotti R. A dynamical model for forecasting operational losses ［J］. Physica A: Statistical Mechanics and Its Applications, 2012, 391（8）: 2641 – 2655.

［259］徐驰, 汪冬华, 庆楠. 风险相关性下的银行非预期操作风险集成度量——基于动力学模型视角 ［J］. 管理科学学报, 2018, 21（5）: 53 – 64.

［260］周焯华, 艾林, 张宗益. 基于专家规则的遗传算法对商业银行操作风险预测 ［J］. 中国管理科学, 2005, 13（z1）: 176 – 180.

［261］方芳, 秦天保. 商业银行操作风险评估——使用网络分析法 ［J］. 管理科学, 2005, 18（5）: 43 – 50.

［262］汤凌霄, 张艺霄. 基于网络分析法的我国商业银行操作风险影响因素实证分析 ［J］. 中国软科学, 2012（8）: 143 – 151.

［263］肖斌卿, 李心丹, 徐雨茜, 等. 流程、合规与操作风险管理 ［J］. 管理科学学报, 2017, 20（12）: 117 – 123.

［264］Jarrow R A. Operational risk ［J］. *Journal of Banking and Finance*, 2008, 32（5）: 870 – 879.

［265］孟庆斌, 张永冀, 汪昌云. 商业银行最优资本配置、股利分配策略与操作风险 ［J］. 系统工程理论与实践, 2018, 38（2）: 329 – 336.

［266］Yamai Y, Yoshiba T. Value – at – risk versus expected shortfall: A practical perspective ［J］. Journal of Banking and Finance, 2005, 29（4）: 997 – 1015.

［267］Polbennikov S Y, Melenberg B. Mean – coherent risk and mean – variance approaches in portfolio selection: An empirical comparison ［R］. Tilburg: Econometrics, 2005.

[268] Pickands J. Statistical inference using extreme order statistics [J]. *The Annals of Statistics*, 1975, 3 (1): 119 – 131.

[269] Balkema A A, de Haan L. Residual life time at great age [J]. *The Annals of Probability*, 1974, 2 (5): 792 – 804.

[270] Davison A C. Modelling excesses over high thresholds, with an application [M] //de Oliveira J T. Statistical extremes and applications. Dordrecht, Springer Science & Business Media, 1984, 131: 461 – 482.

[271] Dutta K, Perry J. A tale of tails: An empirical analysis of loss distribution models for estimating operational risk capital [Z] . Working Papers, Federal Reserve Bank of Boston, 2006.

[272] Haeusler E, Teugels J L. On asymptotic normality of Hill's estimator for the exponent of regular variation [J] . *The Annals of Statistics*, 1985, 13 (2): 743 – 756.

[273] Peng L. Estimating the mean of a heavy tailed distribution [J]. *Statistics and Probability Letters*, 2001, 52 (3): 255 – 264.

[274] Peng L, Qi Y. Confidence regions for high quantiles of a heavy tailed distribution [J] . *The Annals of Statistics*, 2006, 34 (4): 1964 – 1986.

[275] Hu L. Essays in econometrics with applications in macroeconomic and financial modeling [D] . New Haven: Yale University, 2002.

[276] Cont R, Tankov P. *Financial modelling with jump processes* [M]. Boca Raton: Chapman & Hall/CRC, 2004.

[277] Kupiec P H. Techniques for verifying the accuracy of risk measurement models [J] . *The Journal of Derivatives*, 1995, 3 (2): 73 – 84.